憲法 Ⅰ
― 統治機構 ―

吉川 和宏 著

不磨書房

はしがき

　大学・短大への進学率は上昇し，今やほぼ二人に一人が進学する時代になった。また，少子化が進行する一方で大学・短大の総定員は増加し続けたため，大学・短大への進学希望者は全員入学できる時代になった。大学で学びたい者は誰でも学ぶことができる。それ自体は素晴らしいことであり，大いに歓迎すべきことである。しかし，学生が「一を聞いて十を知る」ことは，もはや遥か遠い昔話となっている。多くの大学では大学全入時代の状況に応じた教育へと変貌することが求められている。大学の専門科目としての内容的な質と量を維持した上で，かつ，誰にでも分かりやすい講義であることが求められているといえよう。個人的にはこのことに挑戦し続けてきたつもりであるが，この機会に大学全入時代の専門科目の教科書にチャレンジしてみようと考えた。これが本書執筆の第1の動機である。

　第2の動機は，半世紀以上の時を経た日本国憲法の現状を，できるだけあるがままに描写してみたいということである。運用の細部まで立ち入ることはできないが，憲法が概ねどのように運用されているのかということに配慮したつもりである。それはある意味で現状追認的であるが，まず現状をできるだけ正確に把握することからスタートすべきであるという考え方に基づく。これは私のこれまでの講義に対する基本姿勢でもあり，本書にも多少なりとも反映していることを願うものである。

　以上のような動機から，これまでの講義ノートをベースに，できるだけ分かりやすい教科書，読めば憲法の内容と現状が理解できる教科書を目指して執筆をスタートした。しかし，実際にはそれは至難の業で，その目的の半分も達成できなかったのではないかと危惧している。反省と後悔が募るばかりであるが，まずは一区切りとし，「憲法 Ⅰ 統治機構」とさせていただいた。多少なりとも読者の憲法理解の一助となることを願うばかりである。最後に，本書執筆にお世話いただいた不磨書房の稲葉文彦氏に心より感謝申し上げる次第である。

　2004年8月　記録的猛暑の夏に首都圏の一隅にて

吉川　和宏

目　次

第Ⅰ部　憲法総論

第1章　憲法の基礎 ……3

　第1節　「憲法」の意味（憲法の概念） ……3
　　1　固有の意味の憲法 ……3
　　2　国の基本法 ……3
　　3　近代的意味の憲法（近代憲法），立憲的意味の憲法 ……4
　　4　実質的意味の憲法と形式的意味の憲法 ……5

　第2節　憲法の分類 ……6
　　1　成文憲法と不文憲法 ……6
　　2　硬性憲法と軟性憲法 ……7
　　3　民定憲法と欽定憲法および協約憲法 ……8
　　4　連邦憲法，条約憲法 ……9
　　5　近代憲法と現代憲法 ……9
　　6　社会主義憲法と資本主義憲法 ……9
　　7　君主制憲法と共和制憲法 ……10

　第3節　憲法の法規範としての特徴 ……10
　　1　授権規範と制限規範 ……10
　　2　最高法規性 ……11
　　3　公法としての憲法 ……13

第2章　日本国憲法の基礎 ……15

　第1節　日本憲法史概略 ……15
　　1　明治憲法史概略 ……15
　　　(1)　明治憲法の制定　15　　(2)　明治憲法の特徴　16　　(3)　明治憲

目　次

　　　　　法の展開と終焉　*18*

　　　2　日本国憲法の制定過程 ………………………………………………………*19*

　　　　　(1)　ポツダム宣言の受諾と敗戦　*19*　　(2)　日本側の憲法改正作業と総司令部による改正案提示　*20*　　(3)　憲法改正草案の審議と日本国憲法の成立　*22*　　(4)　憲法制定過程をめぐる問題　*23*　　(5)　日本国憲法の制定後の展開　*25*

　第2節　憲法と日本の法体系 …………………………………………………………*28*

　　　1　国法の種類と体系………………………………………………………………*28*

　　　2　憲法の適用範囲…………………………………………………………………*31*

　　　　　(1)　地域的・空間的限界　*31*　　(2)　人的適用範囲　*32*

　　　3　明治憲法および占領法規と日本国憲法の関係 ………………………………*32*

　　　　　(1)　明治憲法下の法令の効力　*32*　　(2)　占領法規と憲法　*33*

　第3節　日本国憲法の構造と基本原理 ………………………………………………*34*

　　　1　日本国憲法の構成………………………………………………………………*34*

　　　　　(1)　上　諭　*34*　　(2)　前　文　*34*　　(3)　本　文　*35*

　　　2　日本国憲法の基本原理…………………………………………………………*36*

　　　　　(1)　平和主義と三つの基本原理の相互関係　*36*　　(2)　国民主権　*37*　　(3)　基本的人権の尊重　*38*　　(4)　日本国憲法に見られる権力制限の諸原理　*39*

第Ⅱ部　日本の統治機構

第1章　国民主権と天皇制 ……………………………………………………………*49*

　第1節　主権および国民の意味 ………………………………………………………*49*

　　　1　主権の意味の多義性……………………………………………………………*49*

　　　　　(1)　国の権力の最高独立性　*50*　　(2)　国を統治する権力　*50*　　(3)　国政の最終的決定権（最高の政治権力）　*50*

　　　2　国民の意味………………………………………………………………………*51*

　第2節　日本国憲法における国民主権 ………………………………………………*53*

　　　　1　国民主権の意味 …………………………………………………… 53
　　　　2　日本国憲法における国民主権の意味 …………………………… 54
　　　　　　⑴　第1条の国民主権の意義　54　　⑵　主権の帰属と行使の分化と
　　　　　　「国民」および国民主権の意味　54　　⑶　日本国憲法における国民主
　　　　　　権の具体化　55

　　第3節　象徴天皇制 ……………………………………………………………… 57
　　　　1　象徴天皇制の基本構造 …………………………………………… 57
　　　　2　象徴としての天皇 ………………………………………………… 57
　　　　　　⑴　象徴の意味　57　　⑵　象徴とされたことの根拠　58　　⑶　象
　　　　　　徴とされたことの規範的意味とその帰結　58
　　　　3　皇位の継承 ………………………………………………………… 60
　　　　　　⑴　世襲制　60　　⑵　天皇および皇族の特権と義務　61
　　　　4　天皇の権能 ………………………………………………………… 62
　　　　　　⑴　国事行為　62　　⑵　内閣の「助言と承認」と天皇の責任　64
　　　　　　⑶　国事に関する行為の委任と代理（摂政）　64　　⑷　国事に関する
　　　　　　行為以外の行為（私的行為と公的行為）　65

　　第4節　皇室経済 ………………………………………………………………… 66
　　　　1　皇室経済の民主的統制 …………………………………………… 66
　　　　　　⑴　皇室財産の国有化と国庫負担(88条)　67　　⑵　皇室の財産授受
　　　　　　の制限（8条）　67
　　　　2　皇室の費用 ………………………………………………………… 67

第2章　国　　会 …………………………………………………………………… 69

　　第1節　議会制の生成と展開 …………………………………………………… 69
　　　　1　議会の原型 ………………………………………………………… 69
　　　　2　二院制の成立 ……………………………………………………… 69
　　　　3　近代議会制の成立 ………………………………………………… 70
　　　　4　民主化の進展と現代議会制 ……………………………………… 71
　　第2節　明治憲法における帝国議会 …………………………………………… 72

目　次

　　第3節　国会の地位と権限 73
　　　1　国民の代表機関 73
　　　2　国権の最高機関 74
　　　　　⑴　権力分立と権力統合　75　　⑵　最高機関の意味　75
　　　3　国の唯一の立法機関 76
　　　　　⑴　「立法」の意味　76　　⑵　立法の意味に関する具体的な問題　78
　　　　　⑶　「唯一」の意味　79
　　　4　国会の権能 80
　　　　　⑴　立法権と法律の制定手続　80　　⑵　立法権以外の権能　82
　　第4節　国会の組織 83
　　　1　二院制 83
　　　2　両院議員の選挙制度 84
　　　　　⑴　選挙に関する原則　84　　⑵　選挙制度　86　　⑶　投票の方法
　　　　　──わが国の投票制度　89　　⑷　選挙に関する訴訟　90　　⑸　投
　　　　　票価値の平等　91
　　　3　両議院の関係 93
　　　　　⑴　活動上の関係　93　　⑵　衆議院の優越──権能上の関係　93
　　　　　⑶　両院協議会　94
　　第5節　議院の権能 94
　　　1　両院共通の権能 95
　　　　　⑴　議院の自律に関する権能　95　　⑵　国政調査権(62条)　98
　　　　　⑶　行政監視委員会制度　100
　　　2　一院のみに与えられている権能 101
　　　　　⑴　内閣不信任案の可決権・信任案の否決権と衆議院の解散　101
　　　　　⑵　参議院の緊急集会と衆議院の同意権　104
　　第6節　国会の活動 106
　　　1　国会の活動期間＝会期 106
　　　　　⑴　会　期　106　　⑵　会期の種類と期間　106　　⑶　召　集
　　　　　107　　⑷　休　会　107

2　国会の議事手続 ··· *107*
　　　　(1)　議事・議決の定足数　*107*　　(2)　会議の公開　*108*　　(3)　議決方法　*108*

　第7節　議員の地位と権能 ··· *109*
　　　1　議員の地位と権能 ··· *109*
　　　　(1)　議員の地位・身分　*109*　　(2)　議員の権能　*111*
　　　2　議員の特権 ··· *112*
　　　　(1)　不逮捕特権（50条）　*112*　　(2)　免責特権（51条）　*114*
　　　　(3)　給　与　*115*

　第8節　政　　　党 ·· *115*
　　　1　政党と日本国憲法 ··· *115*
　　　2　政党の法的規制と公的助成 ··· *116*
　　　　(1)　政治資金規正法　*116*　　(2)　政党への公的助成　*117*
　　　3　政党と司法審査 ··· *118*

第3章　内　　　閣 ··· *119*

　第1節　内閣制度 ··· *119*
　　　1　内閣制度の起源と展開 ··· *119*
　　　2　行政組織の諸類型 ··· *120*
　　　3　明治憲法における内閣制度の基本原則 ······························· *120*
　　　　(1)　内閣制度の創設　*120*　　(2)　内閣制度の基本原則　*121*

　第2節　日本国憲法における内閣制度 ··································· *121*
　　　1　内閣制度の特徴——わが国の議院内閣制 ····························· *121*
　　　2　内閣の地位 ··· *122*
　　　3　行政の意味 ··· *123*

　第3節　内閣の権能 ··· *124*
　　　1　73条に示された職務・権能 ··· *124*
　　　　(1)　一般行政事務の遂行　*124*　　(2)　法律を誠実に執行し，国務を総理すること(1号)　*125*　　(3)　外交関係の処理(2号)　*125*

目　次

　　　　(4)　条約の締結（3号）　125　　(5)　官吏に関する事務の掌理（4号）
　　　　128　　(6)　予算を作成して国会に提出すること（5号）　128
　　　　(7)　政令の制定（6号）　128　　(8)　恩赦の決定（7号）　130
　　2　73条以外の内閣の憲法上の権能・職務 ……………………………………130
　　　　(1)　天皇の国事行為に対する助言と承認（3条・7条）　130
　　　　(2)　最高裁判所長官の指名（6条2項）　130　　(3)　参議院の緊急集
　　　　会を求めること（54条2項）　130　　(4)　最高裁判所の長官以外の裁
　　　　判官および下級裁判所の裁判官の任命（79条・80条）　131　　(5)　予
　　　　備費の支出（87条）　131　　(6)　決算の国会への提出（90条1項）　131
　　　　(7)　国会および国民に対する国の財政状況についての報告（91条）　131
　第4節　内閣の組織 ……………………………………………………………………131
　　1　内閣の組織 ……………………………………………………………………131
　　　　(1)　内閣の構成　131　　(2)　閣　議　132　　(3)　内閣の補助機関
　　　　133
　　2　内閣総理大臣の権限 …………………………………………………………133
　　　　(1)　国務大臣の任免権（68条）　133　　(2)　国務大臣の訴追の同意権
　　　　（75条）　133　　(3)　内閣の代表（72条）　134　　(4)　法律・政令への
　　　　連署（74条）　136
　　3　内閣総理大臣およびその他の国務大臣の要件 ……………………………136
　　　　(1)　国会議員であること　136　　(2)　文民であること（66条2項）
　　　　137
　　4　内閣の成立と消滅 ……………………………………………………………138
　　　　(1)　新内閣総理大臣の指名と組閣　138　　(2)　内閣の総辞職　138
　　　　(3)　総辞職後の内閣（71条・職務執行内閣）　140　　(4)　新内閣成立
　　　　までの手順　140
　　5　行政機関 ………………………………………………………………………141
　　　　(1)　内閣の統轄下の行政機関　141　　(2)　独立行政委員会　141

第4章　裁　判　所 …………………………………………………………………143
　第1節　近代の司法制度 ………………………………………………………………143

1　近代司法制度の諸原則 ……………………………………………………*143*

　　2　明治憲法における司法制度の特徴 ………………………………………*144*

第2節　日本国憲法における司法権 ………………………………………………*144*

　　1　司法権の概念と範囲 ………………………………………………………*144*

　　2　日本国憲法における司法権 ………………………………………………*145*

　　　⑴　日本国憲法における司法権の概念と範囲　*145*　　⑵　司法権の帰属　*149*

　　3　司法権の限界 ………………………………………………………………*151*

　　　⑴　国際法上の約束・合意として認められた事項　*151*　　⑵　憲法上，司法権の限界として認められる事項　*151*　　⑶　統治行為　*154*

第3節　最高裁判所および下級裁判所 ……………………………………………*158*

　　1　わが国の裁判制度 …………………………………………………………*158*

　　　⑴　裁判所の種類　*158*　　⑵　審級制度　*160*

　　2　最高裁判所の地位・権限 …………………………………………………*161*

　　　⑴　裁判権　*161*　　⑵　規則制定権　*161*　　⑶　司法行政権　*164*
　　　⑷　下級裁判所裁判官の指名権　*164*

　　3　裁判の公開 …………………………………………………………………*164*

　　　⑴　裁判公開の原則（82条1項）　*164*　　⑵　公開の対象となる裁判の範囲——82条1項の「裁判」の意味　*166*　　⑶　公開原則の例外（82条2項）　*169*

第4節　違憲審査制 …………………………………………………………………*170*

　　1　違憲審査制の背景と意義 …………………………………………………*170*

　　2　違憲審査制の類型と性格 …………………………………………………*172*

　　　⑴　司法裁判所型（アメリカ型）——付随審査制　*172*　　⑵　憲法裁判所型（ドイツ型）——独立審査制　*173*

　　3　日本の違憲審査制 …………………………………………………………*173*

　　4　付随的違憲審査制の特徴 …………………………………………………*175*

　　　⑴　事件性（争訟性）の要件　*175*　　⑵　必要性の原則　*175*
　　　⑶　違憲審査の主体　*176*　　⑷　違憲判決の効力　*176*

5　違憲審査の対象 ……………………………………………………… *176*
　　　　　(1)　条　　約　*177*　　(2)　立法の不作為　*178*　　(3)　国の私法上の行
　　　　　為　*179*
　　　6　憲法訴訟と憲法判断の方法 …………………………………………… *179*
　　　　　(1)　憲法訴訟　*179*　　(2)　司法積極主義と司法消極主義　*180*
　　　　　(3)　憲法判断の方法　*181*
　　第5節　司法権の独立と国民による統制 ………………………………… *185*
　　　1　司法権の独立と裁判官の身分保障 …………………………………… *185*
　　　　　(1)　司法権の独立　*185*　　(2)　裁判官の身分保障（78条）　*187*
　　　2　司法権に対する参加と統制 …………………………………………… *192*
　　　　　(1)　最高裁判所の裁判官に対する国民審査　*193*　　(2)　司法への国
　　　　　民参加　*193*

第5章　財　　政 ……………………………………………………………… *196*

　　第1節　日本国憲法における財政制度 …………………………………… *196*
　　　1　財政処理の基本原則 …………………………………………………… *196*
　　　2　財政に関する国会の権限 ……………………………………………… *196*
　　　　　(1)　租税法律主義（84条）　*196*　　(2)　国の債務負担行為についての
　　　　　議決（85条）　*200*　　(3)　その他の権限　*200*
　　　3　公金の支出などの制限（89条） ……………………………………… *202*
　　第2節　予　　算 …………………………………………………………… *203*
　　　1　予算の意義と法的性質 ………………………………………………… *203*
　　　　　(1)　予算行政説　*203*　　(2)　予算国法形式説　*203*　　(3)　予算法律
　　　　　説　*204*
　　　2　国会の予算議決権 ……………………………………………………… *204*
　　　　　(1)　予算議決権　*204*　　(2)　予算修正の限界の有無　*205*　　(3)　予
　　　　　算と法律の不一致　*206*
　　　3　予算の内容と種類 ……………………………………………………… *207*

第6章　地　方　自　治 ……………………………………………………… *208*

第1節　日本国憲法における地方自治の保障 …………………………………208
　　1　地方自治の観念 …………………………………………………………208
　　2　憲法による地方自治の保障 ……………………………………………209
　　3　地方自治の根拠 …………………………………………………………210
　　4　地方自治の本旨 …………………………………………………………211
　　5　地方自治制度の動向と地方分権 ………………………………………212
第2節　地方公共団体 ……………………………………………………………213
　　1　地方公共団体の意味と種類 ……………………………………………213
　　　(1)　都道府県と市町村　213　(2)　特別区　215　(3)　地方公共団体の組合，財産区，地方開発事業団　216
　　2　地方公共団体の組織 ……………………………………………………216
　　　(1)　議　会　216　(2)　地方公共団体の長　217　(3)　法律の定めるその他の吏員　218
　　3　地方公共団体の事務 ……………………………………………………219
　　　(1)　国の事務との関係　219　(2)　地方公共団体の事務　219
　　　(3)　国の関与（国と地方公共団体の関係）　220
　　4　住民の権利 ………………………………………………………………222
　　　(1)　憲法上の権利　222　(2)　直接請求制度　223　(3)　住民監査請求と住民訴訟　224　(4)　地方特別法の住民投票（95条）　225
第3節　条　　例 …………………………………………………………………226
　　1　条例制定権 ………………………………………………………………226
　　　(1)　条例制定権の根拠　226　(2)　条例の意味　227　(3)　条例の規定事項　227
　　2　憲法上の法律留保事項と条例 …………………………………………230
　　　(1)　条例による財産権の制限　231　(2)　条例と罰則　231
　　　(3)　条例による地方税の課税　232

第7章　平和主義と自衛隊 …………………………………………………235
第1節　憲法9条と自衛隊 ………………………………………………………235

目　次

　　　1　日本国憲法の平和主義 …………………………………………235
　　　　　(1) 主権国家と戦争　235　　(2) 憲法の基本原則としての平和主義
　　　　　——前文と9条　235　　(3) 平和のうちに生存する権利（平和的生存
　　　　　権）　237　　(4) 平和主義の動揺　238
　　　2　9条をめぐる解釈上の問題 ……………………………………239
　　　　　(1) 自衛の戦争　239　　(2) 交戦権の意味　240　　(3) 「戦争」,
　　　　　「武力の行使」と「武力による威嚇」　240　　(4) 自衛権　241
　　　　　(5) 戦　力　241
　　　3　自衛隊をめぐる諸問題 …………………………………………243
　　　　　(1) 自衛隊の創設　243　　(2) 自衛隊に関する政府解釈　243
　　　　　(3) 自衛隊に関する判例　245　　(4) 自衛隊の任務　246　　(5) 有
　　　　　事法制　249

　第2節　9条と日米安全保障条約 ……………………………………252
　　　1　日米安全保障条約 ………………………………………………252
　　　　　(1) 日米安全保障条約の締結　252　　(2) 日米安全保障条約の合憲
　　　　　性——砂川事件　252　　(3) 日米安保条約の改定（1960年）　253
　　　2　集団的自衛権と9条および安保条約 …………………………254
　　　3　新ガイドラインと周辺事態法 …………………………………255

　第3節　自衛隊と国際連合への協力 …………………………………257
　　　1　国連の軍事的措置と協力義務 …………………………………257
　　　2　平和維持活動と自衛隊の参加 …………………………………258
　　　3　国連平和維持活動協力法（PKO協力法）……………………259
　　　　　(1) 平和維持活動の内容　259　　(2) PKO参加の手続および条件
　　　　　260　　(3) 自衛隊による武器の使用　261
　　　4　テロ対策特別措置法とイラク復興支援特別措置法 …………263
　　　　　(1) テロ対策特別措置法（2001年10月29日成立）　263　　(2) イラク
　　　　　復興支援特別措置法（2003年7月26日成立）　265

第8章　憲法の保障と改正 ………………………………………………266
　第1節　憲法保障 ………………………………………………………266

　　　　1　公務員の憲法尊重擁護義務（99条） ················266
　　　　2　国家緊急権 ················267
　　　　3　抵抗権 ················268
　　第2節　憲法改正 ················269
　　　　1　憲法改正手続 ················269
　　　　　(1) 国会による発議　269　(2) 国民投票　270　(3) 天皇による
　　　　　公付　271
　　　　2　憲法改正の限界 ················271
　　　　3　憲法の変遷 ················272

事項索引 ················275
判例索引 ················283

【コラム】

国家の三要素　4
立憲主義　5
イギリスの憲法改革　7
法の支配　12
マーベリー対マジソン事件　12
枢密院　16
法律の留保　17
国家法人説と天皇機関説　19
マッカーサー草案と極東委員会　22
ハーグ陸戦条約と憲法無効論　24
廃棄と廃止　25
法　令　29
独立命令と緊急命令　29
政令325号事件　34
法治主義　44
国民主義と被治者主義　56
天皇の神格性の否定　57
元　号　61
イギリスの混合政体と議会主権　71
委員会制度　84
政治倫理審査会　98
連座制　110

国務大臣の意味　132
ロッキード事件丸紅ルート上告審判決　135
司法と裁判　148
訴訟事件と非訟事件　166
非公開審理（インカメラ審理）　170
フランスの憲法院　172
ニュー・ディールと司法消極主義　181
裁判官の職権の独立が問題となった事例　186
寺西判事補事件　191
通達課税の問題　198
負担金と手数料　198
財政法3条と財政法第三条の特例に関する法律　199
明治憲法下の地方自治　209
特別区と行政区　215
改正前の地方公共団体の事務　220
法定外目的税　234
核兵器に関する政府の解釈　244
事前協議制　254
国民参加による原案の作成　270

おもな参考文献

浅野一郎＝杉原泰雄編・憲法答弁集［1947～1999］（信山社　2004年）
芦部信喜・憲法学Ⅰ憲法総論（有斐閣　1992年）
芦部信喜監修・註釈憲法(1)（有斐閣　2000年）
芦部信喜＝高橋和之補訂・憲法〔第3版〕（岩波書店　2002年）
芦部信喜＝高橋和之＝長谷部恭男・憲法判例百選Ⅰ・Ⅱ（有斐閣　2000年）
阿部照哉編・比較憲法入門（有斐閣　1994年）
伊藤正己・憲法〔第3版〕（弘文堂　1995年）
岩間昭道＝戸波江二編・憲法Ⅰ［総論・統治］（日本評論社　1994年）
浦部法穂・全訂憲法学教室（日本評論社　2000年）
粕谷友介＝向井久了＝矢島基美編・憲法〔第2版〕（青林書院　2003年）
清宮四郎・憲法Ⅰ〔第3版〕（有斐閣　1979年）
栗城壽夫＝戸波江二編・憲法〔補訂版〕（青林書院　1998年）
坂本昌成・憲法理論Ⅰ〔第3版〕（成文堂　1999年）
佐藤功・比較政治制度（東京大学出版会　1967年）
佐藤功・憲法（上）（下）〔新版〕（有斐閣　1983年）
佐藤功・日本国憲法概説〔全訂第5版〕（学陽書房　1996年）
佐藤幸治＝中村睦男＝野中俊彦・ファンダメンタル憲法（有斐閣　1994年）
佐藤幸治・憲法〔第3版〕（青林書院　1995年）
渋谷秀樹＝赤坂正浩・憲法2統治（有斐閣　2000年）
杉原泰雄・憲法Ⅰ・Ⅱ（有斐閣　1987年・1989年）
杉原泰雄編著・資料で読む日本国憲法（上）（下）（岩波書店　1994年）
高橋和之＝大石眞編・憲法の争点〔第3版〕（有斐閣　1999年）
辻村みよ子・憲法（日本評論社　2000年）
戸波江二・憲法〔新版〕（ぎょうせい　1998年）
中村睦男・憲法30講〔新版〕（青林書院　1999年）
野中俊彦＝中村睦男＝高橋和之＝高見勝利・憲法Ⅰ・Ⅱ（有斐閣　2001年）
長谷部恭男・憲法〔第4版〕（新世社　2004年）
波多野里望＝小川芳彦編・国際法講義〔新版増補〕（有斐閣　1998年）
樋口陽一・比較憲法〔全訂第3版〕（青林書院　1992年）
樋口陽一・憲法Ⅰ（青林書院　1998年）
樋口陽一・憲法〔改訂版〕（創文社　1998年）
樋口陽一＝佐藤幸治＝中村睦男＝浦部法穂・註釈日本国憲法（上）（下）（青林書院　1984年・1988年）
樋口陽一＝佐藤幸治＝中村睦男＝浦部法穂・注解法律学全集　憲法Ⅰ・Ⅱ・Ⅲ・Ⅳ（青林書

おもな参考文献

　院　1994年・1997年・1998年・2004年）
法学協会編・註解日本国憲法（上）（下）（有斐閣　1953年・1954年）
松井茂記・日本国憲法〔第2版〕（有斐閣　2002年）
宮沢俊義＝芦部信喜補訂・コンメンタール日本国憲法〔全訂〕（日本評論社　1978年）
山内一夫＝浅野一郎編集代表・国会の憲法論議Ⅰ・Ⅱ（ぎょうせい　1984年）
山本草二・国際法〔新版〕（有斐閣　1994年）

第Ⅰ部　憲法総論

第1章　憲法の基礎

第1節　「憲法」の意味（憲法の概念）

　「憲法」ということばはいくつかの異なる意味で用いられる。これから学ぶ「憲法」の内容にもかかわることなので，簡単に確認しておこう。

1　固有の意味の憲法

　憲法ということばは，最も広い意味で，さまざまな共同体の基本ルールの意味で用いられる。部族などの始原的な共同体であっても，それを維持するための基本ルールは存在するのであり，それを憲法とよぶことがある。この共同体の基本ルールとしての憲法は，憲法という概念の本来的な意味でもあり，「固有の意味の憲法」という。

2　国の基本法

　共同体はさまざまなレベルで存在しうるが，固有の支配地域（領土）とそこに生活する住民に対する排他的な支配権を確立した政治共同体を，特に国ないし国家とよぶ。そして，この国のあり方の基本原則や国の組織の大枠について定める基本的なルール（法規範）が憲法とよばれる。すなわち，憲法とは国の組織（国家機関）や権限およびその運用方法など国という政治共同体を形成し運営するための基本的な事項を定めた法規範を意味する。最初の近代成文憲法であるアメリカ合衆国連邦憲法（1787年制定）も，制定当初は連邦制と中央政府の統治機構を中心に規定していたが，これは憲法が統治に関する基本法であることを示す一例といえる。また，このことは憲法という概念を表現することばにも現れている。すなわち，憲法は英語で Constitution ないし Constitutional law というが，その constitute は「組織する」とか「構成する」という意味である。フランス語の場合（constitution ないし droit constitutionnel と constituer）も同様で

ある。

　さらに，人類の歴史を振り返れば，国の体制やあり方がその国の人権保障を左右することは明白なので，権力のあり方について定める憲法は，同時に人権保障に関する法であるということもできる。人権保障の方法は国によって異なるが，どのような権利を保障するかということは，国のあり方や考え方の具体的内容ともかかわることなので，国の基本的ルールの一部を構成すると考えられる。

　このように憲法は広く国政の基礎および基本に関する法であるということができる。そして，それは根源的に政治的な事柄でもあり，それゆえ憲法の解釈にあたっては解釈者の政治的立場や主義主張が反映されることが少なくない。憲法を学ぶ際には，解釈の違いがもたらす帰結の相違にも注意する必要がある。

> **＊国家の三要素**　領土，国民，主権が国家の三要素とされる。この三要素を備えた国家の概念は，歴史的には，中世封建制においてローマ法王（ないしは神聖ローマ帝国皇帝）と国内の臣下としての封建領主との間の中間的存在にすぎなかった国王が，対外的にはローマ法王からの独立を確立し（対外的独立性），対内的には封建領主を排し国民に対する直接的支配権を確立することによって成立したと考えられている。すなわち，一定の領域（領土）とその地域の住民（国民）に対する排他的支配権（主権）が確立された政治共同体を国家（ないし主権国家）とよぶ。

3　近代的意味の憲法（近代憲法），立憲的意味の憲法

　憲法ということばを限定的な意味で用い，特定の内容や要件を備えているものだけを憲法とよぶことがある。「権利の保障が確保されず，権力の分立が規定されていないすべての社会は，憲法を持つものではない。」と定めるフランス人権宣言16条が，その代表例である。ここでは人権保障と権力分立が憲法の不可欠の要素とされ，憲法は必ずその両者を備えるべきものとされている。このような憲法概念は18世紀の近代市民革命を経て確立されたので，「近代的意味の憲法」および「近代憲法」とよばれる。また，権力分立と人権保障は個人の自由の保障を基本的な価値とする近代自由主義の憲法的表現であるが，それは絶対王政における権力の集中と濫用に対する反省から国家権力を制約するため

に導入されたものである。このように近代憲法は憲法による国家権力の制限を試みる立憲主義の表れでもあるので,「立憲的意味の憲法」ともよばれる。

> **＊立憲主義（constitutionalism）** 憲法が国の統治制度やその権力の行使について定めているということは,支配者が国家権力を濫用しないようにその行使を憲法に基づかせる（憲法によって制限する）ということでもある。このように憲法を制定し,それに基づいて国家権力の行使および統制をはかる考え方を立憲主義という（広い意味の立憲主義）。歴史的には,立憲主義は国王の権力を制限し国民の自由を守るための手法であったといえる。そして,その到達点が権力分立（国家権力の制限）と人権保障を内容とする憲法に基づいて国政を運営する近代立憲主義である。論者によってはこの近代立憲主義を立憲主義とよぶ（狭い意味の立憲主義）。

4 実質的意味の憲法と形式的意味の憲法

前述のように,憲法は国の基本原則や組織について定める基本的な法規範であるから,その内容を明確にするために,法典の形式で成文化される（成文憲法）のが一般的である。そして,この憲法典とそこに規定されている内容が憲法とよばれる。このような憲法の概念を,実質的意味の憲法と区別して,特に形式的意味の憲法という。

この形式的意味での憲法が,憲法ということばの最も一般的な用法であるといえるが,実は憲法典に国の基本ルールのすべてがもれなく規定されているわけではない。統治にかかわる基本的なことが憲法の周辺の法律（付属法令）で定められていることもあれば,長年にわたる実際の運用の中で確立してきたことがら（憲法慣習）もある。また,憲法典に規定されていることのすべてが,国の基本ルールであるとは限らない。そこで,憲法典のみにこだわらずに,また,成文,不文を問わず,国の統治や組織などに関する基本的なルール全体を憲法とよぶことがある。このような使い方を特に実質的意味の憲法という。

この実質的意味の憲法を意識することは,憲法学を学ぶ際に特に重要である。すなわち,憲法典が学習の中心であることは確かだが,実質的意味の憲法を理解するためには国会法,内閣法,公職選挙法などの憲法関連法律（成文法源），憲法慣習や裁判所の判例（不文法源）などにも注意する必要があるということで

ある。さらに，たとえば，成文憲法典を持たないイギリス憲法や複数の憲法的法律によって憲法が構成されていたフランス第三共和制憲法のように，憲法が一つの法典として編纂されていない場合もある。すなわち，憲法を学ぶということは，憲法典の有無にかかわらず，その国の実質的意味の憲法を学ぶということである。これから学ぶ憲法も，もちろん憲法典が中心ではあるが，広くこの実質的意味の憲法が対象となる。

第2節　憲法の分類

憲法はさまざまな基準によって，いくつもの類型に分類することができる。憲法の分類はその憲法の特徴を簡略的に表すという点で有効であるが，それは憲法の一側面のみを表すにすぎないことにも注意する必要がある。主な分類として以下のようなものがある。

1　成文憲法と不文憲法

文章化された憲法典の存在の有無を基準として，成文憲法と不文憲法に分けられる。近代以降の憲法は，国民との関係における公権力の行使の限界も内容とする立憲的意味の憲法でもあるので，その内容を明確にするために「憲法典」という形式の文書（成文法典）に成文化されるのが一般的である。今日ではほとんどの国が成文憲法を備えている。成文化の一般的な意味として，法秩序を確定すること，法関係を明確化することによって予測可能性を確保することが考えられる。なお，憲法典は一つであるのが一般的な形式であるが，複数の憲法的法律によって全体としての憲法が構成される場合もある。

成文の憲法典を持たない国の代表例はイギリスである。しかし，イギリスに国の基本ルールとしての「憲法」がないかというと，そうではない。今日の議会制や議院内閣制，二院制や下院の優越などの諸原則はイギリスにおける歴史的な展開の中で生成・確立してきたもので，これらは今日のイギリスの憲法を形成すると考えられている。「憲法」と称される一つの法典が存在しないというにとどまり，憲法慣習やいくつもの議会制定法が「憲法」（＝実質的意味の憲法）を形成している。このような憲法を不文憲法という。不文憲法では法律の制定や改正，憲法慣習の変更などによって「憲法」の内容を変更できるため，時代

や社会のニーズの変化に応じた対応が容易である。

　この分類自体は極めて形式的な区別にすぎないが，憲法の効力および改正手続とも関連して，憲法そのものに対する考え方や憲法の運用に深くかかわる区別でもある。

> **＊イギリスの憲法改革**　イギリスのブレア政権（1997年～）は，イギリスの伝統的な政体に関する改革を矢継ぎ早に推進している。具体的には，スコットランドおよびウェールズ議会の創設による地方分権，上院（貴族院）における世襲貴族の削減および全廃による上院改革，閣僚・上院議長・最高裁長官を兼ねた大法官制度の廃止，欧州人権条約を国内法化した人権法の制定などである。これらはイギリスの古い伝統的な仕組みを現代的な制度へと改める改革といえる。このような改革の実行はイギリスの不文憲法の長所を示すといえよう。

2　硬性憲法と軟性憲法

　憲法の改正手続を基準とした分類である。一般の法律の改正手続と比較して，それよりも厳格な加重された改正手続を定める憲法を硬性憲法とよび，法律と同じ手続や要件で改廃しうる憲法を軟性憲法とよぶ。硬性憲法における加重の要件は国によって異なり，多様である。日本国憲法の場合は，国会発議の段階の加重要件に加えて国民投票が課せられている。改正が困難な硬性憲法は憲法の安定性と継続性を保障するのに適しており，通常の法律と同じ改正手続で改正される軟性憲法は，事情の変化や時代の要求に憲法を適応させやすいといえる。このことは同時に，硬性憲法は現在の立法者の意思に対して憲法制定者の意思を優先させるということであり，反対に，軟性憲法は常に現在の立法者の意思を優先させるということでもある。議会主権のイギリスでは，議会さえも拘束する立憲的意味での成文憲法は排除され，その結果として，不文憲法と軟性憲法の特徴が備えられることになったと考えられる。

　また，一般に，改正手続の難易は法規範の効力の優劣に比例すると考えることができるので，その国における憲法と法律の効力関係および法体制の全体における憲法の位置づけを探る上でこの分類は有益である。憲法の改正手続を法律のそれよりも厳格にする硬性憲法の考え方は，憲法を法律よりも上位に置くもので，憲法の最高法規性の観念を担保する方法といえる。すなわち，一般に

硬性憲法を採用している国は，憲法を最高法規と位置づけていると考えることができる。

これに対して，軟性憲法の考え方は，憲法の最高法規性とは両立しがたい。憲法と法律の改正手続を同じにしつつ憲法を最高法規と位置づけることは，論理的に困難である。軟性憲法にあっては，憲法は実質的にいつでも新しい法律によって変更されうるのであり，法規範としての効力に優劣を設定することはできない。それゆえ，軟性憲法の考え方は，憲法の最高法規性の観念を排除しているといえる。軟性憲法にあっては，憲法とは数ある法律の中で統治制度や人権保障を定める法律の呼称にすぎないことになる。

この分類も形式的な区別ではあるが，以上のように，憲法に対する考え方の違いを抽出する分類として有益といえる。なお，硬性・軟性の区別はあくまでも法律の改正手続との比較における区別であり，実際に改正が頻繁に行われているか否かとは別の問題である。

3　民定憲法と欽定憲法および協約憲法

憲法の制定主体および憲法制定権者に着目した分類である。君主主権の下，君主が制定し国民に与えたとされる憲法が欽定憲法である。これに対して，国民主権に基づいて国民が制定した憲法が民定憲法である。具体的には，国民が選出した議会や特別の憲法制定会議が制定することが多い。明治憲法は欽定憲法に属し，日本国憲法は民定憲法に属する。日本国憲法の場合は，明治憲法の改正という手続で，当時の帝国議会によって制定された。帝国議会は国民の選挙による衆議院と選挙によらない貴族院とによって構成されていたが，日本国憲法は第1条で国民主権を明示しており，民定憲法ということができる。

歴史的には憲法の制定主体は君主から国民へと移行してきた。しかし，いずれの勢力も単一の憲法制定主体とはなり得なかった政治的妥協の過渡的段階が存在する。法的には君主主権であっても，国民を背景とした議会勢力も強く，君主と国民代表である議会との合意により両者の契約として憲法が制定される場合であり，そのような憲法を協約憲法とよぶ。1830年フランス憲法はこの例に属するといわれている。

4　連邦憲法，条約憲法

　連邦憲法は，複数の国が連邦国家を形成する際に，連邦構成国間の合意として制定された憲法である。連邦国家は対外的には一つの統一国家を形成しているが，一般的には国家権力は中央政府と構成国(州)政府に分散されており，州が制限的な主権を持ち，独自の憲法や法律を持つことが少なくない。現在のアメリカ合衆国，オーストラリア，ドイツなどがこの連邦国家である。
　連邦憲法は国家間の約束という意味では条約の一種と考えることもでき，条約憲法ともよぶことができる。欧州連合（EU）はEU憲法の制定を検討中のようであるが，これは独立の諸国家による条約憲法といえる。

5　近代憲法と現代憲法

　国に期待される役割や国のあり方は，時代状況や社会の状況によって異なる。憲法はそのような国家観を反映するものでもあるから，その時々の国に期待される役割の変化に応じて，憲法の内容や特徴も変化する。近代（18・19世紀的）憲法と現代（20世紀的）憲法という区別がそれに該当する。
　近代憲法は前述の近代的意味の憲法と同じである。それは市民の私的な生活領域に公権力が干渉・介入することを排除しようとする自由主義思想を具現化するもので，財産権の保障を含む個人の自由権の保障とそのための制度装置としての権力分立制が基本的な要素となっている。この近代憲法の下で資本主義経済が生成・発展するが，それに伴いさまざまな社会問題も発生し，その解決が国に期待されるようになってきた。その結果，社会保障関連の諸施策の実施，労働者の権利保護，経済活動の規制（財産権の制限）など本来的に私的領域に属する問題の解決が国に求められるようになってきた。これが社会国家・福祉国家であり，生存権・労働基本権などの社会権の保障や財産権の制限などが憲法に導入されるようになる。これが現代憲法であり，日本国憲法もこれに属する。

6　社会主義憲法と資本主義憲法

　この現代憲法とは全く異なる展開を見せた20世紀の憲法がある。社会主義・共産主義思想に基づく社会主義憲法である。1917年のロシア革命を経て成立したソビエト社会主義共和国連邦（ソ連）とその憲法である。近代憲法の原理であ

る権力分立は排除され，共産党の一党独裁と民主的権力集中の政治制度が採用された。また，人権保障も十分ではなかった。1991年のソ連の消滅に伴い，社会主義を掲げる国は中華人民共和国（中国）や朝鮮人民民主主義共和国（北朝鮮）などごく限られた国だけとなったが，この社会主義憲法体制は20世紀の有力な政治体制として東西対立の一方の陣営を構成した。

この社会主義憲法との対比で，自由主義・資本主義経済体制を維持した国々の憲法は，資本主義憲法とよばれることが多い。この資本主義憲法は，前述の現代憲法でもある。

7　君主制憲法と共和制憲法

自由主義ないし資本主義憲法と社会主義憲法という区別は，経済体制や政治体制を基準とした区別であるが，君主の存在と位置づけを基準として，君主制憲法と共和制憲法を区別することができる。しかし，今日では，君主制を維持していても政治的権力を行使しない名目的な君主にすぎない場合が多く，区別の実質的意味は少ないといえよう。

第3節　憲法の法規範としての特徴

憲法は数ある法律の中の一つであるが，今日の憲法の一般的特徴として次のような特徴をあげることができる。

1　授権規範と制限規範

憲法は国家機関やその権限および運用方法などを定める根本規範であると述べたが，それは国会・内閣・裁判所などの国家機関や統治システムが憲法によって作られ（憲法によって作られた権力），各機関は憲法によって与えられた権限の範囲内で活動するということでもある。言い換えれば，国会は憲法によって立法権を与えられているから法律を作ることができるのであり，行政権は内閣に与えられているから内閣が行使しているのである。このように，憲法は国会・内閣・裁判所という国家機関を創設し，それぞれに立法権・行政権・司法権の行使を委ねている。このような法規範を，権限を与えるという意味で授権規範という。しかし，特定の機関に特定の権限を与えるということは，その機

関は与えられた権限は行使できるが与えられていない権限は行使できないということでもある。すなわち，行政権は内閣に与えられているから国会はそれを行使できないのであり，特定の国家機関に特定の権限を与えている憲法は，国家機関の権力や権限を制限する制限規範でもあるといえる。憲法のこのような規範的特徴は，憲法によって国家権力の統制をはかる立憲主義の考え方の現れでもある。

なお，憲法の制限規範としての性格は，人権保障，特に自由権の保障との関連において重要である。憲法が国民に対し自由権を保障するということは，その自由を侵してはならないことを国（公権力）に義務づけるものであり，立法部をも含むすべての国の機関に対する制限規範として機能すると考えることができる。それゆえ，この点において，憲法による人権保障は法律による人権保障とは根本的に異なることになる。

2　最高法規性

一般に，憲法はその国の最高法規として，国法体系の中で最も強い形式的効力を与えられている。

憲法が最高法規とされる根拠は，国の基本法としてその国の基本的価値を定めていることに求められる（実質的根拠）。そして，国の基本法としての憲法の最高法規性は「法の支配」および立憲主義の観念とも関連する。「法の支配」は権力者による恣意的な支配としての「人の支配」（人治）を排し，権力が法に従って行使されること（法治）を求めるもので，支配者をも拘束するルールの存在を前提とする点で近代立憲主義へと繋がる考え方ということができる。「法の支配」における「法」とは制定法としての法律ではなく，その根源に存在し法律制定権者も拘束するような高次の法 (higher law) を意味すると考えられていたが，明文化された契約文書としての憲法が国の基本法としてこの高次の法の地位に置かれることにより，最高法規としての憲法の概念が定着することになる。

憲法の最高法規性は，前項で見た憲法の授権規範性からも説明することができる。すなわち，憲法は授権規範であって他の法律から授権されることはなく，それゆえ法の段階構造の頂点にあるということができる（形式的根拠）。もっとも，最高法規に位置づけられるから授権規範であるともいえるので，この論拠は相互に一体であるともいえる。

いずれにせよ，憲法が国の基本法として最高法規に位置づけられる結果として，立法者がそれを安易に変更できないようにする仕組みが必要となる。それが硬性憲法である。すなわち，硬性憲法は憲法改正手続に現れた憲法の最高法規性の表現と考えることができる。そして，日本国憲法をはじめとして，今日ほとんどの国が成文の硬性憲法を採用し，憲法を最高法規としている。

さらに，憲法が最高法規であるということは，下位法は上位法に適合することによって統一的な法体系が構成・維持されるので，上位法である憲法に反する違憲な下位規範（法律や命令）は存在してはならないことになる。これを担保するのが違憲審査制である。法令の合憲性審査を担当する国家機関や審査方法は多様であるが，憲法を最高法規としている国では，何らかの形で違憲審査制が導入されているといえよう。わが国の違憲審査制のモデルであるアメリカ合衆国では，連邦最高裁の判例によって裁判所による違憲審査制が確認されたのであるが，その際の理由の一つとしてこの憲法の最高法規性があげられている（1803年マーベリー対マジソン事件）。

---

*法の支配（rule of law）　「法の支配」の意味は，客観的に存在すると考えられる法（正義）に従って権力が行使されるべきであるとするもので，もともとはゲルマン人の法観念に由来するといわれている。ローマ法では法は制定権者（皇帝）の意思により制定されると考えられていたのに対して，ゲルマンでは法はすでに存在するもので，人はそれを発見するにすぎないと考えられていた。ここでは法はすでに客観的に存在するのであるから，国王も恣意的に法を改ざんすることは許されず，国王もそれに従わなければならないことになる。それゆえ，「法の支配」は，人の恣意による専断的な国家権力の行使（人の支配）を排斥し，権力とその行使を客観法（正義）によって拘束しようとする原理といえる。このように「法の支配」は権力者をも拘束する客観法（正義）の支配を意味していたが，それが特にイギリスにおける法原理として発展する過程で，憲法の最高法規性がその一内容として理解されるようになった。

*マーベリー対マジソン事件　退任間際のアダムス大統領（連邦派）は大量の連邦派裁判官を新設の裁判所判事に指名し，上院の承認を得た。その翌日に新大統領に就任したジェファーソン（反連邦派）は国務長官マジソンに対し，辞令未交付の裁判官への辞令交付を行わないように命じた。そこで，辞令を交付されなかったマーベリーらがその交付を求めて直接連邦最高裁に訴えた事件である。

> この判決理由の中でマーシャル長官は，①憲法を作ったすべての人々が最高の国家法として憲法を作っていたことは確かであり，かつ，憲法が最高の国家法である以上憲法に反する法律は無効でなければならない，②法の解釈は司法部の義務であり，衝突する二つの法の効力を決定するのは裁判所の仕事であるとして，裁判所には違憲立法審査権があるとした。

3　公法としての憲法

　法律学における伝統的な分類の一つとして，公法と私法の区別がある。定義的にいうと，公法とは国家機関相互の関係および国家とその構成員たる個人（国民）との関係を規律する法律をいい，私法とは私人（個人）相互の関係を規律する法律をいう。憲法，行政法，刑法などが前者に属し，民法および商法などが後者に属する。国民は国や公的機関との間では公法上の法律関係に立ち，ほかの国民との関係では私法上の法律関係に立つことになる。そして，公法上の法律関係には，権利義務の関係が法律によって形成される，および，原則として行政主体に法律上優越した地位が与えられるという基本的特徴があり，私法上の法律関係には，当事者は基本的に対等な関係にあり，権利義務の関係が当事者の自由な合意によって形成されるという基本的特徴があるとされている。また，一般に，公法は常に行為規範（すべての者がその規定に従って行動しなければならないとされる法規範）であると同時に裁判規範（裁判の際の判断基準となる法規範）でもあるが，私的自治を尊重する観点から，私法には裁判規範としてのみ機能する法規範も存在しうるという違いも指摘されている（私法にも行為規範であると同時に裁判規範である法規範は少なくない）。

　この公法と私法の区別も，歴史的および理念的には，近代自由主義に由来する。自由権の保障のように，私的領域への国家不介入の要請は，私的自治の原則が適用される領域としての私法を生み出した。この私的自治の原則は，市民社会（等質的な個人の自由意思の合致＝契約を社会形成の原理とする社会）の自律性の尊重と国家の不介入の法的確認ということができる。それゆえ，前述のような私法の特徴が抽出されることになる。

　憲法は公法の一つであるから，当然に公法としての性格を備えるといえる。特に統治システムに関しては，この公法としての性格は強く表れる。そして，

憲法は公法として，基本的には私的領域への適用が予定されていないということができる。しかし，生存権や労働基本権の保障に見られるように，憲法が近代憲法から現代憲法へと展開するに伴って国家の役割も拡大し，かつては私的自治に委ねられていた分野への国の積極的な関与も求められるようになってきたことに注意する必要がある。すなわち，現代憲法は自らの中に私的領域への関与を内在させているので，伝統的な私的領域への不介入の側面のみを強調することは適切ではなくなってきている。

第2章　日本国憲法の基礎

第1節　日本憲法史概略

1　明治憲法史概略

(1)　明治憲法の制定

　日本最初の成文憲法は，大日本帝国憲法（1889(明22)年2月11日発布，1890(明23)年11月29日施行）である。一般に「明治憲法」とよばれ，帝国議会の創設に先立ち，明治天皇によって制定された欽定憲法である。

　明治憲法の制定は，明治初期の自由民権運動や板垣退助・江藤新平らの「民撰議院設立建白書」(1874(明7)年)にその端を発する。国民の間に高まる議会開設要求に対して，まず天皇（政府）は元老院に憲法の起草を命じた(1876(明9)年)が，元老院案(1880(明13)年上奏)は議会が強力になりすぎるとして採用されなかった。1881(明14)年，岩倉具視の指導のもと，イギリス流の議院内閣制・政党政治の実現を主張していた大隈重信らが政府から追放され(「明治14年の政変」)，天皇を中心としたドイツ的立憲君主制の欽定憲法を制定する基本方針が決定された。同年10月，天皇（政府）は国会開設の勅諭を発し，1890(明23)年に国会を開設すること，および，それまでに憲法を制定することを国民に宣明した。そして，1882(明15)年，伊藤博文が憲法調査のためにヨーロッパに派遣された（伊藤は，主にプロシャ憲法を中心に調査し，翌年帰国した）。

　1888(明21)年3月，伊藤を中心に井上毅らによって検討されていた憲法草案が完成し，枢密院の審議に付された。翌1889(明22)年1月に枢密院での憲法審議が終了し，天皇の裁可を得た後，同年2月11日に，欽定憲法として天皇から黒田清隆首相に授けられた。そして，憲法の規定（上諭第4段）に基づいて，帝国議会が開催された1890(明23)年11月29日から施行された。

> **＊枢密院** 1888(明21)年，枢密院官制により，憲法および皇室典範の草案審議のために設けられた。その後，明治憲法では，枢密顧問官（枢密院の構成員）が天皇の諮詢に基づいて重要な国務を審議する役職として憲法上位置づけられた（内閣と同様に，枢密院も憲法上の機関としては規定されていない）。伊藤博文が初代議長に就任した。

(2) 明治憲法の特徴

 明治憲法は前述の基本方針に沿って作成された。議会制や司法制度に見られる近代的な統治制度と神話に基づく天皇制（天照大神とその子孫である皇祖皇宗と天皇を神とする国家神道）とを結合させた点に基本的特徴があり，近代立憲主義の外観と神権天皇制の実体という矛盾する二つの要素の統合を試みた憲法ということができる。

 明治憲法の第1の特徴は，天皇を統治権の総攬者とする天皇統治の原則が確保されたことである。議会制や司法権の独立をはじめとする近代的立憲政治の原則は取り入れられたが，あくまでも帝国議会は天皇の立法権の行使を協賛し（明治憲法5条），国務大臣は行政権の行使を補弼し（同55条），司法権も天皇の名において裁判所がこれを行うものとされた（同57条）。また，議会の関与を排除しうる天皇大権の範囲も広く，特に軍の統帥権（同11条）は後の軍国主義を招く一因ともなった。

 第2に，この統治権の総攬者としての地位の根拠が天孫降臨の神話（『日本書紀』）に基づく「万世一系ノ天皇」に求められた。すなわち，天皇が神の子孫であるがゆえに日本を統治するということであり，「現人神」である天皇が統治する日本は「神の国」であるとされることになる。これにより神道という宗教道徳を政治の基礎とした「祭政一致」の体制が確立し，かつ，これが侵してはならない「国体」の根本と考えられた。大審院も治安維持法の「国体」の意味に関連して，「我帝国ハ万世一系ノ天皇君臨シ統治権ヲ総攬シ給フコトヲ以テ其ノ国体ト為シ」と述べ，このことを確認している（大判昭4・5・31刑集8巻317頁）。天皇は国政における最高権威であると同時に，道徳および精神世界においても最高権威に位置づけられた。このような祭政一致の国家体制こそが明治憲法における天皇制であった。

明治憲法の第3の特徴は，その人権保障方式である。明治憲法も近代憲法として権利保障規定を備えているが，それは天皇から臣民(国民)に恩恵として授けられたものと位置づけられ，いつでも制限しうるものとされた。第1に，ほとんどの権利保障規定に「法律ノ範囲内ニ於テ」という制限の可能性（法律の留保）が付されていた。これにより，法律によりさえすれば憲法で保障した権利を制限することが可能になり，憲法による保障の意義は著しく損なわれることになった。これは実質的に法律による保障に等しく，それゆえ明治憲法では法律による制限を原理的に否定する基本的人権の観念（人が生まれながらに有する権利）が排除されていたということができる。第2に，明治憲法では，天皇大権の一つである独立命令や緊急命令によっても権利制限ができるものとされた。これらの命令は議会の関与なしに天皇が発しうるもので，実質的に行政部による権利制限も可能であったといえる。このように，明治憲法における権利保障は，立法部および行政部による侵害から十分に守られているものではなかった。

> **＊法律の留保**　法律の留保は法律による保障と法律による制限という二つの側面を持つ。国民の権利自由を制限するには立法部が制定する法律の根拠を必要とする（＝行政部は法律の根拠なしに国民の権利・自由を制限できない）という意味では積極的側面を有するが，法律の根拠さえ整えばいつでも制限できるという意味では消極的な一面も持つ。国民代表機関としての議会制が確立し，議会が国王の行政権行使を抑制している場合には，前者の積極的な側面を期待することができる。議会中心主義を採用した19世紀のヨーロッパ諸国では，この法律（＝議会）による権利保障が中心とされた。明治憲法の場合は，憲法で権利・自由を保障したうえで法律の留保を付したのであるから，それは専ら法律による制限を留保したということができる。

　明治憲法の第4の特徴として，これからの新たな国造りの指針としてではなく，明治維新から継続してきた新国家形成の最後の総仕上げとして憲法が制定されたことをあげることができよう。この憲法制定に至る経緯から当然のことではあるが，内閣や枢密院などの行政組織や大審院などの司法制度は憲法の制定以前に整備されていた。わずかに帝国議会のみが憲法によって新たに創設されたにすぎない。しかも国民意思の影響下に置かれることが想定される衆議院

を抑制する装置としての貴族院を創設するために，その基礎となる華族制度もすでに整備されていた。すなわち，この憲法はすでに確立されつつあった政治制度に制限的議会制を組み込んだにすぎないのである。明治憲法は民主勢力に支配されない政治を実現するための憲法であり，それゆえ，外見的立憲君主制の憲法と評価されることになる。

(3) 明治憲法の展開と終焉

このような明治憲法のもとでも，議会制の実際の運用は政党の発達と政党政治をもたらした。明治政府は当初超然主義（政府・内閣は議会の影響を受けるべきではないとする考え方）を唱えていたが，その主唱者の伊藤博文でさえ1900（明33）年に立憲政友会を設立したように，議会政治における政党の必要性は否定しがたいものになっていった。そして，1918（大7）年には，わが国の憲政史上初の政党内閣が原敬（たかし）によって組織され，実質的に院内閣制的な議会制の運用が実現した。この大正デモクラシーの時期にはわが国の民主化も進展し，1925（大14）年に男子普通選挙法も成立した。また，この時期には明治憲法の民主的解釈も進展し，憲法学における支配的な学説として，国家法人説に依拠し天皇を国家機関の一つとして位置づける天皇機関説が主張された。

しかし，1930年代にはいると，議会政治の停滞も相まって軍部が政治への影響力を次第に拡大していった。軍隊の最高指揮権である統帥権は天皇大権の一つとされ（明治憲法11条），軍部はこの統帥権の独立によって政府および議会によるコントロールを排除しえた（たとえば，1931（昭6）年の満州事変では，若槻内閣の不拡大方針にもかかわらず軍部は関東軍を中国東北部（満州）に展開させた）。天皇主権であるがゆえに天皇大権を制御することを想定していなかった明治憲法には，統帥権の独立を盾にした軍の独走を抑制するための制度的装置は存在しなかったのである。そして，軍国主義の進展とともに，全体主義の立場から明治憲法の「国体」の理念が強調され，「国体」に反する思想を取り締まる治安維持法によって思想統制も一段と進んだ。挙国一致の戦時体制の下，1940（昭15）年には大政翼賛会が結成され，ここに政党政治は完全な終焉を迎えることになった。そして，1937（昭12）年に開始された日中戦争が終結を迎えないまま，1941（昭16）年には太平洋戦争に突入し，取返しのつかない戦争の惨禍を生み出すことになった。

> **＊国家法人説と天皇機関説** 国家法人説は，国家は統治権を有し，国家機関を通じて活動する一つの法人あるとする学説である。19世紀ドイツの支配的学説で，当時は国家主権論と一体となって国民主権論を排斥し，ドイツ的立憲君主制を擁護する役割を担っていた。天皇機関説は，この国家法人説の考え方を基礎に，天皇を法人としての国家の一機関と位置づける学説で，美濃部達吉によって唱えられた。天皇は主権者として国家の最高の意思決定機関とされるものの，天皇を議会や内閣と同様の国家機関と位置づけることによって，明治憲法の立憲的・民主的解釈としての役割を担った。1935(昭10)年の国体明徴運動によって天皇機関説は「国体」に反する学説として排撃された。美濃部は公職から追放され，その著書は発禁処分とされた（天皇機関説事件）。

2　日本国憲法の制定過程

(1)　ポツダム宣言の受諾と敗戦

わが国のポツダム宣言の受諾によって太平洋戦争は終了し，この敗戦とともに明治憲法も終焉を迎える。

1945(昭20)年7月26日，日本の降伏条件を定めたポツダム宣言が米英中3国首脳の名で発せられた（ソ連は8月8日の対日参戦後に加わる）。日本政府は国体の護持を宣言受諾の条件とすることを試みたが，その確約が得られないまま，8月14日に宣言の受諾を最終的に決定した（国民には翌15日に発表）。連合国側は，日本の条件付き降伏には一切の同意を与えていなかったので，日本政府の主観的意図に反して，実質的には無条件降伏であった。そして，この受諾によってわが国は宣言の内容を実行する義務を負うことになった。

ポツダム宣言は基本的には日本の無条件降伏を促すものであったが，「日本国国民ヲ欺瞞シ之ヲシテ世界征服ノ挙ニ出ヅルノ過誤ヲ犯サシメタル者ノ権力及勢力ハ永久ニ除去セラレザルベカラズ」（6項），「日本国政府ハ日本国国民ノ間ニ於ケル民主主義的傾向ノ復活強化ニ対スル一切ノ障礙ヲ除去スベシ言論，宗教及思想ノ自由並ニ基本的人権ノ尊重ハ確立セラルベシ」（10項），「前記諸目的ガ達成セラレ且日本国国民ノ自由ニ表明セル意思ニ従ヒ平和的傾向ヲ有シ且責任アル政府ガ樹立セラルルニ於テハ聯合国ノ占領軍ハ直ニ日本国ヨリ撤収セラルベシ」（12項）など，対日占領政策の基本方針＝戦後日本の国政の基本方針

も含まれていた。そして，日本はこの実行を迫られることになり，それが明治憲法の下で実現不可能であるとすれば，憲法の改正も不可避となるのは必然であったといえよう。

　アメリカ合衆国を中心とした連合国による日本占領政策は，財閥解体や農地解放など日本の経済・社会構造自体の変革を意図した幅広いものであった。それは戦前の体制の全面的見直しであり，憲法改正もその占領統治の一部として進められることになる。

(2) 日本側の憲法改正作業と総司令部による改正案提示

　ポツダム宣言受諾時の経緯もあり，当初，日本政府は憲法改正の必要性をあまり感じていなかったようである。しかし，1945(昭20)年10月11日，幣原首相が連合国軍総司令部(GHQ)マッカーサー最高司令官から憲法改正の必要性を示唆されたため，政府は同月27日に憲法問題調査委員会（いわゆる松本委員会）を設置し，具体的な検討作業に着手した（なお，この委員会の他に，前内閣の国務大臣・近衛文麿を中心に内大臣府においても憲法改正の検討作業が進められていた。これは近衛が国務大臣在任時にマッカーサーから憲法改正の示唆を受けたことに起因する。この指示は近衛個人ではなく政府に対する指示であるとする総司令部の声明によって，政府の改正作業は松本委員会に一元化された）。

　この時期，政府を含め一般世論も憲法改正には消極的であった。軍部や極右勢力が排除された以上，憲法の解釈・運用によってポツダム宣言が求める日本の民主化は十分可能であるとする見解や，改正をするとしても必要最小限にとどめるべきであるとする見解が支配的であった。このような考え方は松本委員会にも反映され，同委員会も憲法改正の方針として以下のような4原則を掲げていた（12月8日，第89回帝国議会衆議院予算委員会で表明）。

① 天皇を統治権の総攬者とする明治憲法の基本原則は変更しないこと。
② 議会の権限を拡充し，大権事項をある程度縮小すること。
③ 国務大臣の責任を国政全般に及ぶものとするとともに，国務大臣は議会に対して責任を負うものとすること。
④ 国民の権利・自由の保障を強化し，これらの侵害に対する救済方法を整えること。

　同委員会はこれらの基本方針に基づいて逐条的に明治憲法の検討を進め，その原案は閣議を経た上で，1946(昭21)年2月上旬に憲法改正案要綱（松本案）と

して総司令部に提出された。

　この政府の検討作業の他にも，政党の試案をはじめとしていくつもの民間の憲法改正試案が公表されていた。これらの試案も参考にしながら，総司令部は独自の準備をして政府案の提出を待った。政府案は2月1日に総司令部の知るところとなったが，マッカーサーはその内容があまりにも保守的で不十分であると判断し，総司令部が独自に改正草案を作成することを決定した。2月3日，マッカーサーは民政局長ホイットニーに以下の三つの原則を入れた総司令部案を作成するように命じた。これが現在の憲法の基礎となったマッカーサー・ノートである。

① 　天皇は国家元首の地位にある。皇位は世襲される。天皇の職務と権能は，憲法に基づいて行使され，憲法に表明された国民の基本的意思に応えるものとする。

② 　国家の主権的権利としての戦争は廃止される。日本は，紛争解決のための手段として，さらに自己の安全保持の手段としても，戦争を放棄する。日本はその防衛と保護を，今や世界を動かしつつある崇高な理念に委ねる。どのような日本の陸海空軍も許されず，日本の軍隊にはいかなる交戦権も与えられない。

③ 　日本の封建制度は廃止される。皇族を除き，華族の権利は現在生存する者一代以上には及ばない。華族の特権は，今後どのような国民的または公民的な政治的権力も含むものではない。予算はイギリスの制度に倣うこと。

　草案作成作業は総司令部民政局で進められ，2月10日にマッカーサーに原案が提出された。そして，8日に正式に提出されていた政府案（松本案）に対する総司令部の回答として，13日に総司令部案（マッカーサー草案）が日本側に手渡された。その草案に驚いた政府は18日に松本案に基づいた再考を求めたが，それも拒絶されたため，やむなくマッカーサー草案に基づく改正案の作成に着手した。マッカーサー草案の翻訳と総司令部との折衝を重ね，政府は3月8日に「憲法改正草案要綱」を決定・公表した。この要綱はひらがな口語体の「憲法改正草案」に改められ（4月17日），枢密院の諮詢（原案のまま可決）を経たのち，6月20日に明治憲法73条の改正手続に従って「帝国憲法改正案」として第90回帝国議会に提出された。

> **＊マッカーサー草案と極東委員会** マッカーサーが憲法制定を急いだ背景には，2月26日に極東委員会（日本の占領政策の決定権限を持つ連合国の機関）が発足することになったという事情がある。連合国内部には，ソ連・オーストラリア・ニュージーランドなど天皇制の廃止を主張する国もあり，すべての国がアメリカ合衆国の占領方針と一致しているわけではなかった。マッカーサーは占領統治を円滑に進めるためにも天皇制の存続が必要であると判断していたので，極東委員会の介入を受ける前に，憲法改正着手の既成事実を作る必要があったといわれている。憲法改正草案要綱がマッカーサー草案を原案としながらも，日本政府の自主的に作成した改正案であるという形をとったのも，この極東委員会対策であると考えられる。また，特に連合国内部における天皇制廃止論に対応するため，日本政府に国民主権の原則の明記を求めたと考えられている。

(3) 憲法改正草案の審議と日本国憲法の成立

第90回帝国議会の衆議院は，女性参政権を認めた改正衆議院議員選挙法の下での総選挙（4月10日実施）を経て組織されていた。数多くの女性議員も当選し（39名，全体の8.4％），戦前よりもはるかに民主的な衆議院となっていた。5月下旬には第一次吉田内閣が成立し，この新しい内閣と議会の下で新しい憲法の審議が行われた。

衆議院での審議は6月25日に開始され，原案にいくつかの修正を加えた上で，8月24日に可決された。8月26日には貴族院での審議が開始され，10月6日に可決している。翌7日に衆議院は貴族院の修正に同意し，帝国議会の審議は完了した。帝国議会における審議も完全に総司令部から自由ではなかったが，独自の修正が行われた点も少なくない。

その後，枢密院の再度の諮詢（原案のまま可決）と天皇の裁可を経て，日本国憲法として11月3日に公布され，翌1947（昭22）年5月3日から施行された。

帝国議会よる主な修正点は以下の通りである（要請：総司令部の要請による）。

(a) 衆議院における主な修正

・前文（「国民の総意が至高なものであることを宣言し」→「主権が国民に存することを宣言し」）および第1条（「日本国民の至高の総意に基づく」→「主権の存する日本国民の総意に基づく」）を修正し，国民主権の趣旨を明確にした。（要請）
・9条1項の冒頭に「日本国民は，正義と秩序を基調とする国際平和を誠実に

希求し」を加え，2項の冒頭に「前項の目的を達するため」を加えた（いわゆる芦田修正）。
- 天皇が最高裁長官を任命することとした（6条2項）。
- 第3章の「国民の権利及び義務」に関して，国民の要件（10条），国家賠償（17条），納税の義務（30条），刑事補償（40条）の各規定を追加し，25条の生存権に1項（「すべて国民は，健康で文化的な最低限度の生活を営む権利を有する」）を加えた。
- 内閣総理大臣を国会議員の中から指名することとした（67条）。また，国務大臣任命の際の国会承認を不要とし，それに代えて国務大臣の過半数を国会議員の中から選ぶこととした（68条）。（要請）

(b) 貴族院における主な修正
- 公務員の選挙について，成年者による普通選挙を保障する規定を加えた（15条3項）。（要請）
- 内閣総理大臣および国務大臣を文民とする規定（文民条項）を加えた（66条2項）。（要請）
- 法律案の議決に関する両院協議会の規定を加えた（59条3項）。

(4) 憲法制定過程をめぐる問題

(a) 「押しつけ憲法」論＝憲法の自律性の欠如

以上の制定過程から，帝国議会の審議を経たとはいえ，この憲法の原案はマッカーサー草案であり，総司令部の強力な指導の下で作成されたことは明らかである。それゆえ，この憲法は日本の自由意思で制定されたとはいえず，戦勝国に押しつけられた憲法であるという批判（押しつけ憲法論）がある。それは法的には，憲法は国民の自由意思によって制定されなければならないという憲法の自律性を欠いているという批判でもある。

制定過程を見れば，この批判は否定しがたいといえよう。しかし，問題は松本案が拒否された理由とその法的根拠にある。すなわち，すでに述べたように，ポツダム宣言の受諾は，その内容の実行を日本に法的に義務付けたと考えることができる。そして，そこで求められていた国民主権の実現や基本的人権保障は，日本政府の解釈に反して，実質的に明治憲法の廃棄を求められているに等しかったといわざるをえない。松本案はこの要求の実現にはほど遠いものであったし，総司令部によるマッカーサー草案の提示はポツダム宣言の実現を求

めたにすぎなかったといえる。このように，憲法の自律性に制限を受けたことは否定しがたいが，それはポツダム宣言受諾という政府決定自体の中に含まれていた制限であり，法的には不可避な制限だったと評価せざるをえない。そして，同様のことは帝国議会における審議にも当てはまる。一連の経緯はポツダム宣言の受諾に起因するのであり，これによって日本国憲法の正当性が失われるものではないと考えられる。

> *ハーグ陸戦条約と憲法無効論　占領軍の現地法尊重義務を定めたハーグ陸戦条約に違反するので，この憲法は無効であるとする見解がある。これに対しては，同条約は交戦中の占領軍に適用されるにすぎず，すでにポツダム宣言受諾によって戦争を終了していたわが国には当てはまらないという批判が妥当しよう。

(b)　明治憲法の改正と8月革命説

明治憲法は，憲法自身が改正を容認し，改正のための規定を用意していた（73条）。しかし，憲法の改正とは，既存の憲法の基本原理や基本的性格の同一性を維持しつつそれに必要な変更を加えることをいい，改正によって基本原理や基本的性格の同一性を変更することはできないと考えられている（改正限界論。なお，改正には一切の限界はないとする無限界論もある）。そして，この改正限界論によるならば，天皇主権から国民主権への基本原理の変更は明治憲法の改正の限界を超えており，改正とはよべないことになる。一般にも，日本国憲法は明治憲法の「改正」としてではなく，別の新しい憲法の「制定」と考えられており，憲法の内容から見てもその理解が適当である。しかし，日本国憲法は明治憲法の改正手続に基づいて明治憲法の全面改正として成立しているために，改正限界論に立脚した場合に，これを法的にどのように説明するかが問題となる。

これを説明する有力な考え方が8月革命説である。これは，①ポツダム宣言は国民主権の採用を含んでおり，それを受諾した時点で天皇主権から国民主権への変更が行われたと考えられるので，その受諾は法的な意味での革命であった，②改正手続によったのは，二つの憲法に法的な連続性を与えることによって，基本的価値の大変動に伴う混乱を回避するための政策的判断による，とす

る説である。この説に対しては、ポツダム宣言は明確に国民主権を要求しているとはいえない、宣言の受諾は条約の実施義務を負ったにとどまり、直ちに主権原理の変更までも意味しない、などの批判もある。

　憲法が実際の政治過程の産物である以上、法的な議論を越えて改廃・制定されることは否定しがたいが、改正に一切の理論的限界はないとする改正無限界論も、憲法理論の妥当性としては疑問が残る。改正限界論に基づいて明治憲法から現行憲法への変更を説明することは理論的に難しいが、日本は敗戦国として明治憲法に優越する法規範（ないしはその根拠）としてポツダム宣言を受諾せざるをえなかったのは事実であり、その受諾がわが国の実質的な最高法規の変動をもたらしたと考えることができる。したがって、8月革命説が論じるように、ポツダム宣言の受諾によって主権主体が実質的に天皇から国民へと変更され、便宜的に明治憲法の改正手続が活用されたと考えるべきであろう。

> **＊廃棄と廃止**　両者はともに既存の憲法を排除することで、かつ、憲法自身が予想している変更（改正）ではない。しかし、この両概念は憲法制定権力の変更の有無によって区別され、革命などによって憲法制定権力が変更した場合に廃棄といい（欽定憲法から民定憲法へ）、同一の制定権力による場合を廃止という（旧憲法の廃止と新憲法の制定）。明治憲法の場合は廃棄にあたる。

(5)　日本国憲法の制定後の展開

　日本国憲法は制定後一度も改正されていないので、形式上の変更ないし展開は見られない。しかし、わが国自身の政治状況およびわが国をめぐる国際状況の中で、憲法を取り巻く状況は大きく展開している。占領終了と東西冷戦構造の終了を基準点として、三つの時期に分けて概観してみよう。

(a)　憲法制定から占領終了まで（1947〜52年）

　連合国軍総司令部による占領統治は、日本政府による国内統治を活用するが、最高司令官に最終的な統治権を留保し、必要に応じて政府に指示を出す間接統治を採用した。政府はその指示を実行する義務を負っていたが、内容によっては立法措置を必要とするものもあった。そこで、総司令部の指令を迅速に実施するために緊急勅令542号（「ポツダム宣言ノ受諾ニ伴ヒ発スル命令ニ関スル件」、以下、ポツダム緊急勅令という）を制定し、連合国軍最高司令官の指示を実施す

るために特に必要がある場合に，それが法律事項に属する事柄であっても，政府が命令によって必要な規定や罰則を設けることができるように授権した（この緊急勅令に基づいて発せられた勅令や政令を総称してポツダム命令とよぶ。ポツダム勅令（明治憲法下）の代表例として公職追放令，ポツダム政令（日本国憲法下）の代表例として団体等規制令が挙げられる）。

　このポツダム緊急勅令は占領統治が終了するまで有効であった。すなわち，占領終了以前の日本国憲法は，ポツダム宣言受諾後の明治憲法と同じ状況に置かれていたのである。連合国軍最高司令官の最終的な統治権がポツダム宣言受諾に伴うものである以上，ここでも事実上それが憲法に優越することを認めざるをえない。したがって，ポツダム緊急勅令の有効性に関しては，総司令部の指示を実施するための法的措置は憲法に優越する効力を持ち，その限りにおいて憲法の効力を停止すると考える超憲法的効力説が妥当するといえよう。最高裁も同様の見解をとっている（最大判昭28・7・22刑集7巻7号1562頁ほか）。占領の終了＝独立の回復まで日本の主権は制限されていたのであり，そのようなもとでは憲法は実質的には最高法規とはいいがたく，総司令部の指令に抵触する限りで，憲法の最高法規性（98条）も凍結されていたというほかない。日本国憲法施行後も総司令部による検閲が行われていたように，その制限は人権保障の分野にも及んでおり，憲法の最高法規性が完全に確立するのは独立回復後のことである。

　日本の独立回復は，サンフランシスコ平和条約の締結（1951年9月8日）・発効（52年4月28日）による。これは当時の東西対立の国際政治の枠組みの中で見ると，西側諸国（自由民主主義諸国）とのみ平和条約を結ぶ単独講和で，日本が西側の一員に加わる態度を明確にしたことを意味する。そして，同時に日米安全保障条約も締結され，日本はアメリカ合衆国の軍事力の傘下に入り，在日アメリカ軍がわが国に残留し続けることになった。さらに，これより前の1950年6月に朝鮮戦争が勃発し，それによって日本の再軍備も始まることになる。憲法が掲げる平和主義とその理念は，占領時代にすでに動揺を見せ始める。

　(b)　ソ連崩壊＝東西冷戦構造の終了（1991年）まで

　この時期，東西対立という世界情勢を反映して，日本の国内政治も自由民主党と社会党を中心とした政党の政治的対立構造が構築・維持される。いわゆる55年体制で，それは憲法に関しては，長期政権を維持した自民党が改憲勢力，

社会党をはじめとする野党が護憲勢力という対立構図であった。しかし、国際政治と同様、左右の対立は顕著なものの膠着状態ともいうべき安定を保っていたといえる。

独立回復から間もない時期には、占領下で憲法が制定されたことに対する反感もあり、憲法改正論が主張された（押しつけ憲法論など）。しかし、憲法の内容そのもの（平和と人権保障）に対する国民の支持も強く、その実現にまでは至っていない。社会党を中心とする野党は、憲法改正の発議阻止に必要な国会議員の3分の1以上の議席を確保することによって改憲を阻止してきた。国民の支持を得るために、野党が選挙の際に護憲を掲げることは少なくなかった。

憲法改正を含め、この時期一貫して与野党が対立していた憲法問題は、自衛隊と日米安保すなわち9条をめぐる問題であったといえる。この間、自衛隊の軍備は増強されていくが、専守防衛の原則により自衛隊の海外出動は認められないとされるなど、9条が歯止めとしてまだ機能していたといえる。また、わが国の経済発展に伴って国民の政治問題に対する関心は薄れ、自衛隊を容認する国民が圧倒的多数になっていく。そして、それにつれて9条を中心とした改憲論も沈静化していった。

この時期はまた、高度経済成長から経済大国へという経済発展の時代でもあった。特に、60年安保以降は次第にその様相を強くする。9条をめぐる問題はくすぶり続けるものの、憲法をめぐる問題は統治制度から人権へと比重を移していった。すなわち、公害のような経済発展のひずみともいうべき新しい問題を含めて、さまざまな社会問題の是正を求める根拠として憲法の各人権規定が援用されるとともに、環境権のような新しい権利も主張されるようになった。さらに、さまざまな人権条約も登場し、国際的な人権保障が進展し始めるのもこの時期である。

(c) 冷戦終了後

1991年のソ連を中心とした東側陣営の解体により、第二次世界大戦後の東西冷戦の対立構造も終焉を迎える。しかし、冷戦終了にもかかわらず地域的紛争はむしろ増加した。91年の湾岸戦争後、国連による平和維持活動に対するわが国の人的協力、特に、自衛隊による国際協力が政治課題となった。翌92年にはPKO協力法が成立し、限定的条件は付されているが、武器を携帯した自衛隊が海外に派遣される道が開かれた。そして、周辺事態法（99年）、テロ対策特措

法（01年），PKO 協力法改正（98年・01年），イラク復興支援特措法（03年）により，自衛隊の国外での活動範囲と武器使用の可能性が徐々に拡大されていった。

このようななか，自衛隊そのものについては，社会党が自社連立政権に参加した際（94年）に自衛隊合憲論に転換し，政界では自衛隊違憲論は実質的に消滅した。そして，2003年にはついに有事法制も成立するに至った。9条の理念と現実との乖離はすでに極限状態に達しており，現状を追認する憲法改正が政治日程に上っても不思議ではない状況にある。

東西対立という対立軸の喪失は，国内政治のイデオロギー的な対立軸を喪失させた。そして，自民党長期政権の中断，政党の誕生と再編の繰り返し，さまざまな組み合わせの連立政権の誕生など国内政治は迷走し，冷戦終了と軌を一にするように後退期に入った日本経済がさらに国内政治の混迷を深めている。このような状況を打開すべく，憲法に関連する分野だけでも，選挙制度改革，省庁再編，地方制度改革（権限再配分），司法制度改革などさまざまな制度の改革が試みられている。しかし，改革の基本理念すら不明確になってしまったものもある。

第2節　憲法と日本の法体系

1　国法の種類と体系

わが国にはさまざまな形式の法規範がある。それらは法律学の前提であるとともに，これから学ぶ日本国憲法の基礎である。これらの法形式は憲法学においても頻繁に登場するので，わが国の国法（成文法規範）の種類と効力の優劣関係について簡単に確認しておこう（憲法学上の個別の問題については，それぞれの該当箇所で述べる）。

わが国には以下のような種類の法令がある（カッコ内は制定主体）。

① 憲法（国民）：わが国の基本法であり，最高法規である。日本国憲法は国民主権の憲法であり，国民が制定権者である。制定過程はすでに見たとおりであるが，男女普通平等選挙の下で選出された衆議院を擁する帝国議会の審議と議決を経て成立しているので，実質的にも国民によって制定されたということができる。法律以下の法令は憲法に適合していなければなら

ず，これに反するものは無効となる。

> **＊法令**　一般的には法律と命令を総称したものをいうが，条例や規則などのすべての法形式の総称として用いることもある。ここでは後者の意味で用いている。

② 法律（国会）：国会の議決によって制定される法規範である。国民生活にかかわる重要なことは国民代表機関である国会の承認が必要であるという考えから，一般的なルールや国民の権利義務に関することは法律という法形式で定めることが求められる（Ⅱ部2章3節3(1)参照）。また，憲法が法律で定めるとしている事項（法律事項）も多く，それらは必ず法律によらなければならない。

③ 命令（行政部）：行政機関によって制定される法形式を総称して命令とよぶ。内閣が制定する命令は「政令」といい，各省が発するものは「省令」という。政令が省令よりも上位の形式的効力を有する。内閣や各省のほかにも数多くの行政機関があり，その中には個別の法律によって「規則」を制定できるものもある（人事院規則，公正取引委員会規則，国家公安委員会規則など）。

命令は法律の下位規範であり，現在認められている命令の種類は，法律を実施するための命令（執行命令）（73条6号）と法律の委任に基づく命令（委任命令）だけである。明治憲法で認められていた独立命令や緊急命令は認められていない。

> **＊独立命令と緊急命令**　天皇が天皇大権に基づいて発する「公共ノ安寧秩序ヲ保持シ及臣民ノ幸福ヲ増進スル為ニ必要ナル命令」（明治憲法9条）を独立命令，帝国議会が閉会中もしくは召集困難で，かつ，緊急の必要がある場合に，法律に代わるものとして天皇が発する命令（同8条・70条）を緊急命令という。

④ 議院規則（両議院）：国会の両議院は，それぞれ独自に会議手続および内部規律に関する規則を定めることができる（58条2項）。各議院の事務処理に関する自律権を尊重して，憲法自身が認めたものである。しかし，国会

法が比較的詳細な規定を用意しており，議院規則の規定対象はさらに細かな事項となっている。議院規則はそれぞれの議院が単独で決定し，法律は両議院の意思の合致によって決定されるので，議院規則の法規範としての効力は法律に劣るとされている（両者が抵触する場合は法律が優越する）。

⑤　最高裁判所規則：「最高裁判所は，訴訟に関する手続，弁護士，裁判所の内部規律及び司法事務処理に関する事項について，規則を定める権限を有する」（77条1項）。憲法は司法部の独立性・自律性と専門性を尊重して，これらに関する規則制定権を最高裁に認めたと考えられる。法律との優劣については，一般論として，司法部の独立性・自律性と専門性が尊重されるべき事柄を除き，法律が優先すると考えられる。たとえば，「訴訟に関する手続」は民事訴訟法や刑事訴訟法に定められており（国民の権利義務に関連するので本来法律事項である），それらの規定事項を規則で変更することはできない。

⑥　条例（地方公共団体）：地方公共団体は憲法94条によって，自主立法制定権としての条例制定権を与えられている。国会の立法権と同様に憲法によって認められているという点では法律と対等であるが，94条が「法律の範囲内で」と定めていることから，規定事項が競合する場合は原則として法律が優越する（Ⅱ部6章3節1(3)参照）。なお，94条の「条例」は地方公共団体によって制定されるすべての自主法をいい，地方公共団体の議会が制定する自主法としての「条例」（狭義の条例）のほか，地方公共団の長およびそれ以外の機関が制定する「規則」も含む。

⑦　条約（内閣）：条約とは広い意味では文書により締結された国家間の約束をいう（広義の条約）。この約束の名称(形式)は，条約（狭義の条約）・協定・協約・取極・宣言・議定書・覚書・交換公文などさまざまである。73条3号は条約の締結権を内閣に，承認権を国会に与えている。ただし，国会の承認を必要とする条約は限られている。条約は国際法の形式であるが，天皇による公布（7条2号）を経て国内法としての効力を持つ。法律との効力関係については，条約が優先すると考えられている。（Ⅱ部3章3節1(4)参照）

2　憲法の適用範囲

(1)　地域的・空間的限界

　憲法をはじめとして，日本の法令はわが国の統治権が及ぶ範囲で適用される。国際法上の治外法権が認められる地域（外国公館や米軍基地内）は例外として，その範囲は基本的に日本の国内＝領土（広義）と考えてよい。この領土には，領域としての領土（狭義），領海，領空が含まれる。領海と領空の範囲は基本的に国際法によって定まる。現在，領海は基線から12海里（カイリ）までとされている（領海及び接続水域に関する法律1条）。領空とは領土（狭義）と領海の上空をいい，高度の制限はない。しかし，大気圏外は宇宙空間として別の国際法（宇宙法）が適用されるので，実質的に大気圏程度が領空の限界といえよう。

　憲法は領域としての狭義の領土について何も触れておらず，憲法施行時の日本の領土を前提としていると考えられる。そして，それは敗戦の結果として，「日本国ノ主権ハ本州，北海道，九州及四国並ニ吾等ノ決定スル諸小島ニ局限セラルベシ」とするポツダム宣言（8項）によって実質的に定められている。さらに，占領中の連合国軍最高司令官の覚書（1946年1月29日）により，わが国の統治権の及ぶ範囲は本州・九州・四国・北海道・対馬諸島・北緯30度以北の琉球諸島を含めて約1000の諸小島とされている。わが国の領土は最終的にはサンフランシスコ平和条約（対日講和条約）によって決定されることになるが，そこではかつてのわが国の領土を基準として，概ね次のような制限が課せられていた。

① すべての権利を放棄する地域：朝鮮，台湾・膨湖諸島，千島列島・南樺太，南洋群島委任統治地域，新南群島・西沙群島。

② 米国の信託統治下に置く地域：北緯29度以南の南西諸島（琉球諸島・奄美大島群島），小笠原諸島（これらの地域に対する日本の権利（潜在主権，残存主権）は残す）。

　その後，アメリカの信託統治に置かれた日本の旧領土が順次返還され（1953年奄美大島群島，68年小笠原諸島，72年沖縄），現在の日本の領土が形成されている。

　なお，これらの他にわが国は日本の領土であると主張しているものの，なお未解決な地域がある。その代表例が歯舞諸島・色丹島・択捉島・国後島の領有

をめぐる北方領土問題で、それらが北海道と千島列島のいずれに属するかをめぐって、ロシアとの対立が続いている（ほかにも韓国との間では竹島、中国との間では尖閣諸島の領有をめぐる対立がある）。

以上のように、日本の法令は日本の国内で適用されるのが原則であるが、日本国内における外国公館の治外法権と同様に、外国であっても日本の統治権が及ぶ在外公館には憲法の適用も及ぶ。

(2) 人的適用範囲

日本国内における適用の結果として、適用可能な憲法の条項は国内にいる外国人にも適用される。ただし、日本人と完全に同じように適用されるわけではなく、外国人にも適用可能なもののみが適用されると考えられている。

日本国民については、在外投票による選挙権の保障のように、具体的な制度を整備することによって国外でも国民の権利行使が保障される場合がある。一般論として、人権保障が国民に対する保障であるという前提に立つならば、当該国の法律との調整は不可避であるが、国は国外の国民についてもその権利保障をはかるべき政治的責務を負うと考えることができるであろう。

3　明治憲法および占領法規と日本国憲法の関係

日本国憲法は1947年5月3日から施行されることになるが、この新しい憲法をめぐって、次の二つのことが問題となりうる。一つは旧憲法下の法令はどのように扱われるのか、もう一つは占領終了後の占領法規の効力をどう扱うかである。

(1) 明治憲法下の法令の効力

明治時代の法律が現在でも適用されていることから明らかなように（たとえば、親族・相続法の部分を除く民法や改正前の刑法）、日本国憲法の施行に伴って、明治憲法下の法令が当然に無効とされたわけではない。法的な安定性と継続性を重視して、日本国憲法に適合しない法令や部分のみを改廃の対象としている。たとえば、民法の場合、旧家制度に基づく家族法の部分は改正されたが、それ以外の部分はそのまま適用されている。このように、明治憲法下の法令の効力はその内容が憲法と適合するか否かによって決定されている。日本国憲法に反する法令は憲法の最高法規性を定めた98条により無効となるが、この規定は明治憲法下の法令に対する経過規定の意味もあると考えられている。

明治憲法下の法令の有効性に関しては，内容の憲法適合性ばかりでなく，法の形式も問題となりうる。すなわち，明治憲法下と日本国憲法下の法形式は同一ではないし，勅令や独立命令および緊急勅令のように法形式そのものが廃止されたものもあるからである。しかも，独立命令と緊急勅令には日本国憲法の下では法律で定められるべき内容のものも多く，それゆえ，法律の形式で制定し直さない限り，日本国憲法の施行とともに無効となるべきものであった。しかし，これらをすべて新しい法律で制定し直すことはできなかったので，実際上の措置としては，それを処理するための法律（「日本国憲法の施行の際現に効力を有する命令の規定の効力等に関する法律」）によって，立法化のために命令の効力を一時延長して対処している（ただし，法律として制定されない限り失効）。また，この法律の2条により，日本国憲法下で有効な法律の中の「勅令」は「政令」と読み替えるものとされている。

(2) 占領法規と憲法

日本国憲法の適用は，形式的にはその施行日（1947年5月3日）よりスタートする。しかし，すでに述べたように，当時は占領軍の統治下にあり，ポツダム緊急勅令をはじめとする占領軍の統治を実現するための諸法令（管理法令）がすでに存在していたため，憲法が完全に適用されるのは，サンフランシスコ平和条約の公布・発効の日（52年4月28日）からとなる。そして，憲法はこの日より名実ともにわが国の最高法規となり，憲法に反する管理法令も違憲・無効となることになった。特に，本来法律で定めるべき事項を命令に白紙委任したポツダム緊急勅令の違憲性は明白であった。それは同日施行の法律（ポツダム宣言の受諾に伴い発する命令に関する件の廃止に関する法律）により廃止されたが，同法は，個別の法律で廃止または存続の措置がとられていないポツダム緊急勅令に基づく命令について，ポツダム緊急勅令廃止の日から180日間に限り「法律としての効力を有する」とする経過措置規定（2条）を置いて対処している。

連合国軍最高司令官の指令の趣旨に反する行為を処罰する占領目的阻害行為処罰令（政令325号）もその廃止法で廃止されたが，同法は廃止前の行為に対する罰則の適用を廃止後も容認していたため，その適用の可否が問題となった。そして，それが争われた政令325号事件において，最高裁は刑の廃止にあたるとして免訴を言い渡している（最大判昭28・7・22刑集7巻7号1562頁）。ポツダム命令の占領終了後の効力に関しては，平和条約の発効によってその法的根拠

が消滅したので当然に失効するとする説（当然失効説），命令の内容によって決定され，憲法に反しない命令は失効しないとする説（内容説），法の形式と内容が憲法に合致しない限り失効するとする説がある。最高裁の多数意見の理由も，当然失効説（6名）と内容説（4名）に分かれていた（反対意見4名）。

> **＊政令325号事件** 連合国軍最高司令官は日本共産党の「アカハタ」とその後継紙の発行を禁止したが，その禁止に違反したとして政令325号違反で起訴された事件。最高裁係属中に平和条約が発効したが，同政令を廃止する法律が廃止前の行為に対する罰則の適用を廃止後も容認していたため，その可否が問題となった。6名の裁判官は政令325号の罰則の適用は占領終了により失効するとし，4名の裁判官は指令の内容が合憲であれば日本国憲法の下でも有効であるが，アカハタ発行禁止という指令は違憲なので占領終了の時点で無効となるとした。

第3節　日本国憲法の構造と基本原理

1　日本国憲法の構成

日本国憲法は前文と本文からなるが，その前に上諭とよばれる布告文が付されている。

(1)　上　諭

日本国憲法は明治憲法の改正の形式をとったため，旧公式令（法令の公布の形式などを定めていた勅令で，明治憲法とともに廃止された）の規定に基づいて冒頭に置かれている。前段は憲法が国民の意思に基づいて制定されたことを示し，後段は明治憲法の改正手続に従って，すなわち，天皇の裁可を経て制定されたことを示している。内容的に両者は矛盾するが，すでに見た日本国憲法制定過程の特殊性がここに表れている。

この上諭は制定の経緯を示すにすぎず，日本国憲法の一部には含まれないし，法的効力もない。

(2)　前　文

憲法本文の前に置かれ，一般に，その憲法の制定の由来や目的，基本原則などが述べられている。前文は必ず置かなければならないものではないが，比較

法的に見ても前文を置く憲法は少なくない。日本国憲法もその一つで，国民主権，基本的人権の尊重および平和主義の三つの基本原理が述べられている。特に，第二次世界大戦の反省と平和こそが国民の自由と民主主義の前提であるという認識から，平和への強い意思が示されている。日本国憲法において，前文は憲法の基本原理や理念を示す重要なものであり，憲法の一部を構成するとともに，本文各規定の解釈の指針としての役割を果たすという法的効力を持つと考えられている。

　前文がこのような解釈指針としての役割を超えて，さらに裁判規範としての法的効力が認められるか，すなわち，裁判所が裁判の際に具体的な根拠として前文を用いることができるかについては解釈上争いがある。具体的には，「平和のうちに生存する権利」（平和的生存権）の裁判規範性をめぐる対立でもある。伝統的見解は，前文の一般的役割や内容の抽象性から，前文は具体的な裁判規範とはならないとする（否定説）。この場合，憲法本文の各条項のみが裁判規範となり，前文は本文各条項の解釈指針として活用されることになる。しかし，本文各条項の権利には抽象的な権利もあり，本文各条項の具体性と前文の抽象性との相違は相対的にすぎない，平和的生存権は前文にのみ掲げられた権利であるとして，前文特に平和的生存権に裁判規範性を認める見解（肯定説）も有力である。この問題に関する最高裁判所の態度は必ずしも明らかではない（判決の理解のしかたに学説上の対立がある）が，本文各条項の解釈の指針ないし基準として用いていると考えられる（砂川事件判決・最大判昭34・12・16刑集13巻13号3225頁ほか）。なお，下級審には前文の裁判規範性を認めた判決もある（東京地判昭32・4・25行集8巻4号754頁および札幌地判昭48・9・7判時712号24頁（長沼事件第1審判決））。

　前文の一般的性格と内容から考えると，伝統的見解が基本になるものと考えられる。しかし，一般論として，前文に置かれていても権利の内容が明確で侵害の形態や救済の方法が具体的な場合もありうる。平和的生存権については，それがそのような権利に該当するか否かの問題となろう（Ⅱ部7章1節1(3)参照）。

(3) 本　　文

　本文は全部で11章・103カ条からなる。その構成は，第1章天皇（1条～8条），第2章戦争の放棄（9条），第3章国民の権利及び義務（10条～40条），第4

章国会（41条〜64条），第5章内閣（65条〜75条），第6章司法（76条〜82条），第7章財政（83条〜91条），第8章地方自治（92条〜95条），第9章改正（96条），第10章最高法規（97条〜99条），第11章補則（100条〜103条）となっている。この構成は，明治憲法とは同一ではないものの，明治憲法の改正法として明治憲法の配列を基本的に踏襲している（日本国憲法では第2章と第8章〜第10章が追加されている）。

憲法は一般に統治機構と人権保障に分けられるが，第3章の国民の権利及び義務が後者の人権保障に該当し，それ以外の部分は前者の統治機構に含まれる。

2　日本国憲法の基本原理

日本国憲法の基本原理は平和主義，国民主権，基本的人権の尊重の三つであるが，それが憲法の内容上の特徴でもある。これらの三つの基本原理はそれぞれ個別に重要なものであるが，それらは相互に関連するものでもある。

(1)　平和主義と三つの基本原理の相互関係

日本国憲法の最大の特徴は平和主義である。平和への熱意は，この前文および第9条に表れている。第二次世界大戦に対する反省から，真に平和を求めて，この憲法を制定している。

戦争の最大の被害者は常に国民である。第二次世界大戦の惨禍から明らかなように，総力戦となった今日の戦争では，戦闘要員のみならず非戦闘要員である一般市民も戦禍から逃れることはできない。戦前のような軍部の独走を防止し，「政府の行為によつて再び戦争の惨禍が起ることのないやうにする」には，国民が政府を組織・コントロールし，最終的な責任を負う政治体制，すなわち，民主的な政治制度の存在が最低限の前提条件といえよう。国民主権の実現はその法的表現ということができる。

また，民主主義は話し合いによる問題解決を目指すもので，平和主義とともに力による政治を否定する。民主主義こそが問題解決の平和的手段であり，それが国際社会に適用されるときに，国際社会における平和主義として現れる。すなわち，国際政治における民主主義こそが国際平和の前提であり，この点においても民主主義と平和主義は不可分の関係にある。平和実現のための実践的方法に関しては見解の分かれるところであろうが，憲法は国際平和を実現するために，9条で世界に率先して戦争放棄を宣言している。

さらに，平和は人権保障の前提でもある。戦時に個人の自由や権利が容易に制限・侵害されることは，わが国の第二次世界大戦の経験からも明らかである。最近の有事法制においても，個人の財産権の制限が随所に登場してきている。平和なくして十分な人権保障もないのである。国民が人権保障を最もよく享受しうるのは平和時であり，人権保障と平和は不可分の関係にある。そして，前文は，国際協調主義の下，政府が平和の実現を再優先に努力すべきことを求めていると考えられる。

(2) 国民主権

第二次世界大戦に至った原因の一つに，民主的な政治制度が確立されず，天皇の権威を借りた政治権力者（軍部）が国民の意思を無視して政治を行ったことがあげられる。そこには制度的な欠陥もあったため，この失敗を繰り返さないために，国民の意思に基づいて政治が行われる民主的な政治体制を確立する必要があった。それはポツダム宣言でも求められていたことであるが，その実現のためにはこれまでの天皇主権を排除して，国民主権を確立することが不可欠であった。国民主権は敗戦の結果として実現したが，それは国民主権が国民の尊い犠牲の上に獲得されたということでもある。

国民主権を実現する政治制度も多様であるが，前文は「そもそも国政は，国民の厳粛な信託によるものであつて，その権威は国民に由来し，その権力は国民の代表者がこれを行使し，その福利は国民がこれを享受する。」と述べ，代表（間接）民主制を採用することを明らかにしている。具体的には，国民の直接選挙によって選ばれた議員によって構成される国会を中心とした制度が作られ，行政府たる内閣にも国会のコントロールが及ぶように，内閣の存立の基礎を国会に置く議院内閣制が採用されている。統治制度全体としては，三権分立の制限政体を採用することにより，権力の集中・独占による暴走を防止し，国民の権利保障をはかっている。近代憲法によって確立された権力分立制に基づいた制限政体が採用されているのである。さらに，民主政治の原則は地方政治にも適用され，戦前の中央集権の強い地方制度が排除され，地方自治が憲法上確立されている。

近代憲法が確立した権力分立制は，制限政体を樹立することによって国民の権利保障をはかる制度であった。明治憲法でも三権を担当する国家機関は設けられていたが，明治憲法の天皇主権は全国家権力を天皇に集中させる理論で

あったために，権力分立は十分とはいえなかった。日本国憲法が天皇主権に対立する概念としての国民主権を明確に採用したことは，天皇の政治的権威を悪用して民主制を破壊する者が登場できないようにするだけではなく，天皇への権力集中の理論を否定することによって人権保障を促進するという意味と効果も持っていたといえよう。

　なお，憲法は国民主権を明記しながら天皇制を存続させており，この両者が原理的に併存しうるかが問題となりうる。憲法は，国民主権に基づいて天皇制の存立根拠を国民の総意に求め，かつ，天皇の政治的権力を一切否定することによって，国民主権のもとでの新たな天皇制の在り方を模索しているといえる。天皇という名称は明治憲法と同じではあるが，日本国憲法ではその内容は根本的に変更されている。

(3)　基本的人権の尊重

　基本的人権の尊重も憲法の基本原理の一つである。前文では「自由のもたらす恵沢を確保」するという憲法制定の目的に登場するだけであるが，本文第3章において各種の権利が具体的に規定されている。明治憲法でもいくつかの権利が保障されていたが，日本国憲法ではさらに多くの権利が保障され，明治憲法にはなかった生存権や労働基本権などの社会権が新たに保障されている。しかし，最も根本的に異なることは両者の保障の方式で，明治憲法では立法部による法律の留保が付けられていたが，日本国憲法では立法部をも拘束する基本的人権として保障されているということである。

　アメリカ合衆国の独立宣言（1776年）が，「一定の奪いがたい天賦の権利」を「確保するために人類のあいだに政府が組織された」と述べるように，自由権を中心とした基本的人権の保障は近代国家の存在目的の一つであったといえる。そして，そのために採用されたのが権力を制限する仕組みとしての権力分立制である。フランス人権宣言（1789年）16条が「権利の保障が確保されず，権力の分立が規定されない全ての社会は，憲法を持つものではない。」と宣言したように，この二つの原理が近代憲法のメルクマールとされたのであった。そして，日本国憲法もこの近代憲法の延長上に位置する憲法の一つとして，この両者を備えている。憲法前文にはそれほど明確に人権保障は登場してはいないが，近代憲法の歴史から見ても，それが「人類普遍の原理」に基づく日本国憲法の基本原理の一つといえる。

なお，真に自由を享受するためには，それを享受するための前提的環境が必要である。今日の糧もない状態では，どれほど多くの自由権が保障されていたとしても，実質的には飢える自由しかないといわざるをえない。「自由のもたらす恵沢を確保」するためには，いわゆる自由権を保障するだけでは不十分で，それを実質的に保障するための権利としての社会権を保障する必要もある。近代国家は自由権の保障からスタートしたが，日本国憲法では基本的人権尊重の対象に社会権も当然に含むと考えられる。

(4) 日本国憲法に見られる権力制限の諸原理

前述のアメリカ独立宣言に見られるように，政府（政治共同体）は国民の自由を守り幸福を増進するために存在するということができる。近代憲法は，それ以前の絶対王政の歴史的経験を踏まえ，権力が一人の人間に集中しない政治体制，権力の暴走を阻止できる制限政体こそがその目的を達成するのに最も適していると考えた。近代憲法およびその系譜に属する憲法には，権力分立をはじめとする権力を制限するためのさまざまな思想や装置が組み込まれている。日本国憲法もその一つであり，これらの権力制限原理について簡単に確認しておこう。

(a) 立 憲 主 義

すでに見たように（Ⅰ部1章1節3および同3節1参照），憲法は制限規範としての性質も有しており，憲法によって国家権力の統制をはかる立憲主義は本来的に権力制限のための原理といえる。

この立憲主義は，憲法の歴史的展開に応じて，近代立憲主義から現代立憲主義へと展開してきた。すでに見たように，近代立憲主義では，自由権を中心とした人権の保障と人権侵害を予防する仕組みとしての権力分立が，憲法の備えるべき基本的内容とされた。そこでは国家権力は個人の自由を侵害しないことを憲法上義務付けられていたのであり，国家権力はどちらかといえば国民の自由の侵害者・敵対者として，市民生活への介入を控えるべき存在と考えられていたということができる。

しかし，近代憲法から現代憲法への展開は，国家の役割の変化に応じて，憲法の内容にも変化をもたらした。社会国家・福祉国家の実現を標榜する現代憲法では，国家は国民生活の支援者・擁護者として，社会福祉や社会保障の分野で積極的な役割を果たすことが期待されるようになる。それは人権保障に関し

ては，生存権や労働基本権などの社会権の保障と財産権に対する制限の明記となって現れる。また，選挙権の拡大と普通選挙の実現に見られるように，民主政治の進展が憲法にも反映されるようになる。一般に，現代立憲主義は，近代立憲主義の基礎にこれらの要素を加えた意味で用いられるといえよう（また，民主主義という政治過程に重点を置き，立憲民主主義ともいわれる）。

そして，日本国憲法は現代憲法の一つであり，現代立憲主義の憲法といえる。すなわち，社会権を含む人権保障と社会国家の実現が現代憲法としての日本国憲法の目的なのであり，政府は憲法に示されたそれらの理念を実現すべき責務を負っているということができる。

(b) 権 力 分 立

権力分立は国家権力（統治権）をその作用の性質などにより複数の種類に分け，その行使をそれぞれ別の国家機関に分担させる制度である。そして，その目的は権力の分散＝集中の排除によって権力の乱用を防止し，国民の権利に対する侵害を予防することにある。絶対君主制のように国家権力が特定の個人に集中することを回避する方法であり，権力者は権力を濫用しがちであるという経験則に基づいて，一般に広く受容されている原理である。

しかし，権力分立の具体的な内容は考え方や現実に採用された制度によって異なるし，その政治的機能もその時々の政治状況によって異なる。たとえば，モンテスキュー（Montesquieu）の権力分立論は国家権力を立法権・執行（行政）権・裁判（司法）権の三つに分け，それらの対等な関係での均衡・抑制を追及したが，ロック（Locke）の場合は，法律を制定する立法権（一時的な作用）とその法律を執行する執行権（継続的な作用）の二つに大別し，かつ，立法権を国家の最高権力とし執行権に優越させる権力分立を考えていた。また，これらの権力分立は主に中央政府に関する議論であるが，中央政府と地方政府に権限を分配する連邦制の考え方も，広い意味での権力分立の一形式ということができる（アメリカ，ドイツ，カナダ，オーストラリアなど連邦制を採っている国は少なくない）。

各国の中央政府において実際に採用されたのは三権分立であるが，その内容もまた多様である。わが国の三権分立は，後に詳しく見るように，三権が相互に干渉しうる均衡・抑制（チェック・アンド・バランス）型に属するが，議院内閣制の採用によって，立法権と行政権が結合する権力統合の要素も含んでいる。

これに対して、アメリカ合衆国の権力分立は、その存立の基礎を議会の支持に依存しない大統領制を採用したため、三権の独立性が比較的強くなっている。アメリカ合衆国の場合は、この他にさらに連邦制の要素が加わる。権力分立といってもその現実の存在形態は多様で、国によって異なる。

　モンテスキューは、権力が濫用されない制限政体においてのみ自由が確保されうるという確信の下に、権力分立を唱えた。そして、繰り返し述べるように、近代自由主義に基づく近代憲法は、個人の自由を守るための適切なシステムとして権力分立制を採用した。すなわち、権力分立制は自由主義の原理として登場したのであり、本質的に民主的な制度ないし原理として構想されたわけではない。それゆえ、この原理は政治状況によっては非民主的な政治的機能を営む可能性もある。たとえば、王権（行政部）と民主勢力（議会）が対抗関係にあり王権が優越している場合には、権力分立は王権による干渉から議会を保護するものとして民主的な役割も担いうるが、その反対の場合は民主主義を抑制する機能を営むことになる。後者の政治状況では、モンテスキュー的な三権対等な権力分立よりも、ロック的な立法権優位の方が民主的な役割を果たすことになろう。また、旧ソビエト連邦などの社会主義諸国では、前衛のとしての共産党に権力を集中させる民主的権力集中制が採用されたが、これも権力分立制の消極的な側面に対する一つの回答ないし評価といえる。

　しかし、国民主権の下、王権が政治勢力として存在しなくなった現在では、権力分立制が反民主的な機能を営む状況は想定しがたい。むしろ、いかに民主的な権力であっても、それが独走し国民に害悪をもたらすことは許されないというべきである。旧社会主義諸国の崩壊とその後明らかになりつつある旧体制下の状況は、権力集中制の弊害を示しているといえよう。国民の権利や自由を守ることは民主政治の前提であり、民主政治を健全に機能させるためにも権力分立制が不可欠であるといえる。権力分立はその登場の歴史的背景と本質において自由主義の原理だが、今日では民主主義を健全に機能させるための原理でもあるといえる。

　日本国憲法では、国家権力は立法・行政・司法の三権に分けられ、それぞれ国会・内閣・裁判所に帰属しそれらが行使するものとされている。さらに、それらは相互に抑制し、均衡を保つように制度設計されている。また、中央政府と地方政府との権力分立については、憲法は地方自治を保障してはいるものの、

基本的には明治憲法以来の中央集権体制が維持されている。最近の地方制度改革によって地方公共団体への若干の権限移譲が行われたが，中央集権の基本構造に大きな変化は見られない。

　(c)　法の支配（rule of law）

　すでに見たように（I部1章3節2），「法の支配」は王の恣意的・専断的な国家権力の行使を抑制し，法（客観法）によって拘束しようとする原理である。17世紀初頭イギリス絶対主義の時代に，王権神授説を唱えたジェイムズ1世に対して，議会の指導者だったコーク（Coke）が「国王といえども神と法の下にある」という13世紀のブラクトン（Bracton）のことばを引用して対抗したように，「法の支配」はイギリスにおいて王権を制限する原理として発展した。イギリスではこの「法」は，伝統的に生成され客観的に存在するとされるコモン・ロー（common law）を意味し，それはコモン・ロー裁判所によって発見されるより高次な法（higher law）と考えられていた。そして，1688年の名誉革命後に成立する議会主権の下でさえ，議会制定法はコモン・ローとの理論的共存が求められることになる。

　「法の支配」の原理は今日の憲法においても重要ないくつかの原則を導き出す。その一つが憲法の最高法規性である。コモン・ローの中に実質的意味の憲法・不文憲法が含まれていると考えれば，コモン・ローの優位は憲法の最高法規性を内在しているということもできるが，より高次な法としてのコモン・ロー優位の観念が，成文法国であるアメリカ合衆国に導入されて「最高法規」の観念へと転化する。すなわち，アメリカ合衆国では建国の契約・合意である憲法が，成文化された高次な法として，最高法規の地位に置かれることになるのである。そして，この国の基本的枠組みとしての憲法を最高法規に位置づける考え方が，近代憲法に広く普及していくことになる。

　さらに，「法の支配」は国民の権利保障を導き出す。このことは，たとえば，国王チャールズ1世に対して国民の権利保障を求めた1628年の権利請願（Petition of Rights）が，「イギリス古来のコモン・ロー上の権利の確認」と位置づけられたことからもうかがい知ることができる。中世封建制において国王が直接的に支配していたのは封建領主にすぎなかったため，同じく王権を制限する文書でも，1215年のマグナ・カルタは本質的には封建諸侯の既得権保護のための文書としての性格が強い。しかし，絶対主義を経て国王が国民を直接統治

するようになると,「法の支配」による王権の濫用の制限は直接に国民の権利保障の問題となる。権利請願はこのような意味での王権の制限のさきがけということができるし,マグナ・カルタも同時期にコークによって国民の権利保護文書としての新たな命が吹き込まれた。このようなイギリスにおける歴史的展開の帰結として,近代法原理としての「法の支配」は,国民の権利・自由を保障することを目的として,法で国家権力を拘束し,恣意的・専断的な権力の行使を抑制する原理と理解されることになる。そして,この権力抑制の作用は,イギリスにおける政治的支配者が国王から議会へと変化しても,基本的に変わることなく維持される。すなわち,議会制定法といえども,コモン・ローに反する不適切な国民の権利・自由の制限は許されないという考え方が維持される。

特に刑事手続の場合は,手続が法律で定められているだけではなく,その手続の内容が適正であることも求められる。すなわち,「法の支配」における「法」とは客観的正義を意味するといわれるように,「法の支配」においては「法」の内容が合理的であることが求められる。実際にも,コモン・ロー裁判所は,人身保護令状（writ of habeas corpus）を発行して拷問を受けている被告人の救済をはかるなど,公正な刑事手続の保障にも重要な役割を果たしてきており,コモン・ロー裁判所の実践的活動が「法の支配」の充実と発展を支えてきたといえよう。

このようにイギリスにおける「法の支配」の原理を実質的に形成し支えてきたのは,コモン・ロー裁判所を中心とする司法部であるということができる。そして,立法および行政の政治部門が,イギリスのコモン・ローを発見し宣言するコモン・ロー裁判所の判断を尊重しそれに従うという仕組みを承認しないかぎり,政治部門の専横から国民の権利を守ることはできず,「法の支配」そのものも成立しなくなる。すなわち,「法の支配」の原理は,立法部と行政部が「法の支配」の担い手である司法部の判断を尊重し,それに従うことを含むと考えることができる。裁判所の判断の尊重には裁判所の自主性の尊重が含まれると考えられるので,立法と行政の政治部門の裁判への干渉を排除する司法権の独立の保障が「法の支配」の原理の発展と定着を制度的に支えたと考えることができる。イギリスにおいて司法権の独立は比較的早い時期に確立したといわれており,それは「法の支配」の発展にとって必要な前提であったといえよう。もっとも,司法権の独立が国民の間で現実に定着するためには,裁判所が適正

43

手続の保障や権力の恣意的な行使の抑制という「法の支配」の内容を実現する必要があり，このような意味で両者は相互に依存する関係にあるともいえる。また，司法権の独立を制度的に保障したからといって，裁判所に対する尊敬が国民の間で自動的に養成されるものではない。裁判所に対する信頼の醸成は裁判所自身の実際の活動にかかっており，イギリスのコモン・ロー裁判所は，刑事手続における適正手続の保障など国民の権利保障機関としての役割を果たしてきたからこそ，国民の尊敬を得られたと思われる。

　日本国憲法においては「法の支配」という直接的表現は登場しないが，以上に見たような「法の支配」の内容ないし帰結に相当することがらは憲法の随所に見ることができる。したがって，日本国憲法にも「法の支配」の考え方が生かされているということができ，憲法の底流にある原理ということができる。

> **＊法治主義**　法治主義は，法に基づく国政の実現，法による国家権力の統制をはかる考え方をいう。この法治主義に基づく国を法治国家という。「法による国家権力の統制」という点では，法治主義は「法の支配」と共通するということができる。しかし，この概念は19世紀ドイツの外見的立憲君主制下で生まれた概念で，本来は「法＝法律（制定法）」という法形式のみを問題とし，その法律の内容を問う概念ではなかった（形式的法治主義ないし形式的法治国家）。すなわち，どのような内容の法律であれ，法律に基づいて公権力が行使されていれば法治主義の要請は満足されることになり，この点で法内容の公正さ・合理性を求めるイギリスの「法の支配」とは根本的に異なっている。しかし，今日のドイツでは基本法（憲法）による人権保障と憲法裁判所による違憲審査制が導入され，法治主義の内容も人権保障や法律の内容の正当性を要求するものとなっており（実質的法治主義ないし実質的法治国家），実質的に「法の支配」と異なるところはないといえる。

(d)　最高法規

　日本国憲法は98条において自らが最高法規であることを確認している。最高法規の根拠などについてはすでに見たが（前項およびⅠ部1章3節2），日本国憲法の中に現れる憲法の最高性について，「第10章最高法規」を中心に簡単に確認しておこう。

　最高法規と題する第10章は97条以下三つの条文からなる。これらの条文のう

ち98条1項が「この憲法は、国の最高法規であつて、その条規に反する法律、命令、詔勅及び国務に関するその他の行為の全部又は一部は、その効力を有しない。」と述べ、憲法が国内法秩序における最高法規であること、および、最高法規である憲法に反する下位法は無効であることを定めている。この条項は、硬性憲法としての改正手続を定めた96条とともに、憲法の形式的最高法規性を示している。なお、同条2項は国際法の遵守義務を定めているが、98条だけからは憲法と国際法の優劣関係は不明である。国際法との関係における憲法の最高法規性については議論の余地があるが、基本的に憲法が優越するとする考え方が支配的といえよう（Ⅱ部3章3節1(4)参照）。

97条は基本的人権の不可侵性を宣言し、国民の基本的人権の保障こそがこの憲法の核心をなすことを示している。この条文がこの位置に置かれたことについては、憲法制定過程における特殊な事情からそこに置かれたにすぎないという指摘もあるが、10章の冒頭に置かれることによって、国民の基本的人権を保障しているからこそ憲法が最高法規に位置づけられるという、憲法が最高法規とされる実質的理由を示していると考えることができる。すなわち、97条と98条1項は「法の支配」を表現した規定ということができる。

憲法が最高法規とされるもう一つの実質的理由は、憲法が国の基本法として国のあり方や国政の基本方針を定めている点にある。99条の公務員の憲法尊重擁護義務は、憲法によって権限を与えられ公権力の行使にあたる公務員が、自らの権限の根拠である憲法とそこに示された国政の基本方針を遵守すべきことを求めるものといえる。これは公権力の行使にあたる公務員に憲法の遵守を求めることによって、憲法の最高法規性を担保しようとする一つの試みといえる。ただし、これは憲法を絶対的価値として、それに従属することを法的に求めるものではない。一般に99条の義務は倫理的・道義的義務にとどまり、法的義務ではないと考えられている。ただし、それは憲法を遵守しなくてよいということではない（Ⅱ部8章1節1参照）。

憲法が最高法規と位置づけられるからには、それを守る仕組みも必要である。憲法を守るための仕組みや制度を一般に憲法保障制度という。99条の憲法尊重擁護義務もその一つであるが、さらに強力な制度として、日本国憲法は硬性憲法としての改正手続と違憲審査制を規定している。これらが憲法の最高法規性を担保する保障制度でもある。

第Ⅱ部　日本の統治機構

第1章　国民主権と天皇制

　日本国憲法は，天皇主権を廃止し，政治的権力を持たない象徴天皇制を採用した。そして，第1条は国民主権を明示することによって，天皇がもはや日本の主権者ではないことを宣言している。

　国民主権は国家権力の究極の根拠および国政のあり方を最終的に決定する権威ないし権力は国民にあるとする原理である。これは国民による政治を目指す民主主義の憲法的な表現ということができるが，その法概念としての内容については，それぞれの歴史観や民主主義観を背景として，多様な議論が存在する。

第1節　主権および国民の意味

　国民主権は「国民」と「主権」の二つのことばからなる概念である。それは今日の憲法にとって極めて重要な概念であるが，そうであるからこそさまざまな解釈がなされている。ここではまず，主権と国民のそれぞれのことばがどのような意味で用いられるか，もしくは，どのように考えられているかについて確認することにしよう。

1　主権の意味の多義性

　君主主権は絶対君主制を支える法理論として誕生し，絶対君主制とともに確立した。フランスをはじめとする中世ヨーロッパの国王は，国外のローマ法王や神聖ローマ帝国皇帝と国内の封建領主に挟まれた中間的な存在であったといわれている。このような存在であった国王が，対外（国際）的には法王や皇帝からの独立性を獲得し，対内（国内）的には封建領主に対する支配権すなわち国内における最高性を確立することによって，中世末期の絶対君主制が成立した。そして，この絶対君主制の確立を支える法理論として主張されたのが君主主権であった。このような誕生の背景から，主権の概念は君主の権力の性質および内容を表現する概念として主張され，その後の君主の役割変化に応じてその意

味するところも多様化したといえる。

今日では、主権ということばは主に以下の意味で用いられている。

(1) 国の権力の最高独立性

まず、主権とは国の権力の対内（国内）的最高性と対外（国際）的独立性を意味する。それは前述の君主主権概念の本来の役割ともいうべきもので、主権の性質に着目した用い方といえる。今日では、かつての封建領主のように、主権者が対内的最高性を主張すべき対象は特に存在しないので、もっぱら対外的独立性を主張する概念として用いられることが多い。外国による干渉を「主権の侵害である」という場合や、連合国による占領終了に伴う「主権の回復」という場合などの「主権」がこれに該当する。憲法前文第3段の「自国の主権を維持し」も同じである。EUのような国家連合を形成する場合は、この意味での主権を自ら一部制限することになる。

(2) 国を統治する権力

次に、主権ということばは、国を統治するための国家権力そのものの意味で用いられることがある。君主が主権者であるということは、君主が立法権・行政権・司法権などの国家権力を行使してその国を統治する権限ないし権利を持っているということである。このように主権者とはその国を統治しうる者であるとすると、国を統治するために君主が行使する権力こそが君主の主権の具体的内容を構成することになり、ここから国の統治権が主権の意味として引き出されることになる。また、統治の対象ないし客体は国民と領土であるため、それらに対する統治権もまた主権ということばで表現されることがある（対人主権、領土主権）。

この統治権の意味で主権ということばが用いられている例として、ポツダム宣言第8項（「日本国ノ主権ハ本州、北海道、九州及四国並ニ吾等ノ決定スル諸小島ニ局限セラルベシ」）をあげることができる。

(3) 国政の最終的決定権（最高の政治権力）

国は一つの政治共同体として運営されるが、その国の政治のあり方を最終的に決定する最高の権威または権力の意味で主権ということばが用いられる。すなわち、国家機関によって運営される国政は、この最高の政治権力にその根拠を置き、この最高の政治権力によって国政の最終的決定が下される。前者は国政を運営する国家権力に対し正当性の根拠を与えるもので、主権の正当性の契

機とよばれている。また，後者は，具体的な権力行使に着目し，最高の政治権力は主権者によって行使されるとするもので，主権の権力的契機とよばれている。今日，君主主権，国民主権という場合の主権はこの意味であると一般に考えられている。また，立憲主義において，憲法こそが国の基本法・根本法として，国家組織のあり方や国政の基本原則を定めるものといえるので，「国政のあり方を最終的に決定する権力」は「憲法を制定する権力（憲法制定権力）」と同等視することができる。すなわち，主権の所在とは憲法制定権力の所在にほかならず，それゆえ，どちらが憲法制定権力を持つかによって君主主権と国民主権が区別される。

　主権の正当性の契機は，現実の国家権力の源泉が主権者にあり，それらが理論的に主権者に帰属することを示す。「すべての国家権力は国民より発する。国家権力は，国民により，選挙および投票によって，ならびに立法，執行権および司法の特別の機関を通じて行使される。」と定めるドイツ基本法20条2項が，最もよくこの側面を表している。

　主権の権力的契機を満たすためには，主権者が具体的に最終的な決定権を有している必要がある。主権者がこの最終的な決定権力を持たない(権力的契機を欠いた) 場合，そのような主権者は権力の正当性の根拠としての機能のみを果たす名目的な主権者にすぎなくなる。主権者がこれに該当するか否かは，それぞれの政体ごとに憲法や憲法慣習によって主権者に与えられている権力の有無によって判断されることになる。憲法改正権は憲法制定権力の一展開と考えることができるので，憲法改正の最終決定を国民投票に委ねている日本国憲法96条の規定は，国政のあり方を最終的に決定する権力を主権者と同視しうる「国民」に留保している規定と考えることができる。

2　国民の意味

　国民主権を憲法の基本原理として初めて宣言したフランスにおいて，主権主体である「国民」の意味をめぐって二つの見解が示された。一つは「国民」とは個々の国民の集合体としての人民を意味すると考える人民（プープル）主権論で，もう一つは「国民」とは過去・現在および未来の国民も含めた「全体としての国民」を意味すると考える国民（ナシオン）主権論である。この主権主体の相違は，次のような帰結の相違をもたらす。

国民主権論における「全体としての国民」は，国民意思を持つ意思主体とはされるが，抽象的・観念的な存在であるために，自分自身でそれを表明することはできない。そこでそれを表明するための代表者がどうしても必要となり，この国民主権論にあっては代表制と絶対的に結合することになる。そして，その代表者として位置づけられたのが議会である。この議会は，議員は全国民の代表者であり，国民の一部である選挙区民の指示や命令に拘束されないという国民代表論と結合して，近代議会制へと展開する。実際には，この理論の下で制限選挙が導入され，圧倒的多数の国民が政治過程から排除されていた。

人民主権論では，主権主体としての国民（人民）は現存する具体的国民の集合体＝人民であり，その意思は投票等によって具体的に表明・確認できるので，その人民の意思に従って主権が行使されなければならないとされる。ここでは人民自身による政治，すなわち，直接民主制が原則となり，代表制を採用するとしてもそれはあくまでも直接民主制の代用物として位置づけられることになる。したがって，議会制を採用したとしても，それは選挙区民の代理人としての議員の集合体であり，議員は選挙区民の指示に従うこと（命令的委任）が求められる。このように，ここでは命令的委任の復活とそれを担保するためのリコール（解職）制度，国民投票（レフェレンダム）や国民発案（イニシアティブ）などの直接民主制的諸制度の導入が求められる。もっとも，人民主権論においても，人民＝有権者の範囲が限定された場合は，制限選挙下の代表制と異ならないことになる（20世紀の人民民主主義諸国では，有権者は革命政党の党員に限られるのが一般的だった）。

この二つの主権論のうち前者はフランス1791年憲法に採用され，そこでは国民議会と国王が代表者とされていた。また，政治の主導権はブルジョワジーとよばれる市民階級が掌握し，国民議会には制限選挙が導入された。後者のプープル主権論は1793年憲法に採用されたが，この93年憲法は結局施行されずに終わっている。実際の政治過程ではナシオン主権としての国民主権論が採用されたということができる。

しかし，現在に至るまでの各国における民主化＝選挙権の拡大の進展は，議会制の実体にも大きな変容をもたらし，現代議会は民意を反映する装置へと変貌を遂げている。これが近代議会制から現代議会制への変容であり，さらに，たとえば憲法改正の段階で国民投票制度も併用するなど，国民（人民）意思に基

づいた政治の実現へと移行してきている。

第2節　日本国憲法における国民主権

1　国民主権の意味

　「主権」と「国民」の意味についてはそれぞれ複数の解釈が存在しうるし，「国民主権」の理解も多様であるが，正当性の契機と権力的契機を中心に考えると，次の3つの見解に分けることができる。

　第1は，人民（プープル）主権論をベースとした見解である。主権主体は有権者の集合体としての人民と考え，人民よる主権の行使，すなわち，主権の権力的契機を重視する。特に，主権を主として統治権と考えることによって，国民主権を人民による国家統治権の直接行使の原理とし，直接民主制の導入の理論的根拠とする。そして，日本国憲法の解釈と運用も，このような国民主権の理解に基づいて行うべきであるとする。

　第2は，国民主権を導入した憲法の実体に着目した見解で，国民主権を専ら正当性の契機を中心として理解する見解である。この見解には，自ら権力を行使することのできない「全体としての国民」を主権主体と考え，それゆえに主権を正当性の契機としてのみとらえるナシオン主権に基づいた伝統的な見解と，主権主体はプープルとしながらも，憲法制定権としての主権は憲法典の中で権力の正当性の所在を示す原理として凍結され，それゆえ国民主権は専ら権力の正当性を示す原理として理解されるとする見解がある。ここでも代表制が不可欠とはなるが，特に後者の見解においては，かつてのナシオン主権論とは異なり，今日の議会政治の実体を踏まえて，選挙民の意思をできるだけ正確に反映することを求める「半代表」概念や代表機関である議会を国民の縮図と考える代表観（社会学的代表）が積極的に容認されている。

　第3は，第2の見解において消極的に位置づけられた権力的契機についても，なお国民主権の原理に含まれるとする見解である。この理解の場合，主権の正当性の契機については「全国民」ないし「全体としての国民」が主権主体となるが，憲法改正の国民投票に代表される権力的契機の行使については具体的な存在である有権者の全体を主体とすることになる。そして，この有権者の範囲

はできる限り全国民に近似することが求められる。この見解は主権の正当性の契機と権力的契機の分化に応じて，それぞれの担い手も分化したと考える見解といえるが，この点を除くと結論としては第2の後者の見解と大きな相違は見られないといえよう。

2　日本国憲法における国民主権の意味

(1)　第1条の国民主権の意義

　第1条は天皇の地位が「主権の存する国民の総意に基く」ことを定めている。この規定により，わが国の主権者が天皇から「国民」へと移行したことが明確に示されている。国民主権の歴史的な役割は，主権は君主ではなくそれに対抗する存在としての国民の側にあるとすることによって法的に君主主権を否定することにあるが，この規定はまさにそれを再現するものである。すなわち，天皇主権の法的否定と国民主権の法的宣言がこの規定の最も重要な意義である。

　なお，国政の最終的決定権を君主と国民のどちらが担うべきかという議論（君主主権か国民主権か）の際に，主権は国家にある（国家主権論）とか法の理念ともいうべき「ノモス」にある（ノモス主権論）とする議論は，この二者択一的議論を回避するものに他ならず，結果的に国民主権の実現を阻害する作用のみを営むことになる。

(2)　主権の帰属と行使の分化と「国民」および国民主権の意味

　一般的な権限の帰属とその行使を考えた場合，権限はそれを付与された地位（機関）に就いた個人によって行使されるが，権限そのものはその地位に帰属し，個人に帰属しているわけではない。このことは君主主権にも基本的に当てはまる。君主主権において主権は個々の国王ではなく「君主たる地位（王位）」に帰属しているのであり，帰属主体としての「君主」とは「君主たる地位（王位）」を意味すると考えることができる。主権は王位に帰属し，その行使のみがその時々の国王によってなされるにすぎない。「王は死なない」というイギリスの格言は，この王位の継続性を表現している。

　君主主権を否定することによって成立した国民主権は，王位に対抗する観念としての「国民たる地位」ないしは「地位としての国民」へと主権主体を移行させたと考えることができる。そして，君主主権において主権が継続的に王位に帰属していたように，国民主権でもこの意味の国民に主権が継続的に帰属す

る。そして、この「国民たる地位」には過去・現在・未来のすべての国民が就くため、この「主権の帰属主体としての国民」もそのような国民によって構成される「全体としての国民」ないし「観念的存在としての国民」と理解されることになる。しかし、権力は実際にその地位にある者によってのみ行使される。君主主権の場合は通常1名の国王がその地位に就くが、国民主権の場合は多数の実在する国民が「国民たる地位」にある。これが主権の行使主体としての「国民」であり、すべての国民が原則としてこの地位に就くと考えられる。したがって、原則的にはすべての国民が有権者とされるべきであり、そこから除外される国民は積極的な除外理由が認められる限定された範囲でなければならない。そして、憲法による普通選挙の保障は、このことを担保していると考えられる。すなわち、普通選挙の保障は、「主権帰属主体としての国民」と「行使主体としての国民」とを接続する原理、前者の「国民」と同等視される後者の「国民」＝有権者の範囲の乖離を減少させる原理として理解することができる。

このように国民主権にあっては、主権の帰属と行使について異なる「国民」がそれぞれの主体として考えられる。そして、国家権力の正当性の源泉（正当性の契機）としての国民主権の「国民」は「全体としての国民」が、国民主権の具体化としての憲法改正の国民投票（さらには参政権）（権力的契機）については有権者の総体としての国民が、それぞれ主体となると考えられる。それゆえ、国民主権の正当性の契機と権力的契機をともに認める見解が、日本国憲法の国民主権の理解として適当であるといえよう。

(3) 日本国憲法における国民主権の具体化

前文は「そもそも国政は、国民の厳粛な信託によるものであつて、その権威は国民に由来し、その権力を国民の代表者がこれを行使し、その福利は国民がこれを享受する。」と述べ、権力の正当性の契機としての国民主権の原理と、国政の運営＝日常の国家権力の行使について、代表制を採用することを明らかにしている。憲法本文では、国家権力は立法・行政・司法の三権に分けられ、それらは国会・内閣・裁判所に帰属し、これらの国家機関が行使するものとされている。憲法の文面上は、国民がそれらを直接行使することは予定されておらず、わずかに国会を組織する国会議員の選挙にかかわるのみである。しかし、このことから憲法が国民の直接的参加を積極的に排除していると考える必要はない。一般論として、三権それぞれの行使過程に国民（の一部）が何らかの形で

参加することは憲法上当然に可能である（行政過程への住民参加や裁判員制度など）。

憲法改正の国民投票（96条）は，憲法改正の段階における憲法制定権の制度的具体化であり，主権者による権力的契機の行使の具体化といえる。すでに見たように，実際の権力行使は，その時点における主権主体としての国民を構成する一人一人の国民によってなされる。国民投票の投票権者について憲法は特に規定していないが，この投票権者は国民と同等視しうるものでなければならないので，両者の範囲の乖離はできる限り少ないことが求められる。15条3項の普通選挙の保障は公務員の選挙に関する定めではあるが，その趣旨はこの場合にも適用される。また，参政権の保障も国民による権力的契機の行使の保障と考えることができる。特に，国会議員の選挙は，国政の中心機関である国会の構成員を国民意思に基づいて決定するということであり，限定的な権力的契機の行使と評価することができる。そして，これらの場面で普通選挙権が保障されることによって，「国民による」権力的契機の行使が実質的に担保されることになる。すなわち，普通選挙権の保障は，現実の権力行使の段階における主権者としての国民と有権者の乖離を縮小させ，国民主権の実体を担保する不可欠の原理ということができる。

***国民主権と被治者主権**　君主から国民への主権帰属主体の移行は，統治者から被治者（統治の客体としての国民）への主権主体の移行を意味すると考えることができる。国民国家の成立により，国民とは国籍保持者を前提することが強調されるようになったが，国民主権の成立を統治者から被治者への主権の移行と考え，国民主権を被治者による自己統治の憲法上の原理と緩やかに考えれば，被治者としての外国人にも参政権を容認する理論的な根拠が提供されることになろう。ボーダレス時代の到来によって国民国家の社会的基礎が揺らぐとともに，ニュージーランドのように比較的容易に永住外国人に国政の選挙権を認める国も登場しはじめた。国民主権の緩やかな理解が求められるようになってきていると考えられる。

第3節　象徴天皇制

1　象徴天皇制の基本構造

　日本国憲法の下でも天皇制は維持されたが，その内容は根本的に異なる。明治憲法において天皇は主権者であり，統治権の総攬者であったが，日本国憲法では主権者は国民であり，天皇は日本国および日本国民統合の象徴として，一切の政治的権力を行使しない地位に置かれることになった。天皇の地位は明治憲法と同様に世襲とされているが（2条），その根拠は神話ではなく「国民の総意」（1条）に基づくものとされ，憲法の改正によってその制度自体を変更することも可能となった。

　象徴としての天皇は，憲法に定められた国事行為を行う。そのいくつかは外見上政治的な行為といえるが，内閣が実質的にその決定を行う（国事行為に対する内閣の助言と承認）ことにより，天皇の非政治性が担保されている。

＊**天皇の神格性の否定**　すでに見たように（Ⅰ部2章1節），明治憲法体制の下では天皇は神（現人神）とされていたが，敗戦後，昭和21年元旦の「朕ト爾等国民トノ間ノ紐帯ハ，終始相互ノ信頼ト敬愛トニ結バレ，単ナル神話ト伝説トニ依リテ生ゼルモノニ非ズ」とする人間宣言（詔書）により，この天皇の神格性が天皇自身によって否定された。また，現天皇の皇位継承時の「朝見の儀」のおことばでは，「日本国憲法および皇室典範の定めるところにより，ここに皇位を継承しました」と述べ，憲法と法律に基づいて即位したことを明らかにしている。

2　象徴としての天皇

(1)　象徴の意味

　天皇は日本国の象徴であるとともに，日本国民統合の象徴とされている。日本国の象徴とは，国家としての日本を天皇が象徴することを意味し，対外的関係における天皇の象徴機能を表している。日本国民統合の象徴とは，日本国民の統合体を象徴するということであり，対内的に日本国民の一体性を具体化する機能を表している。この両者の関係は，天皇が「日本国民統合の象徴」であ

るがゆえに「日本国の象徴」ともなりうると考えることができる。

　鳩が平和，ペンが学問，剣が武力や力を表象するように，象徴とは本来かかわりのない二つのものを関連づける作用，特に，具体的なものによって抽象的なものを連想させる作用ということができる。したがって，憲法が天皇を日本国の象徴および日本国民統合の象徴としたことは，日本や国民という抽象的存在を具象化する機能を具体的存在としての天皇に求めたと考えることができる。ただ，これはあくまでも憲法規範上の機能であり，実際にそのような機能を果たしているか否かとは別のことである。

(2)　象徴とされたことの根拠

　戦前の天皇制がこのような象徴天皇制として残された事実上の根拠としては，戦後統治を見据えたマッカーサーの政治的判断と，マッカーサーにそのような決断をさせた当時の国民の心情をあげることができる。それは帝国議会における憲法審議の中で，憲法担当大臣の金森国務大臣が天皇を「あこがれの中心」とする国民の心情を強調した答弁（もっとも「国体」は維持されているかという追及に関する答弁ではあったが）にも見ることができる。先に見た昭和21年元旦の詔書においても，天皇と国民との「紐帯」が相互の信頼と敬愛であることが明らかにされている。ただ，このような「相互の信頼と敬愛」はあくまでも国民の心情にかかわる問題であり，この前提が失われる場合には，憲法が天皇を象徴とした実質的な根拠も失われることになる。

(3)　象徴とされたことの規範的意味とその帰結

(a)　天皇主権と天皇統治の否定

　象徴天皇制の最も重要な点は，明治憲法における天皇制すなわち天皇統治を否定した点にある。そして，この結果として，象徴天皇制の中心的な要素である天皇の政治的な無能力と無責任が引き出される。まず，4条1項は「天皇は，この憲法の定める国事に関する行為のみを行ひ，国政に関する権能を有しない。」と規定し，国政に関する権能すなわち政治的権力を持たない（政治的無能力）ことを明示している。次に，天皇が行うとされている国事行為については，「内閣の助言と承認を必要とし，内閣が，その責任を負ふ。」（3条）として，国事行為について天皇は内閣の助言と承認に拘束され，かつ，その行為のもたらす一切の政治責任は，それを決定した内閣が負うものとされている（天皇の政治的無責任）。この政治的無能力と無責任によって，天皇が政治的争いから超

越することが担保されるとともに，象徴という精神的・心理的機能のみを果たすことを期待されている象徴天皇制の制度的前提が整えられることになる。

なお，明治憲法の下で天皇は統治権の総攬者であるがゆえに同時に象徴でもあった，すなわち，主権者であるからこそ対外的に大日本帝国を象徴し，対内的に国民統合を象徴したと考えられる。しかし，日本国憲法では，明治憲法で前提となっていた主権者の部分が欠落し，むしろ反対に，天皇の非政治性・非権力性のゆえに象徴たる地位を与えられているといえる。天皇が明治憲法下でも象徴としての機能を持っていたとしても，その機能を期待しうる根拠が日本国憲法とは根本的に異なっている。

(b)　象徴と元首

天皇の対外的代表性との関係では，元首との関係が問題となる。日本国憲法は国家元首について定めていないが，実際には，外国大使の信任状（通常その国の元首を名宛人とする）では天皇が名宛人とされ，また，外国公式訪問の時なども天皇は日本の元首として扱われるなど，対外的関係では天皇が日本の元首として扱われている。しかし，一般に行政部の首長であることが元首の要件の一つとされており，そのような伝統的な元首の定義から考えると，天皇ではなく内閣総理大臣こそが元首として扱われるべきことになる。他方，元首の要件として，行政部の首長であることを不要とし，形式的に国家を代表さえしていればよいとすれば，外交文書の認証と全権委任状の認証など外交に関する国事行為を行う天皇を元首と考えることもできる。

天皇主権を否定した日本国憲法は，世襲の天皇制自体は維持しつつも，そこから政治性を除去することによって，政治から中立的な天皇制の確立をめざしている。そして，従来の伝統的な元首の概念は行政権限と完全に無縁とはいえないので，天皇の政治的無能力を明確に維持するために，憲法は元首概念から対外的代表性の部分のみを抽出し，元首に代わる法概念として象徴概念を創出したと考えるべきであろう。そして，そうであるからこそ，憲法は元首に関する規定を置かなかったと考えることができる。したがって，象徴は元首に代わる法概念であり，天皇は伝統的な意味での元首ではないというべきである。

(c)　象徴と君主

さらに，天皇は君主かということが問題となる。君主の定義として，伝統的に，①世襲による独任機関であること，②統治権の重要な部分，少なくとも行

政権は担当すること、③対外的に国家を代表する資格を有すること、④国家の象徴としての役割を担っていること、などの諸要素を満たすことが条件とされてきた。この条件に照らせば、天皇は②の権限は持たないし、③についても完全ではなく、伝統的な意味での君主には該当しない。

ただ、ヨーロッパの多くの君主制国に見られるように、民主制の発達に応じて君主制も変化してきているといえる。そして、地位が世襲で、何らかの儀礼的・栄誉的な地位さえ占めてれば君主といいうるとすれば、天皇もまた君主であるということもできる。しかし、それは象徴もまた君主であるというに等しい。象徴的な君主が今日の民主制国家における君主制の存続形態であろうが、天皇主権を否定して成立した日本国憲法としては、むしろそのような君主制概念の変遷を積極的に排除するものとして、象徴概念と象徴天皇制を採用したと考えるべきであろう。

このように考えると、象徴の観念は、天皇の伝統的な意味での君主性を否定するとともに、元首概念の要素から対外的代表性だけを抽出した法概念ということができる。

3　皇位の継承

(1)　世　襲　制

天皇の地位である皇位は世襲され、継承資格・原因・順位などは皇室典範で定めるものとされている（2条）。日本国憲法における皇室典範は、明治憲法下のそれとは異なり、国会が制定する議会制定法である。したがって、世襲制の変更は憲法改正によらざるをえないが、それ以外の皇位継承の具体的な内容は国会による皇室典範の改正によっていつでも変更しうる。

現在の皇位継承をめぐる特徴としては、皇位継承資格が皇族男子に限られていること、天皇の生前退位が認められていないことがあげられる。前者の皇位継承資格については、皇族女子に継承資格を認めないことは14条の平等原則に反するのではないかという疑問が提示されているが、一般には、世襲の天皇制自体が憲法が認めた特殊な例外的身分制度であるため、男子に限っても14条違反とはならないと説明されている。後者については、国籍離脱の自由や職業選択の自由に対する制限とも考えることができるが、これについても前者と同様の理由で、天皇という地位に伴うやむをえない制約と考えられている。ただ、

いずれも法律上の制約なので，皇室典範の改正によって変更することができる。特に，前者の問題については，男女平等参画が推進されている今日の状況の下では，当然に見直されるべき問題といえよう。

> **＊元号**　わが国の元号の使用は645年の「大化」に始まるといわれている。今日の「一世一元」は明治時代に初めて法制化されたものである。根拠法は旧皇室典範だったが，戦後はそれが廃止されたため，法的根拠がないまま元号が使用されてきた。そこで政府は1979年に元号法を制定し，元号は皇位の継承があった場合に改める「一世一元」を法的に確定した。政府は，「天皇は『日本国民統合の象徴』であるので，天皇の交代とともに元号が改められるのはその象徴たる地位にふさわしい」としているが，天皇の在位を時代区分の基準とする「一世一元」は天皇統治の体制と結びついているという批判は，否定しがたいところである。

(2)　天皇および皇族の特権と義務

(a)　身分法上の特例

　皇族とは，皇后，太皇太后，皇太后，親王，親王妃，内親王，王，王妃および女王をいう（皇室典範5条～8条）。天皇には象徴としての地位に伴うさまざまな特権や義務があるが，皇族にも一般国民とは異なるいくつかの特権と義務が認められている。特に皇位継承資格のある皇族男子は，天皇に準じた扱いを受けることが多い。

　身分法上の特例として，次のようなものがある。
・特別の敬称（陛下，殿下）を受ける（同23条）。
・天皇と皇嗣の成年は18歳とする（同22条）。
・天皇と皇族男子の婚姻は，皇室会議（両院の正・副議長，内閣総理大臣，最高裁長官，皇族など10名により構成）の議を経なければならない（同10条）。
・天皇および皇族は養子をすることができない（同9条）。
・皇族に「氏」はなく，天皇および皇族の身分に関する事項は皇統譜に登録される（同26条）。また，国民の婚姻は婚姻届けの受理によって成立するが，天皇および皇族については儀式（結婚の儀）の終了によって成立するものとされている。

(b)　天皇の法律上の責任

(ア)　刑事上の責任　　天皇にも刑事裁判権は及ぶかという問題について，憲

法上の規定はない。皇室典範21条は「摂政はその在任中訴追されない」と定め，かつ，この規定と同趣旨で，国事行為の臨時代行に関する法律6条も「国事行為を臨時代行する皇族は，その期間中訴追されない」と定めていることから，摂政や臨時代行者が在任中訴追されない以上，天皇についても訴追されることは想定されていないと考えられている。そして，天皇の生前退位は認められていないので，結果的に天皇が刑事訴追されることはない。国家の象徴が象徴たる地位のまま刑事被告人となる，または，刑務所に服役することは想定しがたいので，現在の法制度は象徴たる天皇が刑事責任を問われないことを当然の前提としていると考えることもできる。これも象徴たる地位に由来する特別扱いといえよう。

　㈦　民事上の責任　　天皇の民事上の責任についても，憲法は何も規定してはない。昭和天皇の重体時に千葉県知事が公費で設置した記帳所をめぐって提起された天皇に対する不当利得返還請求訴訟において，最高裁は「天皇は日本国の象徴であり日本国民の象徴であることにかんがみ，天皇には民事裁判権が及ばないものと解するのが相当である」として，訴えを却下した（最判平元11・20民集43巻10号1160頁）。しかし，天皇にも純粋に私的な領域は存在するので（たとえば内廷費に関する支出は宮内庁の管理には属さない），経済行為のような純粋な私的行為も行いうると考えられる。そして，天皇が私的行為の主体たりうる以上，天皇といえども純然たる私人として行った行為の民事上の責任については民事裁判権が及びうると考えるべきである。ただし，民事事件であっても，国の象徴が訴訟当事者ないし証人として法廷に出廷することが適当であるとは考えられないので，出廷に関しては特別な対応が求められることになろう。

4　天皇の権能

(1)　国事行為

　憲法上認められた天皇の権能は，内閣の助言と承認に基づいて，国事行為を行うことだけである。天皇の政治的無能力の帰結として，国政ないしは国家意思の決定に実質的な影響力は持たずに（非権力的・非政治的），国家行為に尊厳性を与えるような形式的・儀礼的な性質の行為が国事行為とされている。

　国事行為は，その内容から，ほぼ次のように分類することができる。

　㈦　その行為それ自体が本来形式的・儀礼的なもの　　外国の大使および公

使を接受すること（7条9号）および儀式を行うこと（7条10号）がこれに当たる。接受とは，大使等の着任にあたり天皇が接見し，派遣国元首の信任状を受け取ることをいう。また，ここでいう儀式とは，即位の礼や大喪の礼など天皇が主体となって行う国家的儀式のことをいう。

　(イ)　認証行為に属するもの　　認証とは，他の国家機関によってすでに有効に成立している国家意思・国家行為について，その事実の存在を公に確認し，証明する行為をいう。具体的には，国務大臣その他法律で定める官吏の任命の認証（7条5号），全権委任状および大使・公使の信任状の認証（同号），恩赦の認証（7条6号），条約の批准書その他法律の定める外交文書の認証（7条8号）が国事行為とされている。これらの行為の効力はすでに確定しているので，かりに認証を欠いてもその行為の効力自体には影響を及ぼさない。これらを天皇の国事行為とすることによって，それらに威厳・権威を付与するのが目的であると考えられる。

　(ウ)　外見上は天皇が国政に関する行為を行うように見えるが，実質的決定は国会または内閣が行い，内閣の助言と承認の下で天皇が行うことによって，形式的・儀礼的行為となるもの

　(i)　内閣総理大臣および最高裁判所長官の任命（6条）　　内閣総理大臣は国会が指名し，最高裁判所長官は内閣が指名する。天皇が行うのは任命だけであり，免官はここに含まれない。両者は憲法に定められた場合に当然にその地位を失うので，天皇の免官行為は不要である。天皇は任命式を挙行するにすぎないが，それによりこれらの地位に権威を与えるとともに，天皇の権威も保つ目的があるものと考えられる。

　(ii)　国会召集，衆議院解散，国会議員の総選挙の施行の公示（7条2号〜4号）　　これらの行為はいずれも政治的性質を持つが，決定はすでに内閣によってなされているので，結果として，既決事項を外部に表示する形式的行為にすぎないことになる。これらは国会に対する内閣の対立的・命令的な行為であるために，両者に対して第三者的な地位にある天皇の国事行為とすることによって，その対立的・命令的な性質を緩和していると考えることができる。

　(iii)　憲法改正，法律，政令，条約の公布（7条1号）　　公布とは，すでに有効に成立した国法を国民に周知するための表示行為をいう。これらの法律等は公布後に施行されるので，公布は法律等の効力発生要件ということができる。

63

公布される国法はこれら以外にも存在するが，天皇の国事行為としての公布の対象は，これらの四つだけである。

　(iv)　**栄典の授与（7号）**　栄典とは，国や社会に対する功労者の栄誉を顕彰する制度をいう。現在は国事行為として位階（叙位），勲章（叙勲），褒章が授与されている。生存者叙勲は戦後間もなく（1946年）閣議決定により停止されたが，その後（1963年）閣議決定により復活した。また，褒章については，明治時代の褒章条例に基づいて実行している（1955年に政令で改正し現在の種類になっている）。栄典に関することがらは法律事項と考えるべきであるが，現在も栄典法は制定されていない（過去三度法案が国会に提出されたが，いずれも審議未了等で廃案となっている）。

(2)　内閣の「助言と承認」と天皇の責任

　国事行為は内閣の「助言と承認」に基づいて実行される。「助言」と「承認」を分離し，天皇が独自の判断で実行した国事行為を内閣が事後承認しうると考えることは，象徴天皇制における天皇の政治的無能力と抵触する可能性があるので，認められない。したがって，内閣の「助言と承認」は一体のものとして理解されなければならないし，国事行為の事前に与えられなければならない（衆議院の解散の有効性が争われた苫米地事件の下級審判決は，ともに「助言」と「承認」の両方が必要であるとした。東京地判昭28・10・19行集4巻10号2540頁，東京高判昭29・9・22行集5巻9号2181頁）。また，国事行為の事後に再度「承認」をする必要はない。内閣の助言と承認は閣議によって決定されるが，承認のための閣議を再度開く必要もない。また，閣議は持ち回り閣議のような簡略化されたものでもよい。

　天皇は内閣の事前の「助言と承認」に絶対的に拘束される。国事行為について天皇の意思が介入することはないので，すべての責任は決定権者である内閣が負い，天皇が政治的責任を負うことはない（天皇の政治的無答責）。このことは，特に前記③の類型の国事行為にとって重要である。

(3)　国事に関する行為の委任と代理（摂政）

　国事行為の代行の制度として，委任（4条2項）と摂政（5条）がある。

　委任は，摂政を置くべき場合を除き，天皇に精神的もしくは身体の疾患または事故があるときに行われる（国事行為の臨時代行に関する法律2条1項）。ここにいう事故には海外旅行も含まれ，昭和天皇のヨーロッパ訪問旅行とアメリカ

訪問旅行の際にも，この委任が行われている。国事行為の委任には天皇による委任行為が必要だが，この委任行為自体が国事行為に属するため，委任についての内閣の助言と承認が必要である。委任の順位は摂政の順位と同順位とされている（同法同条）。また，一部のみの委任も可能である。

　天皇が成年（18歳）に達しない時または天皇に精神的または身体の重患または重大な事故があるとき（皇室会議が認定）に摂政が置かれる（皇室典範16条）。摂政は天皇の法定代理機関であるため，これを置くことについての天皇の行為は必要ない。また，天皇の代理機関であることから，摂政が代理する国事行為は天皇の行為とみなされ，それゆえ，摂政にも天皇の国事行為に関する無答責が適用される。また，政治的に無能力である点も同じである。ただし，摂政は象徴ではないため，民事上・刑事上の責任については当然に天皇と同じとはいえず，特に刑事上の責任については，「その在任中，訴追されない。」（同法21条）にとどまる。なお，天皇とは異なり，皇族女子にも摂政就任の資格が認められている（同法17条）。

(4) 国事に関する行為以外の行為（私的行為と公的行為）

　天皇も一私人として，国事行為の他に純粋な私的行為（たとえば，御用邸での静養，相撲見物，私的経済行為，私的行為としての皇室祭祀の実施など）を行うことができる。しかし，天皇が実際に行っている行為の中には，国事行為には該当しないが，純粋に私的な活動とも評価し難い類型の行為がある。たとえば，対内的には，国会開会式で「おことば」を述べること，国内巡幸，国民体育大会への出席などであり，対外的には，外国公式訪問，国賓歓迎行事，外国元首との親書の交換などである。これらの行為はいずれも法的効果のない事実行為・儀礼的行為であるが，公的な性質を有するため，純粋な私的行為として天皇の自由裁量に委ねることは適当とはいえない。

　天皇の行為については，国事行為と私的行為の二種に限定する見解と，それらの他にこの公的行為の存在を容認する見解に大別される。前者は天皇の公的な行為は国事行為に限定されるとするが，その見解には，憲法に明定された国事行為以外の行為を一切認めない見解（否定説）と，国事行為の意味を拡大解釈することにより，公的行為とされるものを国事行為の中に取り込み，実質的に憲法明示以外の一定の行為を国事行為として是認する見解（国事行為説）がある。後者の国事行為以外の公的行為を認める見解には，国家機関としての天皇の行

為を国事行為とし，公的行為を象徴としての地位に基づく行為と考える見解（象徴としての行為説），および，内閣総理大臣などの公人が社交的・儀礼的な行為を行うことを要請されるように，天皇も公人の一人として公的行為を行いうるとする見解（公人としての行為説）がある。公的行為は国事行為ではないので内閣の助言と承認の対象とはならないが，天皇の政治的無能力と無責任の原則から，公的行為を認める見解はそれを内閣の補佐と責任の下に置くことを求めている。なお，前者の象徴行為説は象徴である天皇にのみ公的行為を認めるのに対して，後者の公人行為説は摂政にも公的行為を認めるという相違がある。また，是認する公的行為の範囲に着目して，国事行為を限定している憲法の趣旨を尊重し，国事行為に準じうる実質的な理由があるものに限定して公的行為を是認する見解（準国事行為説）もある。

　これらの諸説のうち否定説が最も明快な見解といえる。しかし，特に国賓歓迎行事や外国公式訪問およびその際の「おことば」は憲法列挙の国事行為には該当しないが，わが国の外交にも大きな影響を及ぼしうるので，私的行為として天皇の自由に委ねることは適当ではない。否定説のように天皇はこのような行為をなしえないと考えることもできるが，天皇の象徴としての地位を考えると，国賓歓迎行事や外国公式訪問などは認められてよいであろう。したがって，憲法に規定された国事行為の範囲が必要かつ十分なものであるとはいいがたいので，実質的な内閣のコントロールと責任の下に置かれること，および，内閣は天皇を政治的に利用してならないことを条件として，象徴たる地位からやむをえないと認められることがらに限り，天皇の公的行為も憲法上容認されると考える。

第4節　皇室経済

1　皇室経済の民主的統制

　明治憲法の下では，皇室は独自の私有財産を持ち，かつ，国の経費によらずにその経済を処理する皇室経済自立主義がとられていた。実際にも皇室は莫大な財産を有しており，天皇・皇族の公的な行動の費用もすべて皇室財産から支出され，国庫から支出される皇室経費はごく一部にすぎなかった。この皇室経

済自立主義によって皇室経済に対する議会の関与が排除されていたことが，明治憲法における皇室経済の最も重要な特徴である。

　日本国憲法は象徴天皇制への移行に伴い，皇室経済についても公明正大なものにするために，皇室経済を国会のコントロールの下に置くこととし，以下の規定を置いた。

(1) 皇室財産の国有化と国庫負担（88条）

　従来の皇室財産を国庫に帰属させ，皇室の経費は予算に計上して国庫から国会の議決を経て支出することとした。この結果，従来の皇室財産は，①完全に国庫に帰属し，国有財産となったもの（御料林），②国に帰属はしたが，宮内庁が管理する皇室用財産として，皇室の用に供されるもの（皇居，一部の御用邸，御所など），③皇室・皇族の私有財産とされたもの（日常生活の必需品，身の回り品など）に三分されることになった。皇室財産の国庫帰属が原則で，③はむしろ例外である。なお，いわゆる「三種の神器」につては，皇室の私有財産として皇位とともに皇嗣が受けるという特別の規定が置かれた（皇室経済法7条）。

(2) 皇室の財産授受の制限（8条）

　皇室の財産授受関係を明らかにし，かつ，皇室が特定の国民と特殊な経済的関係に立つことを防止するために，皇室による財産の授受については国会の決議によることとした。ただし，一切の財産授受行為を議決の対象とすることは現実的ではないことから，①相当の対価による売買など通常の私的経済行為に係る場合，②外交儀礼上の贈答に係る場合，③公共のためになす遺贈または遺産の賜与，④年間一定額以内の財産の賜与または譲受については，8条の目的を害しないものとして，国会の決議を要しないとしている（皇室経済法2条）。④の金額は，天皇の場合は賜与が1,800万円，譲受が600万円までとされている（皇室経済法施行法2条）。

　この8条に基づいて国会の決議を求めた比較的最近の事例としては，皇太子徳仁親王の結婚の際の議決（1993年）がある。

2　皇室の費用

　皇室の費用は，内廷費，皇族費，宮廷費の三種に分けられる（皇室経済法3条）。88条により皇室の費用はすべて国庫から支出されるので，これらの費用は予算に計上され，国会の議決により決定される。

内廷費は，天皇，皇后その他の内廷皇族（皇太子・皇太子妃）の日常の費用その他の内廷諸費をいう。いわゆる御手許金で，宮内庁の経理に属しない。皇族費は，内廷費の対象とならない皇族に対して皇族としての品位保持のために支出される費用で，内廷費同様，宮内庁の経理に属する公金とはされていない。宮廷費は，内廷費以外の皇室の公的活動に必要な経費で，たとえば，儀式の費用，国賓の接待など公的行事の費用，宮殿管理・皇室用財産修繕などの費用がそれに当たる。これは公金として宮内庁の経理の下に置かれる。
　なお，皇室経済に関する重要事項の決定は，内閣総理大臣や衆参両院の議長など8名のメンバーによって構成される皇室経済会議によることとされている（同法4条3項・6条2項・3項・7項・8条など）。

第2章 国　　会

第1節　議会制の生成と展開

1　議会の原型

　近代議会制はイギリスで成立したが，その起源は古く，アングロ＝サクソン時代の賢人会議（witenagemote）に遡るといわれている。この賢人会議がノルマン・コンケスト後の王会（curia regis）へと受け継がれ，後の議会へと発展する。王会は君主の諮問に応じる臣下の封建的義務を履行するための機関であり，今日の議会とは本質的な性格を異にしていた。この王会が年に数度集合する大評議会と君主の政務を常時補助する小評議会に分化し，数世紀の年月を経て前者は議会，後者は内閣および裁判所へとそれぞれ発展していく。議会の起源である大評議会は，当初は国王の戦費調達や課税要求に対する同意を主な任務としていたが，「課税の前に苦情処理を」という封建領主の要求から，徐々に国政に対する一般的発言権を獲得していくようになる。それが立法権をはじめとするさまざまな権限を持った今日の議会の始まりである。

2　二院制の成立

　二院制の歴史もイギリスに起源を持つ。イギリスの二院制は，13世紀中期に国王との争いに勝利した領主（貴族）側の指導者シモン・ド・モンフォール（Simon de Monfort）が，それまで議会に集められることのなかった自治都市やコミュニティなどの各地域（commons）の代表を議会に集めたのがそのはじまりである。彼らは貴族とは別に集会を開き，かつ，当初不定期で召集されていたものが定期的に召集されるようになって，貴族院（上院）（House of Lords）とは別の庶民院（下院）（House of Commons）が成立することになる。14世紀中期から15世紀初頭に，この二院制の形態が確立する。

その後，貴族院は庶民院とともに国王に対抗することもあったが，貴族院は主に王権を支える存在に，庶民院は一般市民の利益を代表する勢力として王権に対立する存在となっていく。

3　近代議会制の成立

近代議会制は，1688年の名誉革命を経て形成されたイギリスの混合政体の中で，徐々に確立されてきた。そして，18世紀後半に，議員の地位ないし役割について大きな転機となる考え方が支配的となる。それはかつての等族会議において議員は選出母体の代理人としてその意思に拘束されるべきものと考えられていた命令（強制）委任を否定し，議員は全国民の代表として，国民全体にとって最善のことを実現するために，議会内での討論と表決の自由を有するという国民代表の考え方である。議会内の言論の自由と討議および議事の院外無答責はすでに1689年の権利章典で確認されていたが，その伝統を基礎として，議員は国民全体の利益に配慮すべきであり，それゆえ議会が国民の代表となりうることを強調したのがこの国民代表概念である。このような考え方を明確に表現しているのが，バーク（Burke）のブリストル演説（1774年）である。

> 「……意見を発表することはすべて人間たる者の当然に有する権利である。特に選挙人の意見は重視せらるべく尊敬せらるべきである。……しかしながら議員をしてそれが彼の判断と良心とに明らかに反するにも拘らず，盲目的に，且つ無条件的にそれに従い，それに投票し，それのために論議することを強制する如き命令的なる指令または訓令はこの国の法律には全く認められないものである。それはわが国の全体の条件及びわが国の憲法の精神と全く一致せざる根本的誤謬から生じたものである。議会というものは異なれる種々の利害の異なれる代表者をもって構成し互いに各自の利益を主張して他の利害の代理者または主張者と抗争するところの場所ではなくして，全体としての利害を同じうする一つの国民の合議体である。また地方的目的を達する為の機関でないから，地方的偏見によって導かれず全国民の一般的理性にもとづく合議体である。もとより諸君は議員を選挙してはいるが，諸君が議員を選挙したのちは，その議員は単にブリストルの選挙区を代表する議員ではなくしてイギリス王国の議会の議員であることを忘れてはならない。」（佐藤功『比較政治制度』36頁）

この国民代表概念の確立とともに近代議会制が成立し，議会が国民を代表する機関として国政における中心的役割を担うことになる。

> **＊イギリスの混合政体と議会主権**　国王，貴族院，庶民院の三者が互いに対等の立場に立ち，相互に抑制しつつ，議会において一体となって国政の最高権力者となる政体を混合政体といい，名誉革命以降の王権と共存した政治体制をさす。政治的に国王と議会が対立することはあるとしても，法理的には国王は貴族院および庶民院とともに議会を構成する一要素（King in Parliament）と考えられた。そして，この意味での議会に主権があるとするのが議会主権で，①議会の立法が最高であり，違憲立法審査権のような議会の立法の効力を覆す制度は存在しない（議会立法の最高性）と，②議会はいかなる事項についても定めうる（議会の万能性）ことをその内容とする。この原理は今日でもイギリス憲法の基本原理とされている。

4　民主化の進展と現代議会制

　近代議会制の成立当初は制限選挙が採用され，有権者は富裕層に限定されていた。それは国民主権を明確に掲げたフランスでも同じである。したがって，選挙民とはいってもそれは国民のごく一部でしかなく，そこに国民代表概念が現実政治においても果たすべき役割があったといえる。しかし，民主化が徐々に進展し，それまで議会に代表を送ることができなかった人々が政治に参加するようになると，それと歩調を合わせるように，社会の多種多様な理念や利害を議会内へと反映する装置としての政党も発展してきた。特に，労働者の政治参加と階級政党の登場に伴い，経済的社会的な妥協の余地のない利害対立が議会内に持ち込まれるようになり，議会は自由な討論と説得の場から「議員の頭数を数える場」としての性質を強くするようになった。

　このような現代議会制にあっては，議会の構成ひいては政権の決定を意味する選挙が重要となり，選挙制度が与える影響も大きくなる。国民の多様な意見を収斂しうる議会を目指すか，それをそのままの比率で反映する議会を目指すかという根本問題はあるが，いずれの議会制を目指すとしても，現代議会制では国民の意思をできるだけ正確に議席に反映する選挙制度が求められるといえる。

　議員を取り巻くこれらの環境の変化は，代表の観念にも影響を与えている。今日では，選挙民と議員を完全に分離した純粋代表概念に代わり，その両者の間に何らかの法律的または政治的つながりを認める見解，すなわち，命令委任

の復活や半代表概念が主張されるようになり，さらには，それぞれの代表概念に基づいて，現代議会制を直接民主制の代用物とする代表制や半代表制とする見解なども展開されている。

　日本の国会は政党を中心に運営される現代議会そのものといえるが，憲法は「両議院は，全国民を代表する選挙された議員でこれを組織する。」(43条1項)と定め，近代議会制と同様に議員を国民代表としているため，この両者を調和し合理的に理解することが課題となる。

第2節　明治憲法における帝国議会

　明治憲法によって創設された帝国議会がわが国最初の議会である。天皇を中心とした国家体制の確立を目指した明治憲法は，天皇を頂点とする強力な政府が議会に優越することを基本として，帝国議会を天皇の立法権行使の「協賛」機関と位置づけ（明治憲法5条)，かつ，その権限も限定的なものとした。それは国会中心の政治を目指す日本国憲法とは，きわめて対照的である。議会に対する政府の優越的地位を示すことがらとして，たとえば，議会の召集・閉会等(同7条)はもとより，行政各部の官制の制定（同10条)，軍の統帥権（同11条)，宣戦・講和・条約の締結（同13条）など，帝国議会の協賛を必要としない広範な天皇の大権事項が認められていたこと，帝国議会の権限に属する立法権に関しても，法律から完全に独立した独立命令（同9条)や法律に代わる効力を持つ緊急命令(同8条)などを発する天皇大権が認められていたこと，さらには，予算審議にも制約が設けられ（同66条・67条)，かつ，予算不成立の場合に備えて前年度予算施行主義がとられていたこと（同71条）などを挙げることができる。これが帝国議会の第1の特徴である。

　第2の特徴として，民主的勢力の伸張を抑制する装置としての二院制が採用されたことを挙げることができる。帝国議会は貴族院と衆議院の二院からなるが，衆議院は国民の選挙によって選ばれた議員によって組織される（同35条)のに対して，貴族院は皇族・華族および勅任議員で組織された（同34条)。貴族院は帝国議会内で衆議院による政府に対する民主的統制の増大を防止するために設けられた機関で，この貴族院を組織することを念頭に置いて前もって「皇室の藩屏」たるための華族制度が創設されている。そして，貴族院の組織は貴族

院令で定めるものとされ（同条），衆議院が貴族院の構成に関与することは排除された。また，日本国憲法のような衆議院の優越は認められず，衆議院の予算先議権を除き，両院の権限は対等であった。

　第3に，議院内閣制が憲法上認められていなかった。もともと内閣ということばすら憲法には登場せず，憲法では国務大臣が天皇によって任命され，天皇に対して個別に責任を負うことが定められていたにすぎない（同55条）。憲法制定者は，議会の影響から超越した内閣を理想とし，議院内閣制に強い警戒感をいだいていたといえる。大正デモクラシーの時期に，「憲政の常道」の名において政党内閣制が実現し，実質的に議院内閣制的な議会運営が行われたが，憲法上の制度ではなかったため，その運用は満州事変以降たちまち無視され，翼賛議会の成立とともに強い政府と弱い議会の原則が復活することになった。

　このように帝国議会は天皇の立法権の行使に「協賛」する「限定権力」として構想されかつ組織されていた。

第3節　国会の地位と権限

　日本国憲法は権力分立制を採用しているが，同時に国民の選挙によって選ばれた議員によって構成される国会を中心とした統治の仕組みを採用している。そして，この国会には国民の代表機関（43条1項），国権の最高機関（41条），唯一の立法機関（同条）という三つの地位が認められる。

1　国民の代表機関

　憲法は国会を代表機関と明示しているわけではないが，国会こそが国民を代表する機関であるといえる。その理由として，次のことが挙げられる。

　まず，統治構造の全体像とそれぞれの組織方法から，国会が最も国民の代表機関にふさわしいといえる。憲法は前文で，「そもそも国政は，国民の厳粛な信託によるものであつて，その権威は国民に由来し，その権力は国民の代表者がこれを行使し，その福利は国民がこれを享受する。」と述べ，代表制を採用することを宣言している。そして，憲法は，立法権を国会に，行政権を内閣に，司法権を裁判所に行使させる統治制度を採用した。これらの機関は主権者たる国民の代わりに権力を行使するという意味では代表者ということができるが，

これらのうちで直接的に国民の選択に基づいて組織されているということができるのは国会だけであり，国会こそが国民の代表機関であるということができる。また，近代国家は法律に基づいて運営されるので，統治構造の全体から見ても立法機関が最も中心的な役割を担うことになる。そして，その機関である国会に国民の代表性が求められるのは，民主国家としては当然のことといえる。

また，43条1項は「両議院は，全国民を代表する選挙された議員でこれを組織する。」とし，国民によって選挙された議員が国民の代表者とみなされること，および，議員が全国民を代表する結果として，その議員によって構成される国会もまた全国民を代表する代表機関であることを示しているといえる。なお，43条1項は，前述の近代議会制の原理としての国民代表概念を表し，選挙民による命令的委任の否定を意味すると考えられる。

さらに，国会が国民の代表機関と考えられる実質的理由は，国会が国民の意思を反映しうることにある。まず，普通選挙の実現は国民と有権者の範囲との乖離を最小限なものとしているので，有権者の意思を国民の意思と同等視することは特に不合理とはいえない。そして，今日の政党政治のもと，国民の意思が政党を通じて国会に反映されることを期待することができる。政党は選挙を通じて民意を集約し，かつ，有権者の支持を議席に変換するという選挙の作用を通して，民意を国政に反映させるという役割を担っている。国民にとって議員およびその集合体としての政党は自らの意思を国政に伝達する装置であり，議員や政党もその存立の基礎を国民の支持に置いているために，民意から乖離することは実質的に許されなくなる。両者は相互依存関係にあるのであり，このような関係が維持される限り，政党政治の下で運営される国会は実質的な意味でも民意を代表する機関として位置づけることが可能となる。このように，国会が民意を反映し，民意に基づく国政を実現しうる中心的国家機関であるからこそ，国民の代表機関とされるのである。

2　国権の最高機関

41条が国会を「国権の最高機関」とした意義は，三権を統括保持し文字どおりの最高機関であった明治憲法における天皇の地位の否定し，国民の意思を最も直接に代表する国会が国政における中心的役割を担うべきことを示していることにある。しかし，憲法は三権の相互抑制・均衡を基礎とした均衡型の三権

分立制を採用しており，そのこととの関連において，国会を「国権の最高機関」とする41条の意味が問題となる。

(1) 権力分立と権力統合

憲法は三権分立制を採用し，立法権・行政権・司法権はそれぞれ国会・内閣・裁判所に帰属し，各機関は憲法の規定に従ってその権力を行使するものとされている。しかし，憲法は同時に内閣がその存立の基礎を国会に置き，国会に依存する議院内閣制を採用している。この議院内閣制は政党政治を媒介として国会と内閣を一体化する機能を営むので，実質的に権力統合を推進する要素を内在しているといえる。したがって，わが国の統治制度には，権力分立主義による権力分散の原理と議院内閣制による権力統合の原理とが混在しているということができる。「国権の最高機関」の意味を考える際には，わが国の統治制度の全体像と権力分立と権力統合の両要素を考慮する必要がある。

(2) 最高機関の意味

国会を法的な意味で最高機関と考える見解として統括機関説がある。この見解は，国家の意思力としての国権には統括機関が不可欠であるという前提の下に，日本国憲法では最高機関としての国会がこれに当たるので，国会は他の国家機関を統括し最高の決定的権威を持ち，内閣と裁判所は国権の発動の仕方について国会の意思に従わなければならないとする。この説では，統治機構全体の理解は，国会を中心とした権力統合へと大きく傾くことになる。

これに対し，「国権の最高機関」に特別な法的な意味を認めない見解がある。それは，国会が選挙を通じて直接主権者たる国民に結びついているところから，政治的な意味において最も重要な国家機関であることを明らかにしたものにすぎないとする政治的美称説で，この見解が通説である。すなわち，わが国の統治構造においては，①国会が唯一の立法機関として立法権を独占的に行使し，法律を適用・執行する機関である内閣と裁判所に論理的に先行し，実質的に優位な立場にある（法の定立機関である国会が法の執行機関である内閣と裁判所に対して優位に立つという立法権優位の原則は，法の支配ないし法治行政という近代的法治国家原理の当然の帰結である），②国会は立法権の他にも憲法改正発議権，財政議決権，条約承認権などの重要な諸機能を憲法によって与えられており，国政全般に対する強い統制作用が期待されている，③議院内閣制の採用により，国会が内閣に制度的に優位する地位にあるということができるなどの理由から，

統治制度の全体像から国政の中心として政治的に最高機関であることを表現していると考えられるとするのである。憲法が採用する三権分立制の下では，内閣と裁判所もその担当する行政権および司法権においては最高独立の機関である。統治制度全体像から導き出される以上に国会の優越性を法的に保障することは，ほかの二権の独立性を毀損するとともに，権力集中に傾きすぎるというべきである。したがって，政治的美称説が適切な見解といえる。

この「最高機関」の意味をめぐる解釈の相違は，具体的には，①衆議院の解散(7条解散の可否)，②両院の国政調査権の及ぶ範囲(具体的裁判の調査の可否)，③違憲立法審査権行使の基本姿勢などの国会の地位・権限を中心とした憲法解釈上の諸問題に対する見解の相違となって現れる。法的な意味での「最高」機関と解すると，①衆議院の解散は憲法が明記した69条の場合に限られる，②国政調査権は個別の具体的事件の裁判も対象にしうる，③裁判所の違憲立法審査権は消極的に行使されるべきであるという結論と結合しやすいといえる。

なお，これらの説の他に，行政権と司法権も法律に則って運営されるところから，国会は国政全体に配慮すべき立場にあり，それゆえ，国政全般について最高の責任を負うという特別な地位にあるとする見解(最高責任地位説)もある。この説では，「最高機関」であることが国家諸機関の相互関係を解釈する際の解釈準則となり，また，所属不明の権限は国会に帰属すると推定されるとする。

3　国の唯一の立法機関

国会は「唯一の立法機関」である(41条)。すなわち，立法権は国会に帰属し，国会のみがそれを行使する。国会以外の国家機関が立法を行うことはなく，かつての法律に対する天皇の裁可権も，日本国憲法では存在しない。

「唯一の立法機関」の意味をめぐっては，「立法」の意味と「唯一」とされることの意味が問題となる。特に，前者の問題は国民の権利保障ともかかわり，重要な意味を持つ。

(1)　「立法」の意味

国会が立法機関であるから，国会が所定の手続に従って制定した法規範が法律であるということができる。このような法律制定の形式(制定者・制定手続)に着目した法律の定義を形式的意味の法律(形式的法律概念)という。この法律の定義は法規範の内容は問題にしないので，この概念からは法律で定めるべき

事項が導き出されることはない。41条1項の「立法」を形式的意味の法律の定立作用と理解すると，法律によって定められるべき事項とその下位規範である命令によって定めることができる事項の区別も特に存在しないことになり，法律によらずに命令によって国民の権利を制限する可能性も生じることになる。国民の代表機関の同意なしに国民の権利を制限しうるとすることは，国民の権利保障にとって重大な問題であるばかりでなく，その保障のために国民代表機関として議会が果たしてきた歴史的役割も無視することになる。

　これに対し，法律で定められるべき規範の内容に着目し，法律とは一定の内容を持つ法規範を意味するとする考え方がある。これを実質的意味の法律（実質的法律概念）という。「立法」をこの意味の法律を定立する作用と理解することによって，法律事項とされることがらに関する法規範の定立は国会の専権とされ，行政部がそれを定めることは許されないことになる。そして，これによって法律と命令の規定対象の区別が明確になり，ひいては法規範の制定における行政部に対する立法部の優越が保障され，国会が国政の中心機関たることが担保されることになる。

　問題は何がその内容とされるべきか，すなわち，法律で定められなければならない事項は何かということである。最も狭い見解は，国民の権利を制限し義務を課す事項だけを法律事項とする法規説で，一般的な法規範のうちでも少なくとも国民の「自由と財産」の制限に関する事項だけは議会のコントロールの下に置こうとする考え方である。議会権力が弱かった19世紀ドイツの立憲君主制下の議論であるが，政府も政令による栄典の復活の際に，これに近い見解を示している。これに対し，権利を制限し義務を課する事項だけでは狭すぎるとして，個人の権利義務にかかわるすべての事項を法律事項とする権利義務説，さらに広く，人々の行為・国家の作用・社会の秩序等の規制に関し一般的・抽象的基準を定める法規範を法律事項とする一般的法規範説が主張されている（法律の一般性とは不特定多数の人に適用されることをいい，抽象性とは不特定多数の場合や事件に適用されることをいう）。このような一般的抽象的法規範は社会の法的安定性や予見可能性のために必要であり，それを提供することこそが立法の作用であるともいえる。権利義務説と一般的法規範説の実質的差異は少ないようであるが，後者が通説的見解といえる。

　国会が国民の代表機関として国政の中心的役割を担う国権の最高機関である

こと，国会による内閣のコントロールが特に重要であること，さらに法治国家においては法律が基礎であることなどを考慮すると，国民の権利義務にかかわる事項はもちろんのこと，広く一般的抽象的な法規範の定立を国会の所管事項とすべきである。したがって，41条1項にいう立法とは，国民の権利義務にかかわる法規範をはじめとして，広く一般的抽象的な法規範を定立する作用ということができる。そして，国会が唯一の立法機関であるとは，このような法規範は国会のみが制定しうるということを意味する。

(2) 立法の意味に関する具体的な問題

(a) 法律によらない栄典の復活

わが国の栄典には勲章制度と褒章制度がある。前者にかかわる生存者叙勲は戦後まもなく閣議決定によって中断されていたが，1963年に閣議決定によって再開された。また，65年には政令によって明治憲法下の褒章条例を改正し，褒章の種類を増設して実施している。権利義務説と一般的法規範説によれば，栄典の授与は国民の権利義務にかかわる事項なので法律によるべきことになるが，栄典授与は相手方に利益を与えるだけなので法律によらなくともよいとするのが政府の見解であった。しかし，すでに述べたように，一般的な法規範を新しく定めるときは，すべて法律事項と考えるべきである。なお，褒章条例の改正は憲法を直接に執行する政令の可否という点からも問題とされた（Ⅱ部3章3節1(7)参照）。

(b) 措　置　法

特定の受範者や事件を対象とする法律を措置法という。特定の人間や団体のみを適用対象とする法律は，法律が備えるべき適用対象の一般性を欠くのではないかという点が疑問視されている。実際的な対応としては，具体的な受範者や事件への適用を念頭に置いている場合でも，法律の規定の仕方としてはあくまでも一般的な形で規定され，法律の一般性を具備するのが通例である。法律の一般性が保持され，公権力の恣意性が排除されており，かつ，平等原則に反しないと考えられるものは許されるとするのが一般的見解といえる。41条1項の「立法」の意味の解釈は行政部による立法事項の簒奪を防止することに主眼があり，国会の立法事項の限定を目的とするものではないと考えることができる。したがって，特殊な場合に対応するために，国会の審議を経た特別な規律が必要となる場合には，他の憲法条項との関係で違憲とならない限り，措置法

が認められてもよいといえよう。

なお、特定の地方公共団体のみを対象とした地方特別法(95条)は、法律の一般性に対する憲法上の例外といえる。

(3) 「唯一」の意味

国会が「唯一」の立法機関とされていることは、次の二つのことを意味する。第1は、実質的意味の立法は、憲法に特別の定めがある場合を除いて、常に国会によってなされることである（国会中心立法の原則）。それにより、行政部が議会を通すことなく緊急命令や独立命令の形式で独自に立法を行う明治憲法時代の立法二元制が排除され、行政部による法規範の定立は法律の執行に必要な細則を定める執行命令と法律の委任に基づく委任命令に限定される立法一元制が確保される。第2に、法律は国会の議決のみによって成立し（国会単独立法の原則）、国会以外の機関が法律の決定に関与することはない。これにより明治憲法下の天皇の法律に対する裁可権が排除される。日本国憲法では、天皇は成立した法律を公布するが、国事行為として内閣の助言と承認に拘束され、公布を拒否することはできない。

この「唯一」に関しては、憲法上の例外がある。国会中心立法の原則の例外として、両議院の規則制定権（58条2項）、最高裁判所の規則制定権（77条1項）および地方公共団体の条例制定権（94条）がある。前二者はそれぞれの自律性確保のために認められ、条例制定権は地方公共団体の独立性に基づき認められる。ただし、前二者については、それが法規とかかわらない限りは41条の例外とはいえないとする有力説がある。また、条例制定権については、民主的な合議体である地方議会による条例の制定は国会による法律制定と同じ性質の行為であることを理由に、憲法上の例外とは位置づけない見解が支配的である。また、それぞれ法律との関係が問題となるが、一般論として、「立法」概念の理解の相違は、法律と規則制定権との規定事項の競合関係の範囲に影響する（権利義務説では法律と規則の競合が問題となりうるのは権利義務に関する事項に限られるが、一般的法規範説では権利義務以外の事項でも法律と規則の内容上の競合が問題となりうる）。次に、国会単独立法の原則の例外として、地方特別法の住民投票（95条）がある。さらに、立法の範囲を法律案の提出も含む全立法過程と考えると、72条の「議案の提出」の一部として行われる内閣による法律案の提出も、憲法上の例外となる（ただし、議案に法律案も含まれるとする見解の場合）。通例、成

立する法律の8割以上が内閣提出法案で，残りが議員提出法案（議員立法）である。内閣提出法案については，国会はその法律案を自由に修正・否決しうるので，実質的には単独立法の例外とはならないと考えることもできる。そして，法案の審議・決定権が国会のみに留保されていれば国会単独立法の要件は満たされると考えるなら，国民が立法について提案する国民発案（イニシアティブ）の制度を設けることも41条には反しないことになる。

　立法過程への国民の参加という点では，国民投票（レフェレンダム）による法律の制定の可否も問題となりうる。憲法が代表民主制を採用していること，および，41条により立法に関する最終決定権は国会にあることから，国会の意思を拘束しない諮問（助言）型国民投票はともかく，国民投票による法律の制定・改廃は憲法上許されないとする見解が一般的である。しかし，41条の解釈に関しては，憲法改正権を行使しうる国民がそれよりも下位にある立法権を行使しえないとするのは論理的に逆転しているということができ，それゆえ，憲法が唯一の「機関」としているのは，憲法によって作られた権力（機関）の中で「唯一」という意味で，憲法制定権および改正権を行使しうる国民はここには含まれないと考えることも可能であろう。さらに，一般論として，国民投票には法律決定の国民投票（referendum）と政策選択の国民投票（plebiscite）の二種が考えられ，かりに前者が41条から許されないとしても，後者の政策選択の国民投票は41条に抵触することはないといえる（諮問型国民投票は実質的には政策選択の国民投票と同じといえよう）。

　もっとも，以上はこれらの直接民主制的制度が41条によって積極的に排除されているわけではないというにとどまる。それらを実際に採用することの是非については，憲法全体の趣旨をはじめとし，さまざまな要素の検討を要する。

4　国会の権能

　国会の最も重要な権能は立法権の行使であるが，国会が国政の全般において中心的な地位にある最高機関として，特に内閣による行政権の行使を統制・監督するために，立法権以外にも幅広い権能が与えられている。なお，国会は衆議院と参議院によって構成されるので，衆議院の優越の場合を除き，両者の意思が合致しないと国会としての権能行使はできない。

(1)　立法権と法律の制定手続

(a) 憲法上の法律事項

　法律の制定は国会の最も重要な権能である。41条の立法（法律）の意味についてはすでに見たが，それは法律によって定められるべき一般的な事項で，その他にも憲法によって特に法律で定めることが明示されている事項（法律事項）がある。憲法が法律事項としているということは，その内容の決定を国会の権限事項としているということでもある。

　憲法上の法律事項は，次のとおりである。

　皇位の継承（2条），天皇の国事行為の委任（4条2項），摂政（5条），任免について天皇の認証を要する官吏（7条5号），天皇の認証を要する外交文書（7条8号），日本国民の要件（10条），国家賠償責任（17条），婚姻及び家族に関する事項（24条2項），教育を受ける権利（26条1項），子女に普通教育を受けさせる義務（26条2項），勤労条件（27条2項），財産権の内容（29条2項），納税の義務（30条），刑事手続（31条），国の刑事補償責任（40条），両議院の議員定数（43条2項），国会議員及びその選挙人の資格（44条），国会議員の選挙に関する事項（47条），国会議員の歳費（49条），会期中の国会議員の不逮捕特権の例外（50条），両院協議会（59条・60条・67条），裁判官の弾劾に関する事項（64条2項），内閣の組織（66条1項），官吏に関する事務の掌理の基準（73条4号），下級裁判所の設置（76条1項），最高裁判所裁判官の人数（79条1項），最高裁判所裁判官の国民審査（79条4項），裁判官の退官年齢（79条5項・80条），新租税賦課と現行租税の変更（84条），会計検査院の組織と権限（90条2項），地方公共団体の組織と運営に関する事項（92条），地方議会の設置（93条1項），地方特別法の住民投票（95条）。

(b) 法律の制定手続

　法律案には内閣提出法案と議員提出法案の二種がある。内閣提出法案は，所管省庁が原案を作成し，関係省庁および与党との意見調整や内閣法制局の審査を経て閣議に付され，閣議決定を経た後に，内閣総理大臣が内閣を代表して国会（衆議院または参議院）に提出する。いずれの議院を先議としてもよい。議員提出法案は，一定の要件（本章7節1(2)参照）を具備した議員集団が法律案を作成し，所属議院に提出する（国会法56条）。議員の立法活動をサポートする機関として各院にそれぞれ法制局が設けられている。

　内閣提出法案および議員提出法案ともに，法案を受理した議長はそれを担当すべき委員会に付託する。委員会における審議（提案理由説明・審査）を経て可

決されると，法案は本会議での審議と表決に付される。本会議で可決された法案は他の議院に送付され，その議院でも委員会および本会議の審議と表決が行われる。後議の議院で修正が加えられた場合は，先議の議院へ回付され，その修正法案が再度審議される。憲法に特別の定めのある場合を除き，法律案は「両議院で可決したとき法律となる」（59条1項）。

法律が成立すると，最後に議決をした議院の議長から内閣を経由して天皇に奏上され（国会法65条），その日から30日以内に天皇によって公布される（同66条）。公布とは法律等を国民が知ることのできる状態に置くことで，公布の手続を経ないで法律が発効することはない（効力発生要件）。法律の施行期日は法律の附則で定めるのが一般的であるが，それを定めていないときは公布の日から満20日を経て施行される（法例1条）。公布の形式などを定める法律は存在しないが（公式令は憲法の施行とともに廃止され，それに相当する法律が制定されていない），公布は官報に掲載する方法で行われている。法律の公布に当たって法律番号が付けられ，主任の国務大臣が署名し内閣総理大臣が連署する（74条）。法律は国会の決議によって有効に成立しているので，署名および連署の有無は法律の効力に影響しない。

(2) 立法権以外の権能

立法権以外にも，国政の最高機関・中心機関として国政全般を統制するために，国会にはさまざまな権能が与えられている。立法権以外に国会に与えられている憲法上の権能として，次のものがある。具体的な内容については，それぞれの箇所で確認する。

皇室の財産授受に関する議決権（8条），弾劾裁判所の設置（64条1項），内閣総理大臣の指名権（67条），条約の承認権（73条3号），予算の議決権（86条），憲法改正の発議権（96条），一般国務及び外交関係について報告を受ける権利（72条），財政状況について報告を受ける権利（91条）。

また，以上の他にも，法律によって数多くの事項が国会または両議院の権能とされている。国会自身に関する事柄（たとえば，国会の臨時会及び特別会の会期の決定（国会法11条），常会・臨時会及び特別会の会期の延長（同12条），休会（同15条）は，「両議院一致の議決による」）はもちろんのこと，自衛隊の防衛出動及び治安出動の承認（自衛隊法76条1項・78条2項），中央選挙管理会委員の「国会の議決」による指名（公選法5条の2第2項），法律で定める特定の公務員（会計検

査院の検査官・人事院の人事官など）の任命に対する両議院の同意権（会計検査院法4条，国家公務員法5条）なども国会の権能とされている。

第4節　国会の組織

1　二院制

　国会は衆議院と参議院からなる（42条）。わが国と同様に二院制を採用する国は少なくないが，その目的ないし理由はさまざまである。イギリスはすでに見たような歴史的経緯に由来するし（本章1節2），連邦制を採用しているアメリカ合衆国やオーストラリアでは，上院は州の代表と位置づけられ，州の大小にかかわらず各州に同数の議員が配分されている。また，明治憲法でも貴族院と衆議院からなる二院制が採用されていたが，その構成方法も役割も現在とは根本的に異なっていた。すなわち，議員が国民の選挙によって選出される衆議院は国民を代表する民主勢力としての役割を担い，華族や勅任議員によって構成される貴族院は民主勢力としての衆議院に対する議会内の保守勢力の防塞としての役割を担っていたのである。

　これに対し，現在の参議院は衆議院と同様に公選議員によって組織される民主的な機関となっており，貴族院のような役割が期待されているわけではない。したがって，憲法は二院制が持つと考えられる一般的な長所に期待して，それを採用したと考えられる。二院制の長所としては，①両院の相互抑制または補充協力によって，議会の審議を慎重なものにすること，および，②異なる二つの議院で審議することにより，国民代表機関としての議会が国民の総意を反映する機能を強化すること，が考えられる。ただ，国会が全体として国民の多様な意見を反映するには，選挙制度に違いを持たせるなどの工夫が必要であるが，現在は非常に類似した制度となっており，かつ，政党政治の現実とも相まって，参議院が「衆議院のカーボンコピー」と評される事態が続いている。

　二院制の場合，両院の意思が合致しないと議会の意思は成立しないが，問題によっては不成立のままで放置できないものもある。その際の解決方法の一つが「下院の優越」で，これは貴族院に対する庶民院の優越を確認したイギリスの1911年議会法に由来する。憲法は，内閣総理大臣の指名（67条），条約の承認

(73条3号),予算の議決(86条)および法律案の議決(59条2項)について「衆議院の優越」を定め,衆議院の意思をもって国会の意思とすることを認めており,結果的に参議院は第二次院となっている。また,それぞれ独自の権能として,衆議院には内閣不信任決議権(69条)と参議院の緊急集会の措置に対する同意権(54条3項),参議院には緊急集会の制度(54条2項・3項)がある。

> *委員会制度　予算・条約・法律案などの議案に対する議院としての最終的な意思決定は本会議でなされるが,その前段階の実質的な審議などを中心とした具体的な議院活動のために,委員会制度が採用されている。憲法上の制度ではないが,各委員会は国政調査権などの議院の権能を行使することができ,委員会が議院の活動の実質的な中心をなしている。委員会には常時設置される常任委員会と会期ごとに各議院で必要に応じて設置される特別委員会がある(国会法40条・41条・45条)。委員会の種類と所管事項は議院によって異なる。

2　両院議員の選挙制度

(1)　選挙に関する原則

選挙は選挙権を有する選挙人(有権者)が,複数の候補者の中から議員となるべき者を選定する行為である。選挙人の意思表示は投票によってなされ,選挙区ごとの集計に基づいて当選者が決定される。選挙の仕方が選挙制度であるが,それは選挙人の意思を議席に変換する仕組みでもあり,政権の選択にも繋がるために,今日の政党政治にとっては極めて重要である。このような選挙の重要性から,近代以降の民主制の展開の中で,選挙に関する以下のような原則が承認されるようになってきた。

(a)　普通選挙(15条3項)

一定の財産や納税額・性別などを選挙権・被選挙権の要件とする制限選挙に対して,原則としてすべての成年者に選挙権を認めることを普通選挙という。選挙権の要件(選挙人の資格)における平等ということもできる。憲法は「成年者による普通選挙」(15条3項)および選挙人の資格における平等(44条)を保障している。わが国の普通選挙は,戦後まもなく1945年12月の衆議院議員選挙法の改正によって実現している。

(b)　平等選挙(14条)

普通選挙の原則はいわば一人一票の原則ということができるが，すべての人に一票は与えられても，特定の選挙人に複数の投票を認める場合（複数選挙制）や，その一票の価値に制度的に差を設ける場合（等級選挙制）もありうる。そのような財産や社会的身分など何らかの理由を根拠に各人の投票に差別を設ける選挙制度を不平等選挙制という。普通選挙も平等選挙の一部と考えることもできるが，平等選挙の原則は，特にこのような不平等選挙制度を排除する原則として位置づけることができる。平等選挙は，政治的関係において差別されないとする14条の法の下の平等に含まれる。投票価値の不平等は，住所所在地による制度的な差別的取扱いに該当し，この原則に抵触する。

(c) 秘密投票（15条4項）

選挙人の自由意思による投票を保障し，公正な選挙を実現するために，投票の秘密（15条4項）が保障される。投票の秘密は，狭義には投票内容の秘密を意味するが，広義には投票の有無にも及ぶ。また，問題の性質上，この保障は私人間にも及ぶと考えられる。公職選挙法は投票の秘密を維持するために，無記名投票（公職選挙法46条4項——以下「公選法」と略す），他事記載の禁止（同68条1項6号）などを定めている。

選挙の公正を確保するためにも不正投票は許されないが，詐偽投票罪などの選挙犯罪捜査などとの関係で，投票の秘密の保持が問題となる。無資格者が投票した選挙の当選の効力をめぐる訴訟（地方自治法の旧37条および73条が問題となった）で，最高裁は「何人が何人に対して投票したかを公表することは選挙権の有無にかかわらず選挙投票の全般に亘つてその秘密を確保しようとする無記名投票制度の精神に反する」（最判昭23・6・1民集2巻7号125頁）とし，旧公選投票賄賂罪（旧刑法）に関する判決では，投票の秘密を定める憲法の下では「何人が何人に投票したかの審理をすることは許されない」（最大判昭23・4・6刑集3巻4号459頁）と判示している。また，詐偽投票容疑の捜査のために投票用紙が差し押さえられ，容疑者の指紋と照合が行われた泉佐野市議会議員選挙事件に際し，容疑者ではない選挙人が提起した国家賠償請求訴訟において，最高裁は，その選挙人の指紋は照合対象には含まれていないので選挙人の投票の秘密を侵す現実的危険性はなかったとして，訴えを退けている（最判平9・3・28判時1602号71頁）。詐偽投票罪などの選挙犯罪捜査においても，投票内容を調査しなくとも犯罪の立証は可能であること，および，大多数の正当な選挙人の投

票の秘密を侵す可能性があることを理由に，投票内容の調査は許されないとする見解が通説である。

(d) 自由選挙と直接選挙

以上の他に，自由選挙と直接選挙を挙げるのが一般的であるが，憲法上の直接的規定はない。

まず，自由選挙には投票の自由と選挙活動の自由が含まれる。投票の自由は，広い意味では秘密投票も含むが，主に投票行為の自由を意味する。14条4項後段は「選挙人は，その選択に関し公的にも私的にも責任を問はれない。」とし，投票の自由を保障している。選挙人の「選択」には投票しない選択も含まれると考えられるので，任意投票制が憲法上帰結されることになる。したがって，強制投票制（オーストラリアやベルギーなど約20ヵ国で採用）の導入は憲法上許されないと考えられる。また，選挙活動の自由は政治活動の自由の一部として，表現の自由に含まれる。しかし，わが国では公正な選挙および公営選挙の観点から，戸別訪問の禁止をはじめとする多種多様な選挙運動制限や選挙費用の制限が導入されている。いかに選挙という公的な行為（国会議員という国会機関の選任行為）にかかわる活動とはいえ，選挙活動こそもっと重要な政治活動ということができ，過度な選挙運動規制は政治的表現の自由を侵害するというべきであろう。

選挙人が直接に議員を選挙する直接選挙も重要な原則の一つである。憲法は地方議会選挙については直接選挙を定めているが（93条2項），国会議員については明文の規定は置いてない。選挙人が中間の選挙人を選出し，その中間選挙人が議員を選挙する方法を間接選挙といい，アメリカ大統領選挙は制度上はこの間接選挙制を採用している。選挙人の選択が直接に反映される直接選挙の方が適当であり，直接選挙が原則とされるべきであるが，国政における間接選挙を排除する憲法規定は存在せず，かつ，立法部には選挙制度に関する裁量権が与えられているので（47条），間接選挙制の部分的な導入が合憲とされる余地はある。

(2) 選挙制度

(a) 多数代表制と少数代表制

議院内閣制の場合，国会議員の選挙は政権の選択に連動するため，選挙制度は政治的にも重要である。選挙制度は国によって異なるが，選出すべき議員数

（選挙人の代表のされ方）を基準に，多数代表制と少数代表制に大別される。

多数代表制は選挙区の多数意思のみが代表される選挙制度で，議員定数1の小選挙区制がこれに該当する。多数代表制には過半数の得票を当選の条件とする絶対多数当選制と過半数に満たなくても最も多い得票をしたものを当選者とする相対多数当選制がある。フランスの国民会議選挙（2回投票制の1回目）やオーストラリア下院の優先順位付投票制（選好投票制）は前者に属する。わが国の衆議院の小選挙区制は後者である。多数代表制は，一般に，それを導入している英米諸国の状況から，二大政党制をもたらしやすいといわれている。実際にも，数パーセントの有権者の投票行動の変化（スイング）で，議席や政権が変動することは少なくない。この制度の欠点は，議席に反映されない死票が多数生じる点にある。相対多数当選制の場合は死票が特に多くなる。

少数代表制は選挙区の少数者の意思も代表される選挙制度である。複数の議員を選出する大選挙区制がこれに該当する。すなわち，複数の議員を選出する場合は，最多数を得た候補者でなくとも当選するため，結果的に選挙区内の少数の選挙人も代表されることになる。わが国の以前の衆議院選挙は定数3から5程度の選挙区に分けられ中選挙区制とよばれていたが，講学上は大選挙区制に含まれる。また，各党派の得票数に比例して当選者数を決定する比例代表制も少数代表制に含まれる。当選者数の計算方式はさまざまであるが，比例代表制は政党などの得票に比例して議席数が決定するため，最も正確に選挙人の投票数を議席数に変換する方法といえる。この少数代表制は死票が少なく，比較的正確に民意を反映するが，それゆえ，選挙人の政党への支持が分散しやすいために小党分立になりやすい（特に比例代表制）という特徴がある。多党化状況の場合，政権は選挙後の連立の組み合わせによって決定されることになりやすいし，政権の安定性に欠けることも少なくない。

(b) 衆議院の選挙制度

衆議院議員選挙は，現在，小選挙区制と比例代表制を組み合わせた選挙制度が採用されている（1994年に導入）。小選挙区制を中心とすることによって政権交代可能な二大政党制を誘導し，小選挙区制では反映されない少数者の意思を比例代表選挙で少しでも国政に反映させようとする制度といえる。これは小選挙区比例代表並立制とよばれ，有権者は小選挙区選挙と比例代表選挙に別々に投票し，それぞれ別々に集計される。衆議院の議員定数は480名で，小選挙区

選挙で300名，比例代表選挙で180名選出される（公選法4条1項）。小選挙区選挙は相対多数当選制で，有権者は候補者1名に投票し，最多得票者が当選する。ただし，法定得票数（有効投票総数×1/6以上）に達していなければならない（同95条1項1号，再選挙・同109条）。比例代表選挙は一つの政党名簿に投票する拘束名簿式が採用されている。全国を11のブロック（北海道8，東北14，北関東20，南関東22，東京都17，北陸信越11，東海21，近畿29，中国11，四国6，九州21）に分け，ブロックごとにドント式により当選者が決定される。ただし，名簿を提出できる政党もしくは政治団体には制限があり（①所属国会議員が5名以上いること，②直近の国会議員選挙において有効投票の2％以上の総得票数があったこと，③名簿登載者数が各ブロックの定数の20％以上であること，のいずれかに該当することを要する。同86条の2），無所属での立候補はできない。小選挙区選挙と比例代表選挙の両方の候補者となる重複立候補が許されているが，小選挙区選挙での得票が供託金没収基準（有効投票の1/10）以下の得票の場合は比例選挙での当選は認められない（同95条の2第6項）。比例代表選挙の名簿の同一順位に掲載された重複立候補者は，小選挙区選挙の惜敗率（当選者の得票数に対するその候補者の得票の割合）によって当選順位が決定する（同95条の2第3項）。また，立候補に際しては供託金が必要で，小選挙区選挙の候補者は一人300万円，比例代表選挙は一人600万円（重複立候補者は300万円）とされており（同92条），得票数がそれぞれ定められた基準に達しない場合は没収される（同93条）。供託金制度は，泡沫候補者を排除する目的があるとされているが，高額な設定は立候補の自由を侵害しているというべきである。

衆議院議員の選挙権は20歳以上，被選挙権は25歳以上の日本国民に認められている（同10条）。任期は4年だが，解散制度があるため，任期途中で衆議院議員としての身分を失うことがある。現行憲法下での任期満了総選挙は1度しかなく，衆議院議員1期の平均在任年数は3年程度である。解散以外の身分喪失（欠格）事由には，任期満了，院議による退任（懲罰による除名（58条），資格争訟による無資格（55条），辞職さらに比例代表選挙選出議員の場合は所属政党の変更などがある（詳細は本章7節1(1)参照）。

(c) 参議院の選挙制度

参議院議員の選挙は，選挙区選挙と比例代表選挙を組み合わせた並立制である。定数は選挙区選挙146名，比例代表選挙96名の計242名である（公選法4条2

項)。選挙区選挙は都道府県を一つの選挙区とし，2～8名の議員定数が割り当てられている。しかし，半数改選制のため(46条)，半数以上の27選挙区で定数1の実質的な小選挙区制となる。相対多数当選制で，得票の上位から議員定数の順位までが当選者となる(法定得票数は有効投票数÷議員定数×1/6以上)。比例代表選挙は全国を一つの選挙区とした非拘束名簿式比例代表で，有権者は政党名または候補者名を投票用紙に記入して投票する。各政党の獲得議席数は各政党の総得票数(政党名得票数＋所属候補者名得票数)を基準にドント式によって決定され，各政党の中で候補者名投票の得票数の多い候補者から順次当選者となる。衆議院の比例代表選挙と同様に，名簿を提出できる政党もしくは政治団体には制限がある(①所属国会議員が5名以上いること，②直近の国会議員選挙において有効投票の2％以上の総得票数があったこと，③当該参議院選挙において候補者を10名以上有すること，のいずれかに該当することを要する。公選法86条の3)。重複立候補は認められていない。立候補には選挙区選挙300万円，比例代表選挙600万円の供託金が必要で(同92条)，それぞれ定められた基準の得票数に満たない場合は没収される(同93条)。

30歳以上の日本国民であることが，参議院議員の被選挙資格とされている(同10条)。任期は6年で，3年ごとに半数が改選される。議員の身分喪失の原因は，解散による場合を除き，衆議院議員の場合と同じである。

(3) 投票の方法――わが国の投票制度

わが国では，選挙当日に指定された投票所に行き，選挙人名簿またはその抄本との対照を経て，給付された投票用紙に自分で記入して，投票しなければならないのが原則である。投票日投票所投票主義，選挙人名簿登録主義，投票用紙公給主義，自書投票主義などとよばれている。なお，選挙人名簿登録は住民登録と連動して，市町村の選挙管理委員会によって自動的に登録される(同22条)。

有権者の投票の機会を拡大するために，在外投票，不在者投票(郵便投票および洋上投票を含む)，電子投票，点字投票，代理投票などの例外的な投票制度も認められている。在外投票は一定の要件を満たす国外在住の成人国民の選挙権を保障するために，2000年の衆議院総選挙から実施されている。現時点では，衆議院と参議院の比例代表選挙にのみ投票することができる。在外公館投票，郵便投票，帰国投票の三種類の方法があるが，居住地域による投票方法の限定などの制約が多いため利用者は少ない(2003年衆議院総選挙の場合，登録有権者の

16％程度にとどまる)。2004年より投票方法の選択制が導入されたが、さらに利用しやすい制度にすることが望まれる。

　国内における郵便投票も極めて限定的で、指定された重度障害者以外は利用することはできない（在宅投票制度廃止違憲訴訟、最判昭60・11・21民集39巻7号1512頁）。しかし、自書不能な筋萎縮性側索硬化症（ALS）患者が代理投票を認めないのは権利侵害に当たるとして争った事件（東京地判平14・11・28判タ1114号93頁は「違憲状態」とした）を契機に、ALS患者の代理郵便投票を認めるなどの多少の拡大も図られている（介護認定「要介護度5」の約12万人の在宅の寝たきり有権も郵便投票の対象に加えられた）。

　また、不在者投票については、新たに期日前投票制度（公選法48条の2）が設けられ、投票日以前に指定された投票所（期日前投票所）で投票する方法を期日前投票と称することになった。期日前投票の要件を緩和することにより、実質的な複数投票日制を採用することになる。また、従来の不在者投票のうち、指定投票所以外の病院などの施設において不在者投票管理者の下で行われる投票のみを不在者投票と称することになった。郵便投票と洋上投票はこれまでどおり不在者投票の一部に位置づけられている（同49条）。なお、電子投票と記号式投票は地方選挙にのみ認められている。

(4)　選挙に関する訴訟

　選挙の公正を確保するために、司法裁判所による訴訟制度が用意されている。一つは選挙の効力を争う選挙訴訟（狭義の選挙訴訟）で、投票価値の不平等などを理由とする選挙無効の訴えがこれに該当する（公選法204条）。裁判所は「選挙の結果に異動を及ぼす虞がある場合に限り」、選挙の全部または一部の無効を判決する（同205条）。この訴訟は選挙の効力に異議がある選挙人または候補者であれば提訴できる民衆訴訟で、高等裁判所が管轄裁判所とされている（同204条）。他の一つは当選人決定の無効など当選の効力を争う当選訴訟である（同208条）。提訴できる者（当選しなかった者と所属政党）は異なるが、判決の要件と形式（同209条）や管轄裁判所は選挙訴訟と同じである。

　なお、選挙および当選の効力に関する異議ないし審査の申立ておよび訴訟を総称して、選挙争訟および当選争訟という。当選人の選挙犯罪や連座制による当選無効（同251条～251条の3）は、選挙犯罪に対する刑事裁判の結果であり、選挙訴訟および当選訴訟とは別である。

(5) 投票価値の平等

平等選挙の原則は投票数(一人一票)の平等のみならず,投票の価値の平等(一票等価 one vote, one value)をも含むと考えられる。選挙区制を採用する限り,一票の投票価値にアンバランスが生じることは避けられないが,それが居住地域による制度的な差別となることは許されないというべきである。平等選挙の原則は民主政治の基礎である。また,国会が国民の代表機関であるというためにも,公平な選挙制度によって議員が選ばれる必要がある。投票価値の不平等は民主政治の基礎としての選挙制度の公平さを破壊する要因となる。

(a) 衆議院議員選挙

小選挙区比例代表並立制の導入に伴い衆議院議員選挙区画定審議会が設けられ,10年ごとの国勢調査後または審議会が必要と認めるときに,選挙区割りを見直し内閣総理大臣に勧告するものとされている(衆議院議員選挙区画定審議会設置法2条・4条)。見直しに際しては人口格差を2倍以内にすることが基本とされてはいるが,「行政区画,地勢,交通等の事情を総合的に考慮」することも求められており(同3条),結果的に2倍を超える選挙区ができているのが現状である。人口格差・投票価値の不平等は少ないほど理想的であるが,少なくとも2倍を超えれば違憲というべきである。

しかし,以前の中選挙区制における投票価値の不平等はさらに激しく,選挙の度に議員定数不均衡違憲訴訟が提起されていた。そのような中,最高裁が初めて実質的な違憲判断を示したのが,1976年の判決(最大判昭51・4・14民集30巻3号223頁)である。それは投票価値の最大較差が4.99対1に達した1972年総選挙時の定数配分規定(公選法別表)の合憲性が争われた事件で,最高裁は,(a)人口比例による定数配分は「最も重要かつ基本的な基準」であるが,国会は他の政策的要素も考慮に入れることができる,(b)①投票価値の不平等が合理性を有するとは考えられず,かつ,②合理的期間内に是正されていないときは違憲となるという要件を示し,本件の場合は①と②両方の要件を満たし違憲であるとした。しかし,選挙全体を無効とした場合の法律的および政治的混乱を回避するために,事情判決の法理(行政事件訴訟法31条)を援用し,選挙は無効とはしなかった。同様の実質的な違憲判決は,投票価値の最大較差が4.40対1となっていた83年総選挙の事例でも示されている(最大判昭60・7・17民集39巻5号1100頁)。最高裁自身は合憲となる投票価値の格差の範囲を明示してはいな

いが，数多くの判決からほぼ３倍を基準としていると推測されている。

なお，小選挙区比例代表制導入後に小選挙区の人口格差が争われた初めての事件（96年総選挙）では，最大2.3対1の較差は違憲状態には達していないとされ（最大判平11・11・10民集53巻8号1441頁，ただし，違憲とする5裁判官の少数意見がある），最大格差2.471対1に達していた2000年6月の総選挙も合憲とされている（最判平13・12・18民集55巻7号1647頁）。

(b) 参議院議員選挙

参議院議員選挙における投票価値の格差は衆議院よりも大きい。参議院におけるこの問題は，上院ないし第二院の憲法上の性格付けに左右される。たとえば，連邦制を採用しているアメリカ合衆国やオーストラリアでは，上院は州の代表と憲法上位置づけられ，人口の大小にかかわりなく各州に同数の議員が割り当てられている。しかし，43条の全国民の代表を除き，わが国の参議院にはこのような明確な性格付けは憲法上なされておらず，ただ半数改選制を定めるのみである。これらの憲法規定から，参議院についても半数改選制を前提とした平等選挙が求められると考えられるが，最高裁は参議院の性格付けを含めて立法部に非常に広範な裁量権を認めている。

たとえば，83年の大法廷判決では衆議院選挙に関する76年判決の基準を踏襲し，①投票価値の不平等が著しく，かつ，②それを是正しないことが国会の裁量権の限界を超えた場合には違憲となるとしながらも，衆議院の場合より広い立法部の裁量権が認められ，かつ，半数改選制の下では投票価値の平等は一定の譲歩を免れえないとして，5.26対1に及ぶ較差を「違憲となるほどの著しい較差とはいえない」と判示している（最大判昭58・4・27民集37巻3号345頁）。また，最大較差が6.59対1に達していた92年通常選挙に関する判決では，格差が違憲状態に達していることは認めたが，国会の裁量権の限界を超えるには至っていないとし（最大判平8・9・11民集50巻8号2283頁，違憲とする7名の裁判官の反対意見がある），98年の判決（最大較差4.98対1）では，投票価値の平等は憲法の要請ではあるが唯一絶対の基準ではないとして，選挙制度の決定は国会の広範な裁量に委ねられており，「国会の具体的に定めたところがその裁量権の行使として合理性を是認し得るものである限り，それによって右の投票価値の平等が損なわれることになっても，やむを得ないものと解すべきである」と判示している（最大判平10・9・2民集52巻6号1373頁，違憲とする5名の裁判官の反

対意見がある。なお，5.06倍の較差を合憲とした最近の判決（最大判平16・1・14民集58巻1号56頁）では，多数意見9名のうち4名の裁判官がこの状態を放置すれば違憲となりうることを示唆している（6名違憲）。また，別件で非拘束名簿式投票の合憲性も争われたが，最高裁は全員一致で国会の裁量の範囲内であり合憲であると判示している（最大判平16・1・14民集58巻1号1頁））。

3 両議院の関係

(1) 活動上の関係

国会は衆参両院が揃って国会となるので，国会の構成部分としての両議院の召集・開会および閉会は同時に行われる。これを同時活動の原則という。「衆議院が解散されたときは，参議院は，同時に閉会となる。」(54条2項)とする規定に，その趣旨の一端を見ることができる。この例外として，参議院の緊急集会がある（同条但書）。また，両議院はそれぞれ独立した議院なので，それぞれ独立して議事を行い，議決し，その議院の意思を決定する。これを独立活動の原則という。両院協議会の制度はこの原則の例外である。

(2) 衆議院の優越――権能上の関係

合成機関としての国会の意思は，衆参両院の意思が合致することによって成立する。それゆえ，両者の意思が合致しない案件は決定できないことになるが，問題によっては国会意思の不成立として放置しかねるものもある。このような場合に国会としての意思決定を行うために採用されたのが，衆議院の意思をもって国会の意思とする衆議院の優越である。衆議院の優越が認められる事項には，法律案の議決（59条2項），予算の議決（60条2項），条約の承認（61条）および内閣総理大臣の指名（67条2項）がある。

(a) 法律案の議決

法律案の議決は①両院の意思が合致しない場合，または，②参議院が衆議院の可決した法律案を受け取って60日以内に可決しない場合（休会中の期間は除く）に，衆議院で出席議員の3分の2以上の多数で再可決した場合に法律となる。両院協議会が開かれる場合もあるが，憲法上はその開催が求められてはいない（任意的両院協議会）。

(b) 予算の議決，条約の承認および内閣総理大臣の指名

これらの場合は，まず両院協議会を開く必要がある（必要的両院協議会）。そ

こで意見の一致を見て成案が得られれば、それが国会の議決となる。しかし、①両院協議会を開いても意見が一致しないとき、または、②衆議院の議決後一定期間内（予算と条約は30日、内閣総理大臣の指名は10日）に参議院が議決しない時に、直ちに衆議院の議決が国会の議決となる。これらの決定が法律の議決よりも緊急性が認められるために、このような異なる取扱いが定められたと考えられる。

(c) 法律による衆議院の優越

憲法が認める衆議院の優越は以上の四つに限られるが、会期決定に関する衆議院の優越（臨時会・特別会の会期の決定、常会・臨時会・特別会の会期延長の決定、国会法13条）のように、法律によって認められている場合もある。

(3) 両院協議会

各議院の独立活動の原則に対する例外として両院協議会の制度がある。法律の議決の場合は、衆議院には3分の2による再可決という方法があるので、①衆議院が要求した場合、または、②参議院が要求して衆議院が同意した場合にのみ開催される（59条3項、国会法84条）。これに対して、すでに見たように、予算の議決・条約の承認・内閣総理大臣の指名の場合は必ず両院協議会を開かなければならない。

両院協議会は、各議院10名の議員（計20名）によって組織される（国会法89条）。10名の議員は各議院の議決の多数派から選出される。最終的に協議案が出席議員の3分の2以上で議決された時に、それが成案となる（同92条）。各議院とも成案の可否を決するだけで、それを修正することはできない（同93条2項）。なお、両院協議会は非公開（傍聴禁止）とされている（同97条）。

以上は憲法が定める場合であるが、これら以外にも、国会の議決を要する案件について、後議の議院が先議の議院の議決に同意しないときに、先議の議院が両院協議会の開催を求めた場合にも開かれる（同87条2項）。なお、この法律上の両院協議会はあくまでも「国会」としての議決の場合に限られ、「両議院の議決」（両議院の議決が一致した場合にのみ成立する）の場合は開催されない。

第5節　議院の権能

各議院が独立の機関として単独で行為することはすでに見たとおりであるが

（独立活動の原則），各議院にはそれぞれが独立して行使することができる権能も与えられている。それには両議院に共通する権能と一院にのみ与えられて権能がある。

1　両院共通の権能

憲法上両議院には共通するいくつかの権能が与えられているが，それらはその性質から議院自律権に関する権能と国政調査権に分けることができる。

(1) 議院の自律に関する権能

憲法は議院の自律に関するいくつかの権利を特別に保障しており，それらを総称して議院自律権とよんでいる。それは自律に関する権能であるから，当然に他の機関による干渉が原則的に排除されるという共通の性質を持つ。議院自律権は，その内容から内部組織に関する権能と運営に関する権能に大別することができる。

(a) 内部組織に関する権能（組織自律権）

(ア) 議員の資格争訟の裁判権（55条）　議員の資格争訟とは，当選人となって議員としての地位を有している者の議員資格についての争訟をいう。議員の資格は法律事項とされ（44条），被選挙権を有すること（公選法10条・11条）および兼職を禁じられた特定の公職に就いていないこと（48条，公選法39条など）が要件とされており，この資格を備えていないとされる場合に，資格争訟が提起される。通常の司法裁判所の管轄とすることも考えられるが，すでに議員として議院に所属しているところから，その議院の自律権を尊重してこの判断権を議院に与えたと考えられる。議員資格のない者は当然に失職するため，憲法は「議員の議席を失わせるには，出席議員の三分の二以上の多数による議決を必要とする」と定め（55条但書），出席議員の3分の2以上の賛成があることを議席喪失の要件としている。この「裁判」は憲法が定めた76条の例外であり，議員は決議に異議があっても司法裁判所に救済を求めることはできない。また，資格争訟も「裁判」であることから，資格争訟を提起された議員（被告議員）には弁護人依頼権および弁明権が保障されている（国会法112条・113条但書）。資格争訟は所属議員によって提起されることが予定されている（衆議院規則189条，参議院規則193条）。

(イ) 議院の役員選任権（58条1項）　憲法は議長以外の議院が選任する役員

の範囲を明示していないが，副議長・仮議長・常任委員長・事務総長がその対象とされている（国会法16条）。

　㈦　逮捕された議員の釈放要求権（50条）（本章7節2⑴参照）　議員の会期中の逮捕については所属議院に逮捕許諾権が認められている（国会法33条）。
　(b)　運営に関する権能（運営自律権）
　㈠　議院規則制定権(58条2項前段)　憲法は議院が「会議その他の手続及び内部の規律に関する規則」を制定しうることを定め，これに基づいて議院はそれぞれ衆議院規則と参議院規則を制定している。しかし，国会の運営に関する基本的事項は国会法で定められるため，国会法と議院規則が同一の事項について異なる内容の規定を置く可能性があり，国会法と議院規則との規定事項の競合の可否と効力の優劣関係が問題となる（実際にも，常任委員長の選任方法や公聴会の開催要件について国会法と議院規則が異なる内容の規定を置き，しかも規則に基づいた運用がなされている）。

　58条2項の議院規則所管事項について法律で定めることはできないとする見解は，議院自律権の現れとしての規則制定権が他院との合意によって成立する法律に服すべき理由はないこと，および，法律は参議院が不同意でも成立しうるので肯定説は参議院の自律にとって致命的となりかねないことを理由にあげている。これに対して，従来の通説的見解は，41条の立法の対象には議院規則所管事項も含まれるとして法律による競合の可能性を容認し，かつ，一院の意思のみで作られる議院規則よりも両議院の合意で作られる法律の形式的効力が優先するとして，競合規定事項については法律が優先するとしている（前述の実際の運用については，規則が法律に矛盾しないものとして解釈する）。しかし，最近では，国民を義務付ける事項（傍聴人や議院における証人に関する事項）に限り法律の優位を認め，それ以外の58条2項所定の事項は規則の排他的所管事項とする見解も有力である。議院の自律権は尊重されるべきであるが，議院は国会の一部でもあり，58条2項の議院規則所管事項でも41条の法律事項に該当するものは法律が優先すると考えてよいと思われる。

　なお，議院の議事手続の適法性を裁判所が審査しうるかについては，議院による自律的運営を尊重し，原則として司法審査権は及ばないとする見解が通説・判例である（最大判昭37・3・7民集16巻3号445頁）。例外的に司法審査権が及ぶ範囲については，議事手続が憲法に明白に違反するような場合がそれに

当たるとする見解が有力である。

　(イ)　議員懲罰権（58条2項後段）　組織体としての議院の秩序および規律を維持するために，議院は議員懲罰権を有する（58条2項）。また，院内の規律維持のため，議長には議院の内部警察権が与えられている（国会法114条）。

　　(i)　懲罰の種類　懲罰には，公開議場における戒告，公開議場における陳謝，一定の期間の登院停止，除名の4種ある（同122条）。除名は議員の身分喪失を伴うため，除名には本会議で出席議員の3分の2以上の多数による議決が必要とされている。日本国憲法下での除名は2例にとどまる。

　　(ii)　懲罰の対象　院内の秩序を乱す行為が懲罰の対象となる。この場合の「院内」とは組織体としての議院を指す。すなわち，免責特権の場合と同様に議事堂内部の行為に限らず，議院によって派遣された先での議員の行為も懲罰の対象となる。会議の手続などに反する場合のほか，「無礼の言を用いる」ことおよび「議院の品位を傷つける」ことなども「秩序を乱す」に該当し，懲罰の理由となりうる。また，懲罰の対象は会期中の行為に限定されない。閉会中および前会期中の行為でも，一定の条件の下で，次の会期に懲罰の対象とすることができる（同121条の2・121条の3）。

　原則として職務行為が懲罰の対象だが，職務行為とは言い難い行為でも，議員たる資格において行う行為であって「院内の秩序を乱すこと」と相当因果関係のある行為は懲罰の対象となる。しかし，院内の職務行為とまったく関係のない院外の行為は，たとえそれが犯罪であっても懲罰の対象とすることはできない。

　除名処分は議員の身分に係わるので，その濫用を防ぐためにも司法審査の対象とすることも考えられる。しかし，一般には，懲罰権は議院の自律的な判断を尊重するために憲法が特に保障したものであるから，司法審査の対象とはならないとされている。地方議会の懲罰に関して，最高裁は議員の身分を失わせる除名処分のみを司法審査の対象とし，それ以外の懲罰（戒告・陳謝・一定期間の出席停止）については，自律的な法規範を持つ団体の内部規律の問題として，司法審査の対象とはならないとしている（最大判昭35・10・19民集14巻12号2633頁ほか）。ただし，免責特権や不逮捕特権などの議員の特権および議院の自律権は国会と国会議員に憲法上特に認められた特権および権能であり，地方議会および議員にはそのまま認められるものではないとされており（最大判昭42・

5・24刑集21巻4号505頁），国会議員について地方議会議員と同様の判断が維持される可能性は低い。なお，これまで国会議員の除名処分が争われた例はない。

> **＊政治倫理審査会** 議員の腐敗を防止し政治倫理を規律するために，議員には議院が制定する規則としての「政治倫理綱領」と「行為規範」を遵守すべき義務が課せられ（国会法124条の2），政治倫理の確立のための適当な勧告を行う機関として，各議院に政治倫理審査会が設置されている（同124条の3）。この審査会は，議員が「行為規範」や他の法令に著しく違反し，政治的道義的に責任があると認められるか否かを審査し，違反議員に対して，行為規範の遵守，一定期間の登院の自粛，役員などの辞任の勧告をする。審査対象となる行為は院内には限られないが，登院停止や除名処分などの権限は認められていない。

(2) 国政調査権（62条）

国政調査は立法権の行使と並んで，議会に期待される主要な役割の一つである。

憲法は「両議院は，各々国政に関する調査を行ひ，これに関して，証人の出頭及び証言並びに記録の提出を要求することができる」（62条）と定め，それぞれの議院が独自に行使しうる権能として国政調査権を保障している。特に，直接に証人の出頭や証拠の提出を要求しうることを認めたことは，法律によって限定的な調査権の行使を認めていた明治憲法と比較すると，議院の権限と活動能力を大きく強化しているといえる。調査権は議院の諸権能を適切かつ実効的に行使するためにも必要であり，この行使によって立法権や行政監督権などの権能をより適切に行使できるようになる。「議院」には各議院に設置される委員会も含まれるので，各委員会でも調査権が行使される。

国政とは立法・行政・司法の三権の作用をすべて含むので，行政部はもとより司法部も調査対象となりうる。調査方法は憲法に定められた方法（証人の出頭，証言，記録の提出）に限られ，捜索，押収などの権限は認められていない。証人の議院への出頭および証言（議院での証人喚問）に関する法律として議院証言法がある。証人喚問をめぐっては，偽証罪が適用される証人とその適用がない参考人の区別，証人の人権保障と喚問のテレビ放映などが問題となる。

第5節　議院の権能

(a)　国政調査権の性格

この国政調査権の性格について，司法部に対する国勢調査の限界をめぐって，かつて二つの見解の対立が見られた。一つは国会を国権の統括機関とする理解に基づく独立権能説で，国政調査権とは国会が国権を統括するために必要な調査をなしうる独立した権能であり，国権の統括に必要な限り調査対象は国政の全般に及ぶとする見解である。他の一つは補助的権能説(通説)で，それは国政調査権を法律案や予算案の審議・議決などの各議院が有する諸権能を実効的に行使するために認められた補助的な権能ないし手段と理解する。補助的権能説にあっては，国会・議院の権限外の事項に国政調査権は及ばないことになるが，議院の権限は広範なので調査対象は実質的に国政の全般に及ぶということができる。したがって，両説は考え方に相違はあるものの，司法部に対する上級監督権を除くと，具体的な調査対象の範囲にはあまり差がないといわれている。

(b)　国政調査権の限界

(ア)　司法部との関係　　司法部も国政調査の対象となるが，司法権の独立との関係が問題となる。特に，権力分立および司法権の独立に由来する限界を重視する補助的権能説にあっては，調査は司法権の独立を侵害しない範囲で行われることが求められる。まず，係属中の個別の裁判については，裁判官の自由な心証形成を侵害するなど裁判の内容に影響を及ぼす調査や訴訟指揮など裁判の進め方の当否に関する調査は，裁判官の職権の独立を侵害するので許されない。ただし，裁判とは異なる目的で行われる並行調査は，裁判官の心証形成を妨害しない（予断をいだかせない）方法によるならば可能である（二重煙突事件，東京地判昭31・7・23判時86号3頁）。また，確定判決であっても，判決内容の当否を問題とする国政調査は司法権の独立を侵害すると考えられるので許されない（Ⅱ部4章5節1(1)(c)参照）。

(イ)　行政部との関係　　行政部に対する国政調査は，国会の行政監督権の行使として広く認められるが，なお次のような例外がある。

(ⅰ)　公務員の守秘義務　　公務員が証人の場合，職務上の秘密を理由に証言を拒否することが認められている（議院証言法5条1項）。その場合，議院は理由の疎明と国家の利益に重大な悪影響及ぼす旨の内閣の声明を要求することができる（同5条2項・3項）。内閣がこの声明を発すると，国政調査権はこれ以上及ばない。

(ii) 検察権　検察権も行政権の一作用であるが，司法権と密着した機関であり，公正な刑事裁判の実現のために検察権の独立が要請される。したがって，起訴・不起訴に関し検察権の行使に政治的圧力を加えることを目的とする調査，起訴事件に直接関連する捜査および公訴提起の内容を対象とする調査，捜査の続行に重大な支障をきたす方法によってなされる調査など，検察に不当な圧力を加える形での調査は，検察権の独立を侵害し許されない。

検察の捜査中に並行して行われる国政調査（並行調査）も，たとえば調査対象の事実関係を明らかにし関係者の政治責任を明らかにする目的で行われる場合のように，検察の捜査と目的を異にする場合には，捜査の妨害とならずに検察権の独立を害さない範囲で許される（たとえば，ロッキード事件とリクルート事件）。

(ウ) 国民との関係——人権保障との関係　国会による情報公開・国民への情報提供という国政調査権の今日的機能も大切ではあるが，特に一般国民が証人となる場合，プライバシーや思想の自由などの人権保障が大切で，吊るし上げ的な尋問や一方的糾弾に陥らないように配慮されなければならない。国政調査の目的と範囲を超える尋問は許されず，その内容も制限を受ける（同5条の2）。証人は議長等の許可を得て補佐人を付けることができ（同1条の4），自分または配偶者等が刑事訴追を受けるおそれがあるときは，宣誓および証言等を拒否することができる（同4条）。テレビ放映等は最終的に委員長が許可を決定する（委員会の場合）が，証人はその決定に際して意見を述べることができる（同5条の3）。

(3) 行政監視委員会制度

国会の行政監視機能強化するために，国会版オンブズマンというべき行政監視委員会制度（衆議院は決算行政監視委員会，参議院は行政監視委員会）が導入されている（1998年）。

たとえば衆議院の場合は40名の委員からなり，決算および会計検査院の所管に属する事項などのほか，特に行政に関する国民からの苦情の処理に関する事項，所管事項にかかわる行政監視およびこれに基づく勧告に関する事項が所管事項とされている。すなわち，国民は両院の監視委員会に行政に関する苦情を申立てることができるのである。議院および委員会には，内閣や官庁に資料提出を求め，提出を拒む場合は内閣声明を要求できる（国会法104条），会計検査院

に特定事項の検査・報告を行わせることができる（同105条）などの権限も認められ，監視機能の強化が図られている。

2 一院のみに与えられている権能

憲法は衆議院には，①内閣不信任案の可決権・信任案の否決権（69条）と②参議院の緊急集会の措置に対する同意権（54条3項），参議院には緊急集会の権能を与えている。

(1) 内閣不信任案の可決権・信任案の否決権と衆議院の解散

(a) 内閣不信任案の可決権・信任案の否決権（69条）

内閣に対する信任もしくは不信任の意思表示をする権限である。衆議院が内閣を不信任したとき，内閣は10日以内に衆議院の解散か自らの総辞職かのどちらかを選ぶことを義務付けられている。すなわち，衆議院にとって内閣不信任は自らの解散・総選挙とセットであり，個々の議員の身分を賭けた重大な政治決断と位置づけられている（2003年末まで内閣不信任は4度成立し，いずれも衆議院が解散されている）。

内閣は国会の指名に基づいて選ばれた内閣総理大臣が組織するにもかかわらず，衆議院にのみこのような権限が与えられたのは，内閣総理大臣の指名には衆議院の優越が認められるという制度上の理由によると考えられる。そして，解散が自動的に総選挙に帰結するところから，解散制度は内閣と衆議院が対立している問題の決定を国民の判断に委ねる考え方を具体化する制度ということができ，これによって衆議院は参議院よりも国民に直結した議院として位置づけられたということができる。参議院では内閣問責決議がなされることがあるが，参議院には内閣の不信任権はないのでそれは内閣の政治責任を追及するにとどまる。衆議院の不信任決議のような法的効果はない。また，衆参両院において個々の大臣の不信任（問責）決議がなされることがあるが，この決議も法的効果を伴うものではない。

(b) 衆議院の解散

(ｱ) 解散の意味と効果　解散とは議員の任期満了前に全議員の身分を失わせることをいう（45条）。衆議院が解散されると，解散の日から40日以内に総選挙が実施されるので（54条1項），結果的に解散は総選挙という方法で国民の意思を問うという効果をもたらす。また，総選挙の日から30日以内に特別会が召

集され(同条同項)，内閣はこの特別会での総辞職が義務付けられているので(70条)，衆議院の解散総選挙は，国民によって更新された新衆議院による新しい内閣総理大臣の指名とも結びついている。なお，初日は参入しないという一般原則（民法140条）とは異なり，これらの期間計算は解散および総選挙の当日を含む（国会法は明治憲法下より当日起算主義を採用している）。

解散により衆議院は消滅し，国会には参議院一院のみが存在する形になる。解散は通常は国会の会期中に行われ，衆議院の解散によって会期は終了し，参議院も閉会となる（54条2項）。なお，国会閉会中の解散も可能であるとされている（7条解散の場合）。

(イ) 解散の行われる場合　衆議院の解散は天皇の国事行為とされているが（7条3号），解散が行われうる場合について憲法が定めているのは69条だけである。それゆえ，衆議院の解散は69条の場合（69条解散）に限定されるか，それとも内閣の助言と承認の下に天皇の国事行為（7条解散）として行いうるかが問題となる。この議論は69条と7条の規定の趣旨および議院内閣制の趣旨の理解とかかわる問題であり，憲法制定当初，69条解散に限定されるとする説と7条解散が許されるとする説が対立していた。実際，日本国憲法の下での最初の解散は与野党の話し合いにより69条解散の形が取られている。しかし，2003年末までに19回の解散があったが，69条解散は初回の解散を含め4回にとどまり，それ以外はすべて7条解散によるもので，解散は69条の場合に限定されないという憲法慣習が確立している。

7条解散が憲法上許される理由として，たとえば，①69条が定めるケースは解散が行われるべき典型的な場合ではあるが，これ以外にも国民の意思を問う必要があると客観的に判断される場合があり，その場合には内閣は解散によって国民の意思を問うことができると考えるべきである，②国会が最高機関とされるのはそれが国民の意思を代表しているとされることによるのだから，衆議院が国民の意思を正しく代表しているかどうかを確かめ，その結論に従って内閣の進退を決することは，国会の最高機関性と矛盾しない，③天皇の国事行為は内閣の助言と承認に基づいて行われるので，7条に基づく解散を認めても天皇の国政に関する権能を認めることにはならない，などが挙げられている。いずれにせよ，国会は国民の代表機関として国民の意思に基づいて組織される必要があり，国民の意思を確認する必要がある場合には衆議院の解散が認められ

第5節　議院の権能

表1　戦後の衆議院の解散総選挙と投票率（2003年末まで）

解散年月日	投票年月日	投票率（％）	解散時内閣	備考
1945.12.18	1946. 4.10(水)	72.08	幣原	女性参政権の保障
47. 3.31	47. 4.25(金)	67.95	第1次吉田	帝国議会最後の解散
48.12.23	49. 1.23(日)	74.04	第2次吉田	新憲法施行下初の総選挙 なれあい解散　☆
52. 8.28	52.10. 1(水)	76.43	第3次吉田	
53. 3.14	53. 4.19(日)	74.22	第4次吉田	バカヤロー解散　☆
55. 1.24	55. 2.27(日)	75.84	第1次鳩山	
58. 4.25	58. 5.22(木)	76.99	第1次岸	
60.10.24	60.11.20(日)	73.51	第1次池田	
63.10.23	63.11.21(木)	71.14	第2次池田	
66.12.27	67. 1.29(日)	73.99	第1次佐藤	
69.12. 2	69.12.27(土)	68.51	第2次佐藤	
72.11.13	72.12.10(日)	71.63	第1次田中	
任期満了	76.12. 5(日)	73.45	三木	ロッキード選挙
79. 9. 7	79.10. 7(日)	68.01	第1次大平	
80. 5.19	80. 6.22(日)	74.57	第2次大平	ハプニング解散　☆
83.11.28	83.12.18(日)	67.94	第1次中曽根	
86. 6. 2	86. 7. 6(日)	71.40	第2次中曽根	
90. 1.24	90. 2.18(日)	73.31	第1次海部	
93. 6.18	93. 7.18(日)	67.26	宮沢	☆
96. 9.27	96.10.20(日)	59.65＊	第1次橋本	小選挙区比例代表並立制
2000. 6. 2	2000. 6.25(日)	62.49＊	第1次森	
03.10.10	03.11. 9(日)	59.86＊	第1次小泉	

① 備考欄の☆印は69条解散
② 投票率欄の＊印は小選挙区選挙の投票率
③ 日本国憲法下での衆議院の任期満了選挙は三木内閣のときの1回のみ
④ 1946年の選挙のみ大選挙区制限連記制（議員定数3以下の選挙区では単記投票制、定数4以上10以下の選挙区では2人連記制、定数11以上の選挙区では3人連記制）による。それ以外は93年総選挙まで中選挙区単記投票制を採用。

103

(ウ) 解散権行使の制限　7条解散が認められるとしても，内閣（内閣総理大臣）は，いつでも自由に衆議院を解散できるわけではないと考えるべきである。解散権の行使は乱用されてはならないのであって，解散する正当な理由すなわち国民意思を問う必要性がなければならない。これは7条解散が容認される理由に由来する内在的制約ということができる。一般論としては，同一理由による再度の解散や短期間のインターバルでの解散は許されないなどの制限が考えられるが，最終的にそれを担保するのは選挙に示される国民の意思のみである。

憲法上解散が許されないと考えられる場合もある。総辞職後の職務執行内閣は実質的な政治決定はできないと考えられているので，総辞職後の内閣が新たな内閣総理大臣が任命されるまでの間に，衆議院を解散することは憲法上許されない。また，実際には想定し難いことではあるが，総辞職を義務付けられている内閣（70条）による解散も，同様の理由で許されないと考えられる。

なお，解散の無効を争った苫米地事件判決（最大判昭35・6・8民集14巻7号1206頁）において，最高裁は統治行為の理論を採用し，解散のように「極めて政治性の高い国家統治の基本に関する行為」は司法権の範囲外であるとしている。

(2) 参議院の緊急集会と衆議院の同意権

(a) 参議院の緊急集会（54条2項但書）

衆議院の解散から特別会召集までの間は，衆議院が存在しないので国会の召集は不可能である。そこで，この間に「国に緊急の必要がある」場合のために設けられた制度が，参議院の緊急集会である。この制度は衆議院が解散された場合に限られており，任期満了総選挙の場合には開催することはできない。

緊急集会の基本的な性格をどう考えるかにより，特に緊急集会が行使しうる権能に差が生じる。緊急集会も国会の一存在形態であって国会の代行機関であるとする見解からは，緊急集会も通常の国会の権限をもつべきことになり，ひとたび緊急集会が開催されたら，参議院は内閣の示す案件のみに拘束されずに，通常の国会の権限を行使しうるとする結論が引き出される。これに対し，緊急集会は国会の代行機関ではあるが，国会は両院による活動が原則であり，緊急集会はあくまでも万やむをえない例外のための制度であるとする見解からは，

緊急集会の活動能力も限定されることになる。後者の見解が通説である。

(ア) 集会手続　内閣が参議院の緊急集会を請求する（54条2項但書）。この請求権は内閣にあり，臨時会とは異なり参議院議員に緊急集会を求める権能はない。具体的手続としては，内閣総理大臣が集会の期日を定め，案件を示して参議院議長に請求し，議長が各議員に通知する（国会法99条）。議員は指示された期日に参議院に集会しなければならない（同条）。国会の召集ではないので，天皇の国事行為には含まれない。

(イ) 緊急集会の権能（審議対象）　緊急集会はあくまでも暫定的・例外的・変則的な措置であるため，緊急集会で決定しうる案件も緊急なものに限られる。「緊急の必要」の認定権は内閣にのみ与えられており（54条2項但書），参議院にその認定権はない。それゆえ，緊急集会における審議の対象も内閣の示した案件およびそれと不可分に関連するものに限られている（国会法101条）。緊急集会中の国民の請願も同様である（同102条）。議員の特権は緊急集会においても保障される（同100条）。なお，審議すべき案件は具体的に明示されなければならない。また，「国会」の代行機関なので「両議院」の権能とされていることを代行することはできない。

なお，緊急集会の例としては，中央選挙管理会の委員の指名（1952年8月）と翌会計年度の暫定予算の議決（1953年3月）があるのみである。

(b) 衆議院の同意権（54条3項）

緊急集会は，本来であれば国会で決定すべき事項を，緊急の必要があるために，現に存在する参議院一院によって暫定的に措置する制度である。したがって，緊急集会でとられた措置はすべて臨時のものであり，次の国会（特別会）開会後10日以内に衆議院の同意が必要とされている。衆議院の同意が得られると国会の議決として確定し，10日以内に同意が得られないときはそれらの措置は効力を失う。ただし，失効が過去に遡ることはない。同意を求める案件は，内閣が衆議院に提出するものとされている（国会法102条の4）。

第6節　国会の活動

1　国会の活動期間＝会期

(1)　会　　期

　国会が活動能力を有する期間を会期という。会期の終了とともに国会は閉会となり，その活動能力も消滅する。国会の意思は会期ごとに独立したものとされ，各会期が独立した国会として扱われている。国会の呼び方も常会・臨時会・特別会を区別しないで，第１回国会から召集された順に番号を付してよばれている（たとえば，第156回国会，第157回（臨時）国会，第158回（特別）国会）。このような各会期の独立性から，継続審議の手続がとられた案件と懲罰事案を除き，会期中に議決に至らなかった案件は次の国会（後会）に継続しない会期不継続の原則が採用されている（同68条）。後会に継続する場合も，継続するのは案件だけで，先の国会における議院の議決は継続しない。

　この会期不継続の原則は，対決法案の成立を阻止する手段として野党が利用することが少なくない。しかし，わが国のように会期不継続の原則を採用し，議会の召集ごとに細切れの議会とする例はあまり見られない。議会の活動期間としての会期は存在するが，議員の任期中を一つの議会期（立法期）として，その間は法案等の案件の継続を認める国が多い。

(2)　会期の種類と期間

　国会には常会（52条），臨時会（53条）および特別会（54条）の３種類の会期がある。常会は１月中に召集するものとされ（国会法２条），会期の長さは150日と定められている（同10条）。臨時会は，①臨時の必要があるとき，②いずれかの議院の総議員の４分の１以上の要求があったときに，内閣が決定し，天皇が国事行為として召集する。また，衆議院議員の任期満了による総選挙および参議院議員の通常選挙があったときにも，新議員の任期が始まる日から30日以内に臨時会が召集される（同２条の３）。特別会は，衆議院の解散による総選挙の日から30日以内に召集される国会のみをいう。臨時会と特別会の会期の期間は両院一致の議決によるが（同11条），意見が一致しない場合は衆議院の議決による（同13条）。また，会期は召集当日から起算される（同14条）。会期の延長も

両議院一致の議決によるが（同12条），不一致の場合は衆議院の議決による。延長期間の限定はないが，延長の回数は常会は1回，臨時会と特別会は2回に限定されている。

(3) 召　集

国会の会期を開始させ，国会の活動能力を発動させる行為を国会の召集という。国会の召集は天皇の国事行為とされ，内閣が決定し，召集詔書の公布により行われる。常会は，前述のように毎年1回1月中に召集されるが，それは次年度の国家予算および予算執行に必要な法律案を審議するためである。臨時会は原則として随時召集されるが，いずれかの議院の総議員の4分の1以上の要求があるときは内閣は臨時会の召集を決定しなければならない。召集の時期を明示して要求する場合であっても内閣はその期日に拘束されるものではないが，合理的な相当の期日内に召集しなければならないと考えられている。特別会の召集は前述のとおりである。

(4) 休　会

国会または各議院が会期中に自らの意思でその活動一時停止することを休会という。国会の休会には両院一致の議決が必要とされ（同15条1項），国会の自発的な休会のみが認められている。議院ごとの休会は10日以内とされている（同条4項）。

2　国会の議事手続

議事手続の詳細は国会法および各議院の規則，さらには議院の先例によって定められている。ここでは憲法が定める原則を中心に簡単に確認する。

(1) 議事・議決の定足数

議事を開き議決を行うために必要とされる最小限度の出席者数を定足数という。憲法は本会議（議院の意思を最終的に決定する議員全員の会議）についてのみ，「総議員の三分の一以上の出席」が必要であることを明示している（56条1項）。総議員の意味については，法定議員数（議員定数）とする見解と死亡や辞職などによる欠員を除いた現に在任する議員数（在職議員数）とする見解がある。定足数が常に変動するのは妥当ではないとの理由で，明治憲法の時代から議員定数に拠っている。しかし，総議員に欠員部分を含めるのも不合理というべきで，在職議員の総数と考えるべきであろう（本条のほか，53条および96条の「総議員」

も同じである）。また，この定足数は本会議継続の要件でもある。

　本会議以外の会議の定足数は法律または議院規則で定められている。委員会は委員の半数以上（国会法49条），両院協議会は各議院の協議委員のおのおの3分の2以上（同91条）が定足数とされている。

(2) 会議の公開

　憲法は会議公開の原則を定めている（57条）。会議の公開とは具体的には傍聴の自由および報道の自由を意味する。また，この公開の趣旨から両議院の会議記録の保存・公表および頒布が要求される（57条2項）。「両議院の会議」とされているが，本会議のみが対象で，委員会はこれに含まれない。委員会は議員以外には傍聴を許さず，報道関係者その他委員長の許可を得た者が例外的に傍聴を許されるにすぎない（国会法52条）。本会議も出席議員の3分の2以上の多数で議決したときは，秘密会とすることができる（57条1項但書）。実際には国民が傍聴しやすい国会とはいいがたく，専ら報道を通じた公開を中心としている。

(3) 議決方法

　㋐　出席議員の過半数による議決　「両議院の議事は，この憲法に特別の定のある場合を除いては，出席議員の過半数でこれを決し，可否同数のときは，議長の決するところによる」（56条2項）。本会議の採決方法として，起立採決と記名投票（賛成は白色票，反対は青色票を投票する）などがある。また，参議院には押しボタン式投票が導入されている（1998年）。

　　（i）出席議員の意味　採決に際し，棄権票・白票・無効票を出席議員数に含めるべきか否かが問題となる。これには算入説と非算入説があるが，算入説には棄権者等をすべて反対の表決をした者と同じに取り扱うことになるという批判が，また，非算入説には出席して議事に参加しているものを欠席者・退席者と同じに扱うことになるという批判が当てはまる。先例および多数説は算入説である。

　　（ii）議長の決裁権　過半数とは半数より大きい数をいう。議決が可否同数のときは賛否いずれも過半数に達しておらず，その場合は議長が決裁権を行使する。明治憲法にも同様の規定があったが（明治憲法47条），慎重審議のために消極の取扱い（否決－現状維持）がなされていた（帝国議会の衆議院で4回）。現在は，議員としての表決権を放棄している以上，議長は自由に決裁権を行使で

きると考えられている。議長が決裁権を行使して賛成票を投じた唯一の例として、1975年の参議院本会議における政治資金規正法一部改正法の採決がある。委員会の委員長および両院協議会の議長も同様の決裁権を持つ。

　(イ) 憲法上特別多数が要求されている場合

　　(i) 出席議員の3分の2以上の特別多数が必要とされるもの　これに該当するものとして，資格争訟の裁判で議員の議席を失わせる場合 (55条)，秘密会を開く場合 (57条1項但書)，懲罰として議員を除名する場合 (58条2項但書)，法律案について，衆議院が再可決して参議院の議決を排除する場合 (59条2項) がある。

　　(ii) 総議員の3分の2以上の賛成が必要とされるもの　特に厳しい要件であり，憲法改正を発議する場合 (96条) に限られる。総議員の意味については，定足数で述べたことと同じ問題がある。憲法改正の場合，それぞれの議院でこの要件を満たさなければならない。

第7節　議員の地位と権能

1　議員の地位と権能

(1)　議員の地位・身分

　すでに見たように (本章3節1)，議員は全国民の代表として，法的には何人からも独立した存在として位置づけられている。実際には，議員は政党の一員として表決に際して党議拘束を受けるが，それは政治上・事実上の拘束にとどまり，かりに議員が党議拘束に違反して政党を除名されても，議員の地位・身分を失うことはない。その得喪は以下の理由による。

　(a) 両議院議員の身分の取得

　議員は選挙に当選し，その効力が発生した日に議員としての身分を取得する。当選の効力が発生した日とは当選人の告示があった日をいう (公選法102条)。ただ，議員としての任期は，原則として，衆議院議員の場合は総選挙の日から，参議院議員の場合は前議員の任期満了日の翌日から起算される (同256条・257条)。

(b) 身分の喪失

　議員の欠格事由に該当することとなったときに議員の身分を喪失する。全国会議員共通の事由として，任期満了，院議による退任（懲罰による除名（58条），資格争訟による無資格（55条）），他の議院の議員となったとき（48条，国会法108条），辞職（国会法107条），法律で定める被選挙資格の喪失（同109条），選挙に関する訴訟の判決による退任（選挙訴訟における選挙無効（公選法204条・205条），当選訴訟における当選無効（同208条・209条），選挙犯罪の有罪確定および連座制による当選無効（同251条～251条の3））がある。また，衆議院議員には解散による身分喪失があり，衆議院・参議院ともに比例代表選挙選出議員は，政党の合併の場合を除き，所属政党を選挙の際に争った他の政党に変更するとその身分を失う（同99条の2）。これは比例代表選挙が政党選挙であることの反映といえる。

　議員辞職は，国会開会中は各議院が本会議で，閉会中は議長が許可する（国会法107条）。辞職願は議長に提出する。そのまま認められるのが通例であるが，国連平和維持活動（PKO）協力法に反対する当時の社会党と社民連の衆議院議員（141人）が，衆議院の解散総選挙を求める目的で辞職願を提出したときは，議長預かりのまま本会議にはかけられず，全員の辞職が認められなかった（1992年6月）。

　なお，実刑の刑罰（執行猶予の付かない禁錮以上の刑）が確定すると選挙権および被選挙権を喪失するため（公選法11条），議員が犯罪により起訴され実刑が確定すると被選挙権を喪失し，被選挙資格の喪失による退職に該当することになる。実刑確定による失職はこれまでに3例ある。また，議員自身はもとより，一定の選挙関係者の選挙犯罪が確定すると，連座制が適用されて議員の当選も無効となり，失職する（同211条・251条の2～251条の4）。

＊**連座制**　候補者の選挙責任者や候補者と一定の関係にある者が買収などの選挙犯罪で有罪が確定した場合に，候補者本人が買収などの違反行為に直接かかわっていなくても連座して責任を負う制度をいう。検察官が連座制の適用を求めて高等裁判所に行政訴訟を起し，その判決を得て候補者に適用される。連座制が適用されると，当選者の場合は当選が無効となり，同一選挙区からの立候補が5年間禁止される。この際の公選法違反の刑事裁判は，起訴から100日以内に判決を出すことが求められる（「百日裁判」，公選法213条）。連座制には選挙の最高責任者，出納責任者，親族や秘書などを対象とする一般的な連座制（同251

条の2・251条の3）と，国や地方の公務員を対象とする特別連座制（同251条の4）がある。後者は選挙における公務員の中立性を確保するために設けられた制度であり，公務員退職後3年以内に実施された国政選挙（個人名を記入しない衆議院比例代表選挙を除く）のうち最初の選挙で当選した候補者が対象とされている。

(2) 議員の権能

(a) 議案の発議

議員は法律案などの議案を発議することができる。ただし，単独ではできず，衆議院の場合は20人以上，参議院では10人以上の賛成者を集める必要がある（国会法56条）。議案に対する修正動議も同じである（同57条）。予算を伴う法律案および予算の修正動議はさらに要件が厳しく，衆議院では50人以上，参議院では20人以上の賛成者が必要とされている（同57条・57条の2）。したがって，以上の要件を満たさない政党や会派は，単独で法案を発議し予算の修正動議を出すことはできない。

(b) 質　　問

質問とは，内閣の権限に属する事項について内閣に説明を求め，所見をただすことをいう。これは行政監督権の一つで，現に議題となっている議案とかかわりなく行うことができる。質問には，簡単な趣意書を作り議長に提出する一般質問（要式行為・同74条2項）と議院の議決によって口頭で行われる緊急質問（同76条）がある。

(c) 質　　疑

質疑は現に議題になっている議案等について，発議者等に議題に関する疑義をただすことをいう。文書によることを要せず，通常口頭でなされる。

(d) 討論および表決（51条）

議員が院内における演説，討論および表決についての無答責が保障されているところから，その前提として当然に討論や表決等の権能が保障されているということができる。また，議員は出席議員の5分の1以上の要求をもって，議院の表決を会議録に記載させることができる（57条3項）。

(e) 委員会における少数意見の報告（国会法54条）

委員会で採用されなかった少数意見を，出席議員の10分の1以上の賛成を

もって，議院に報告することができる。
　(f)　弾劾裁判所の構成員となること（同125条〜129条）

2　議員の特権

　議員が全国民の代表として自由・独立に活動し，その職責を全うしうるようにするために，議員には次の特権が憲法によって認められている。

(1)　不逮捕特権（50条）

　議員の不逮捕特権とは，法律に定める場合を除いて議員は会期中に逮捕されないこと，および，会期前に逮捕された場合には，その議院の要求があれば会期中に釈放されなければならないことをいう。不逮捕特権は緊急集会中の参議院議員にも認められる（国会法100条1項・4項）。

　(a)　目的および趣旨

　議員の不逮捕特権の目的および趣旨は，①不当逮捕によって議員の職務遂行が妨げられないように，議員の身体の自由を保障することによって議員の活動の自由を保障すること，および，②政府が反対党の議員を政略的に逮捕することによって不当に議会を支配することを防止し，審議体としての議院の機能を保持することにある。これらの目的から，ここにいう「逮捕」とは刑事訴訟法にいう逮捕・勾引・勾留に限られず，身体の自由の拘束であれば警察法による保護措置や精神保健法による保護拘束も含まれるとされている（通説）。

　(b)　法律による例外

　憲法は「法律の定める場合を除いて」としているが，その場合とは，①院外における現行犯罪の場合と②その議院の許諾がある場合である（同33条）。現行犯の場合は犯罪の事実が明白なため，不当な逮捕が行われる恐れがないので，このような場合にまで不逮捕特権を認める理由がないことによる。院内における現行犯罪の場合は，議長が行使する院内の警察権に基づいて，議長の命令により衛視または警察官が犯人を逮捕するとされている（衆議院規則210条，参議院規則219条）。議院の許諾がある場合に逮捕を認めるのは，議院の許諾を要件とすることによって逮捕権の乱用を防止しうると考えられるためである。会期前に逮捕された議員の釈放を議決するには，20名以上の議員による発議が必要とされている（国会法34条の3）。

(c) 議院の許諾

　議員の逮捕許諾手続の概要は，①捜査機関が裁判所に逮捕状を請求し，②裁判所が逮捕許諾要求書を内閣に提出，③内閣は閣議決定を経て議員が所属する議院の議長に逮捕許諾請求を提出し，④議院が捜査当局から容疑事実や逮捕の必要性などの説明を聴取し，質疑を経て委員会（議院運営委員会）および本会議で逮捕許諾を可決すれば，⑤裁判所が逮捕状を発行する。

　この議院の許諾に関し，許諾を与える基準が問題となる。それは会期前に逮捕された議員の釈放を要求する場合も同じである。この点については，不逮捕特権の趣旨を審議体としての議院機能の保障に重点を置き，議員の逮捕が議院の職務遂行にとって妨げとなるか否かによって決すべきであるとする見解もある。しかし，不逮捕特権は正当な逮捕までも免れる特権を認めたものではないので，議院の都合や便宜のみで許諾を拒むことは許されず，逮捕が逮捕権の濫用に当たらず，逮捕に正当な理由がある場合には許諾が与えられるとする見解が一般的といえよう。実際にも，逮捕許諾請求に正当な理由があれば逮捕が認められており，2003年末までに国会議員の逮捕許諾が可決された事例は16件にも上る。また，逮捕に正当な理由があると認めた以上，その後の取扱いは刑事訴訟法などに基づいた検察および裁判所の判断に委ねるべきで，議院は許諾に際して条件や期限をつけることは適当ではないと考えられる。これに対して，逮捕許諾を全体として拒否できる以上，審議体としての議院にとって必要であれば許諾に条件や期限を付すこともできるとする見解もある。かつてこのような条件が付された事例があったが，検察は逮捕後に刑事訴訟法の規定に従った処理をしている。

表2　議員逮捕許諾請求の最近（1994年以降）**の具体例**（04年3月現在）

議員名	院	罪名	請求年月	許諾可否	裁判結果
ゼネコン汚職事件 中村喜四郎	衆	斡旋収賄	94年3月	可	有罪 議員失職
旧二信組事件 山口敏夫	衆	背任	95年12月	可	控訴中
オレンジ共済事件 友部達夫	参	詐欺	97年1月	可	有罪 議員失職
利益供与事件 新井将敬	衆	証取法違反	98年2月	撤回（自殺）	

| 不正口利き事件
鈴木宗男 | 衆 | 斡旋収賄 | 02年6月 | 可 | 第1審公判中 |
| ヤミ献金事件
坂井隆憲 | 衆 | 政治資金規正法違反 | 03年3月 | 可 | 第1審公判中 |

＊ これまでに逮捕許諾請求の対象となった国会議員は23名(衆院20名，参院3名)で，逮捕が許諾された国会議員は16名（衆院13名，参院3名）である。

(2) 免責特権 (51条)

議員の言論の自由を保障し議院の自律性を確保するために，議員が議院で職務行為として行う発言・表決は，院外においては刑事上の責任，民事上の責任あるいは公務員の懲戒上の責任は問われないとする免責特権が保障されている。

(a) 免責特権の範囲

議員が議院の活動として職務上行った行為が免責の対象になり，場所的には本会議および委員会のほか議事堂の外にも及ぶ。また，たとえば表決の際に退場するなどの職務行為に付随する行為も免責の対象となる（第一次国会乱闘事件・東京地判昭37・1・22判時297号7頁）。ただし，私語やヤジおよび暴力行為などの犯罪は議院の活動の中で行われても議員の職務行為とはいえないので，免責特権の保障外である。それらはさらに議院の懲罰の理由となることもある。議員の院内活動に伴う犯罪については，議院の告発を起訴の要件とはしないとするのが通説である（前掲第一次国会乱闘事件東京地裁判決も同旨）。告発を要件とすると職務行為とは無関係な犯罪行為を検察が起訴できない事態が生じるおそれがあること，および，免責特権に該当するか否かの判断権は裁判所にあることがその理由であるが，他の国家機関に対する議院の自律権を保障するために告発を要件とすべきとする見解もある。

これは国会議員の特権であり，地方議会の議員にはこの規定は存在しない。また，国会議員ではない国務大臣には適用されない。

(b) 免責行為と名誉・プライバシーの保護

国会内における議員の発言によって個人の名誉やプライバシー権が侵害された場合でも，議員は一切の職務関連行為について法的に免責されるとするのが通説である。ただ，国家賠償法上の国の責任については，それを否定する見解とその可能性を容認する見解がある。なお，議院内における議員の発言に関し，議員個人には民法の不法行為責任に基づいて，国に対しては国家賠償法1条1

項に基づいて損害賠償を求めた事件では，最高裁は免責特権には立ち入らずに国家賠償法の問題としてこれを処理している。すなわち，①議員個人の不法行為責任については，公務員の公務に関する損害賠償は公務員本人には請求しえないとする従来の最高裁判例（最判昭30・4・19民集9巻5号534頁）に依拠してそれを否定し，②国の国家賠償法上の責任については，「職務とはかかわりなく違法又は不当な目的をもって事実を摘示し，あるいは，虚偽であることを知りながらあえてその事実を摘示するなど，国会議員がその付与された権限の趣旨に明らかに背いてこれを行使したものと認め得るような特別の事情があることを必要とする」という厳格な要件を示し，国の責任も否定した（最判平9・9・9民集51巻8号3850頁）。この判決によれば，国の賠償責任が認められるのは極めて例外的な場合に限られることになる。

(3) 給　与

議員は「法律の定めるところにより，国庫から相当額の歳費を受ける」(49条)。歳費とは給料のことであり，国会法35条によれば，議員の給料は一般職国家公務員の最高給料額よりも少ない金額とされている。

第8節 政　党

1　政党と日本国憲法

政党とは共通の政治的理念や意見を持つ人々が，それを実現するために組織する政治団体をいう。政党の歴史は比較的古く，イギリス名誉革命（1688年）時の国王支持派のトーリー（Tory）党と王権制限派のホイッグ（Whig）党に起源があるといわれている。今日の民主制国家において，政党は自らの政治理念を実現するために国民の支持を必要とするが，国民にとって政党は，選挙を通じて膨大な数の有権者の意思を集約し，議会に伝達する役割を担っている。そして，実際の議会制および議院内閣制は政党によって運用されており，それゆえ憲法の運用も政党によってなされているといえる。このような政党の重要性を強調して「政党国家」とよぶことも少なくない。

この政党に対する国法の態度の変遷は，①敵視，②無視，③承認と合法化（法制化），④憲法的編入の四段階に分けられる（トリーペル（Triepel）の四段階

説)。ドイツでは最終段階の憲法的編入に至っており,「政党は国民の政治的意思形成に協力する。」(基本法21条1項) という規定が挿入されている。わが国では,政党という文言は憲法に登場しないが,「憲法は,政党の存在を当然に予定している」(最大判昭45・6・24民集24巻6号625頁) と考えられる。憲法上,政党の存在は結社の自由 (21条1項) により保障され,基本的には自由で私的な任意の団体として活動している。しかし,他方で,特に政党中心に運営される比例代表選挙制度が採用されていることに見られるように,政党は統治制度の中に深く組み込まれており,単なる私的団体にはとどまらない公的な存在ともなっている。特に国会に議席を有する議会政党は議会制の運営に不可欠な公的存在として,法規制と公的助成の対象とされている。ドイツの場合は規制の側面も憲法に規定され,憲法は政党の内部秩序が民主主義の諸原則に適合していること,および,資金源と使途等について公開することを求めている。しかし,わが国の場合は,個別の法律における政党規制の可否は,政党が憲法上はあくまでも私的な任意団体であることを前提としつつ,その法律の目的と必要性を勘案して決せられることになろう。

なお,国民代表概念が予定する議員の法的な独立性と政党による事実上の拘束の存在が問題となりうるが,現状では憲法上に規定のある「全国民を代表する」議員の性格が優先されることになる。すなわち,議員が党議拘束に反する議会活動をして政党を除名されても,国会議員たる身分に変化をもたらすことはない。

2 政党の法的規制と公的助成

(1) 政治資金規正法

政党に対する法的規制として政治資金規正法がある。政党は本来自由な結社であり,その規制は政治倫理的要請にとどまるべきである。しかし,今日の政党の公的役割を考えると,政党の完全な自由に委ねることが適当ではない領域もある。それが政治活動資金の問題で,金権政治・政治腐敗は国民の政治に対する信頼を浸食し,民主主義の基礎を破壊すると考えられるので,それを防止するために政治団体の政治資金の透明化を図る必要があるといえる。そのための法律が1948年に制定された政治資金規正法である。同法はその目的規定で,「議会制民主政治の下における政党その他の政治団体の機能の重要性及び公職

の候補者の責務の重要性にかんがみ，政治団体及び公職の候補者により行われる政治活動が国民の不断の監視と批判の下に行われるようにするため，政治団体の届出，政治団体に係る政治資金の収支の公開並びに政治団体及び公職の候補者に係る政治資金の授受の規正その他の措置を講ずることにより，政治活動の公明と公正を確保し，もって民主政治の健全な発達に寄与することを目的とする」（１条）ことを明らかにしている。このような目的の下，同法は政治資金の量的規制，政治団体の届出，収支の公開等について定めている。

なお，同法は「政治上の主義若しくは施策を推進し，支持し，又はこれに反対することを本来の目的とする団体」などを「政治団体」として定義し（政資法３条１項），それに該当する政治団体のうち，①「当該政治団体に所属する衆議院議員又は参議院議員を五人以上有するもの」と②直近の国政選挙の総得票数が総有効投票の２％以上のものを「政党」と定義している（同３条２項）。

(2) 政党への公的助成

政党の活動資金を国費（税金）から助成するのが政党助成法である。政治資金の規制強化のいわば代替措置として，1994年に制定された。同法は，「議会制民主政治における政党の機能の重要性にかんがみ，国が政党に対し政党交付金による助成を行うこととし，このために必要な政党の要件，政党の届出その他政党交付金の交付に関する手続を定めるとともに，その使途の報告その他必要な措置を講ずることにより，政党の政治活動の健全な発達の促進及びその公明と公正の確保を図り，もって民主政治の健全な発展に寄与すること」（１条）を目的とし，交付金による助成と共に使途の報告義務を課している。これは政党を拘束するものではあるが，交付金は公金であるため，このような義務を課されるのはやむをえないといえる。ただし，政党交付金の使途は制限されてはいない（政党助成法４条１項）。政党交付金の総額は国民一人あたり250円とされ，議員数と得票数の割合（それぞれ２分の１）に応じて各政党に配分される（同７条）。

政党助成法では，助成の対象となる政党は，①国会議員が５人以所属する政治団体，または，②少なくとも１名の国会議員が所属し，直近の国政選挙で全体の２％以上の得票を得た政治団体と定義されている（同２条）。政治資金規正法とは異なり，国会議員を擁することが政党助成の前提要件とされている。

3　政党と司法審査

　これまで見てきたように，政党は本来は私的な政治団体であるが，政治の実態におけるその重要性から公的規制の対象ともなりうる。そして，政党が公的存在であるとすれば，その内部の事柄についても公的なコントロール，特に裁判所による司法審査が及びうるのではないかということが問題となる。

　党所有の家屋に居住していた者が除名に伴い家屋の明渡しを求められた事例（共産党袴田事件）で，最高裁は政党が議会制民主主義を支える重要な存在であるから「政党に対しては，高度の自主性と自律性を与えて自主的に組織運営をなしうる自由を保障しなければならない」とし，「政党が党員に対してした処分が一般市民法秩序と直接の関係を有しない内部的な問題にとどまる限り，裁判所の審判権は及ばない」と判示している（最判昭63・12・20裁判集民事155号405頁，判時1307号113頁）。しかし，その下級審判決では，政党は憲法上認められた存在であるから政党の組織や運営も民主主義の原理に沿ったものであることは憲法上の要請であるとして，政党の内部制裁も公正な手続によるべきで「当該処分の手続が著しく不公正であったり，当該処分が政党内部の手続規定に違背してなされた場合」には，司法審査の対象となるとしている（東京地八王子支判昭58・5・30判時1085号77頁，同旨・東京高判昭59・9・25判時1134号87頁）。

　政党の自主性・自律性を尊重する最高裁の基本的な立場は，議員の身分ともかかわりうる政党の除名処分をめぐる当選訴訟（日本新党繰上当選事件）でも維持されている。最高裁は，名簿登載者の除名について形式的要件（除名届出書，除名手続書および宣誓書の提出）のみを定めている公職選挙法の手続自体が政党の内部的自律権を尊重した結果であるという理解の下に，「政党等の結社としての自主性にかんがみると，政党等が組織内の自律的運営として党員等に対してした除名その他の処分の当否については，原則として政党等による自律的な解決にゆだねられ」，「名簿届出政党等による名簿登載者の除名が不存在又は無効であることは，除名届が適法にされている限り，当選訴訟における当選無効の原因とはならない」としている（最判平7・5・25民集49巻5号1279頁）。

第3章 内　　閣

第1節　内 閣 制 度

1　内閣制度の起源と展開

　議会制と同様，内閣制度の起源はイギリスにある。歴史的には枢密院から分化し，日常の政務につき国王の相談を受ける中心メンバーの集団が，秘密保持と能率性から王の小部屋(cabinet)に集まるようになったのがその起源であるといわれている。このメンバーが Cabinet (内閣) とよばれるようになったが，それはあくまでも国王の諮問機関で，国王は常に Cabinet に出席して議長を務め，Cabinet は国王から示された案件のみに答え，かつ，国王はその意見に拘束されることはなかった。しかし，1714年にジョージ1世がハノーバーから国王に迎えられハノーバー朝が成立すると，国王は Cabinet に出席しなくなり，国王に代わる議長が首相とよばれるようになった。この変化は，政治的には，ハノーバー朝自体の存立がホイッグ党の支持に依拠していたため，政権運営を事実上ホイッグ党に委ねざるをえなかったことによる。すなわち，この政党政治の登場と共に，今日の内閣制度の原型が成立したのである。その後，一時期，国王親政は復活するものの，歴史の全体的な流れとしては，国王は政治的に責任ある地位を占めなくなり，内閣・大臣が政治責任を負う大臣責任制が確立していく。

　また，下院が大臣の責任を追及し，罷免を求めるようになるのに伴い，内閣はその信任の基礎を国王から下院に移して行く。そして，下院と国王の両方の信任を必要とする二元的議院内閣制から，内閣の基礎を下院の信任にのみ依拠する一元的議院内閣制へという展開を遂げる。それは行政部がその存立の基礎を立法部に依拠するという意味で，立法部優位の議院内閣制の成立ということができる。

2 行政組織の諸類型

　行政部の存在形式は極めて多様であるが，一人の人物に行政を委ねる独任制と複数の人物によって構成される合議体に委ねる合議制に大別することができる。前者の代表例が君主制とアメリカ大統領制で，後者が内閣制である。

　アメリカ合衆国の場合，行政権は大統領に帰属する（アメリカ合衆国憲法 2 条 1 節 1 項）。大統領の下に各省の長官が置かれるが，それらは個別に大統領を補佐する機関にとどまる。すなわち，長官は閣議の構成員ではあるが，最終決定権は大統領にある。合議体の内閣という観念はない。まさにかつての君主とその補佐役・諮問機関としての Cabinet の関係に等しく，大統領が選挙王とよばれる理由でもある。なお，大統領制といっても内容は多様であり，フランスの大統領は外交を中心とした権能のみを担当し（内政は首相の権能とされる），ドイツやイタリアの大統領は主として象徴的な元首の機能を担うにとどまる。

　これに対し内閣制は，複数の大臣からなる合議体としての内閣が意思決定を行う。わが国のように内閣に行政権が帰属する（65条）場合もあれば，イギリスのように形式的な主権者としての君主が存在し，内閣が実質的に行政権を行使する場合もある。そして，内閣が存立の基礎を議会の支持に置き，議会に対して責任を負う制度を議院内閣制という。これに対し，明治憲法の統治制度のように，内閣が天皇（君主）に対して責任を負う制度を帝室内閣制という。

3 明治憲法における内閣制度の基本原則

(1) 内閣制度の創設

　1885(明18)年12月に，それまでの太政官制度に代わり内閣制度が創設された（太政官達第69号）。これがわが国の内閣制度の始まりであり，伊藤博文が初代内閣総理大臣に就任した。このとき内閣制度運用の基準として「内閣職権」が制定されているが，それは後の「内閣官制」と比べ，内閣総理大臣の各省大臣に対する強い統制権が認められていた。その後，1889(明22)年 2 月11日に明治憲法が公布されるが，憲法には「内閣」および「内閣総理大臣」のことばは登場しない。同年末に，「内閣職権」をおおむね踏襲した「内閣官制」（勅令）が公布され，戦後の内閣法制定まで約60年間適用された。すなわち，明治憲法の下では，内閣は憲法上の機関としても，さらに法律上の機関としてさえ位置づ

けられていなかったことになる。

(2) 内閣制度の基本原則

まず，①行政権の主体はあくまでも天皇であり，内閣は天皇の行政権行使のための補助機関にすぎなかった。しかも内閣が全体として天皇に責任を負うという考え方は採用されず，②各国務大臣は等しく天皇によって任命され，憲法上も各大臣がそれぞれ単独に天皇に対して責任を負うものとされた。そして，各国務大臣が等しく天皇によって任命されることから，③各国務大臣は平等であり，内閣総理大臣は同輩中の主席にとどまり，他の国務大臣を左右しうる地位にはないものとされた。そして，①の特徴の当然の帰結ではあるが，④議院内閣制・政党内閣制が理論的にも排除されていた。大正デモクラシーの一時期，「憲政の常道」として政党内閣制が実現するが，そのまま定着することはなかった。

この明治憲法体制における内閣は，各国務大臣が同等の地位で天皇を個別に輔弼するための協議会ということができる。そして，実際には，この協議会としての内閣が天皇の行政権の行使を補弼した。また，各省間の主管・権限の争議の決定のように，各省大臣が単独で最終決定をすることが不適当な行政事務の決定は，内閣が閣議を経て行うものとされた。

第2節　日本国憲法における内閣制度

1　内閣制度の特徴——わが国の議院内閣制

日本国憲法における内閣の特徴として，①行政権の帰属主体とされたこと（65条），②天皇の国事行為に対して助言と承認を与える機関としての地位も与えられたこと（7条），③議院内閣制が採用され，内閣の国会に対する連帯責任が明示されたこと（66条3項），④内閣総理大臣の権限が強化されたこと（68条ほか）を挙げることができる。これらはいずれも重要な特徴であるが，ここでは日本国憲法における議院内閣制について確認しておこう。

すでに見たように，明治憲法の下でも議院内閣制的な運用が実現された時期があったが，憲法上採用されていた制度ではなかったため，定着することはなかった。これに対し，日本国憲法では天皇主権が廃止され，国民主権が採用さ

れた結果として，国民の代表機関である国会に存立の基礎を置く内閣制度，すなわち，議院内閣制が憲法上の制度として採用された。わが国の議院内閣制は，まず，内閣総理大臣のみが国会によって指名される（天皇により任命）。内閣総理大臣には国務大臣の任免権が与えられており，この権限により内閣総理大臣が他の大臣を任命して内閣を組織する。政党政治の現実もあって，内閣は国会（特に与党）と協働して国政を運営するが，何らかの事情で国会と内閣が対立した場合には，衆議院は内閣不信任案の可決・信任案の否決によって内閣不信任の意思表示をし，内閣の政治責任を追及することができる。この場合，内閣は総辞職するか衆議院を解散するかの二者択一を迫られるが，衆議院の解散を選択しても，総選挙後の特別国会では必ず総辞職しなければならないので，憲法上は総辞職を避けることはできない。ただ，政治的に，与党が総選挙に勝利した場合に首相が続投する可能性が残されているだけである。

　この衆議院による不信任議決権は，内閣が国会に責任を負うことを担保する制度といえる。内閣は国会に対して連帯して責任を負うものとされているが，それは明治憲法下の国務大臣の天皇に対する個別責任の考え方を否定するものである。そして，この連帯責任から，内閣総理大臣のリーダーシップの下，内閣は閣議決定に基づいて一体となって行政権を行使し，内閣が一体として国会に責任を負うと考えられる。内閣総理大臣を欠く内閣は総辞職を義務づけられているが，国会から指名を受けるのは内閣総理大臣だけなので，この制度は内閣の国会に対する連帯責任をもっともよく表しているといえる。

　このように日本国憲法では国会が内閣総理大臣を指名し，その内閣総理大臣が内閣を組織し，内閣は国会に対して責任を負うものとされている。

2　内閣の地位

　行政権は内閣に帰属する（65条）。明治憲法では天皇が行政権の主体で，各国務大臣がその行使を補弼するものとされたが，日本国憲法では内閣が行政権の帰属主体とされ，内閣にその行政権を行使する機関としての地位が与えられた。また，象徴とされた天皇は政治的無能力とされ，国事行為を除き行政権の行使に関与することはなくなった。この国事行為についても内閣の助言と承認が必要とされ，かつ，内閣がその責任を負うものとされている（3条）。すなわち，内閣には天皇の国事行為に助言と承認を行う機関としての地位も与えられてい

る。

　このように，日本国憲法では，内閣は行政権の主体としてそれを行使する機関としての地位と，天皇の国事行為に助言と承認を与える機関としての地位を有するが，内閣はこれらのすべての職務遂行に関して国会に責任を負い，かつ，これにより間接的ではあるが国民に対しても責任を負っている。そして，65条の「行政権」は権限分配規定として実質的意味の行政を意味すると考えられるが，内閣はすべての職務遂行に関して国会および国民に責任を負うと考えられるので，「内閣は，行政権の行使について，国会に対し連帯して責任を負ふ」(66条3項) という場合の「行政権」には，65条の行政権だけではなく内閣に付与されている一切の権能（形式的意味の行政）が含まれる（国会に立法権以外のさまざまな権能が与えられているように，内閣にも行政には属しない権能（たとえば行政立法権）も与えられている）。

3　行政の意味

　65条は，立法権を国会に帰属させる41条，司法権を裁判所に帰属させる76条とともに，憲法が三権分立を採用していることを示している。そして，権限分配規定としての65条の「行政権」の意味は実質的な意味の行政をいうと考えられているが，その内容は必ずしも明確ではない。それは国家の作用のうち，立法と司法に比べて行政の実質的な意味内容が特定しがたいということでもある。このことは三権が分離する歴史的な過程に由来するともいえる。極めて大まかにいえば，司法権と立法権が国王の手を離れ，これ以外の国政ないし国家作用が行政権として国王に残され，その行政権の担当者も国王から内閣へと移動するという歴史的経過をたどっている。しかも，国家の役割は時代とともに変化するので，行政作用の内容もまた変化する。このような事情から，現在でも，実質的意味の行政とは，国の統治作用のうち立法権と司法権を除いた残りの部分の総称をいうとする控除説（消極説）が通説的見解となっている。

　この定義に対しては，行政権の内容が不明確なままである，行政権をさらに肥大化させる危険性があるなどの批判が妥当する。しかし，もともと行政権の内容は広範で複雑多岐にわたるため，それらを過不足なく包摂しながら行政を積極的に定義することは困難といわれており，消去法によって控除説が受容されているのが現状といえる。そこで，特に行政権の安易な拡大を避けるために，

次のことを確認しておく必要があろう。第1に，国家の役割や国家作用全体は基本的に憲法に示され，かつ，憲法によって枠づけられているので，控除説によっても憲法が許容する範囲を超えた行政権の拡大は許されないと考えられることである。いかなる行政の定義によっても，国家作用として憲法が許容しないことを行政の内容とすることはできないと考えられる。第2に，法の支配および法治主義の下，行政は法的根拠に基づいて行われなければならないことである。従来の法律の範囲を超える新しい政策を実施するには，そのための新しい法律が必要である。内閣は国政を担う政治部門の一つとして国会と協働して重要な政策決定も行うが，内政に関する限り，すべての政策は法律の執行として実施されるのである。このように行政の本質が法律の執行に求められるところから，国会の承認を経ずして行政権限が拡大することはないといえる（外交に関しては，条約の承認権という形で国会の統制が及ぶ）。憲法と国会によるコントロールの存在を前提とすれば，65条の「行政権」について消極的定義を採用することも許容されるといえよう。

第3節　内閣の権能

内閣はその憲法上の地位と権能から，国会とともに実際の政治過程において極めて重要な存在となっている。しかも日常の国政運営の必要から，国会と異なり内閣は常設の機関とされている。また，国会が立法権以外のさまざまな権能を与えられているように，内閣にも行政権をはじめとする多様な権能が与えられている。憲法により内閣に与えられている権能は以下のとおりである。

1　73条に示された職務・権能

(1)　一般行政事務の遂行

行政作用の範囲は広くかつ多種多様であるため，それらをすべて列挙することは困難である。そこでそれらをカバーするために，1号から7号の個別職務の列記の前に，まず「他の一般行政事務」を掲げている。1号から7号は例示であり，内閣は一切の行政事務を行う。ただし，内閣が自ら直接行政事務を行う必要はなく，内閣の下にある行政機関（各省庁・行政委員会）に行わせることができる。

(2) 法律を誠実に執行し，国務を総理すること（1号）

この「法律を誠実に執行し」は，近代法治主義の基本的要請である「法律による行政」の原理を示し，行政とは法律の執行であることを示している。また，これは国会が制定した法律の執行を内閣は拒むまたは怠ることができないことを表しており，国会が制定した法律を違憲と考える場合にも，内閣はその法律の公布について天皇に助言と承認を与え，かつ，執行する義務を負う。ただし，最高裁が違憲と判断した法律については，違憲立法審査制度を導入した趣旨から，内閣はそれを執行しない義務を負うと考えられる。

「国務を総理する」とは，行政権の最高の機関として行政権を統括して行政各部を管理することを意味する。国務を一切の国の事務と考え，立法と司法をも含む国政全般について配慮することとする見解もあるが，権力分立原理から，ここでいう国務とは行政事務を意味すると考えられる。

(3) 外交関係の処理（2号）

外交は伝統的に行政事務の一つと考えられている。その意味では前号の国務に含まれるが，国家の対外的事務であることから1号とは別に掲げられたものである（72条も一般国務と外交関係を区別している）。さらに，外交関係の処理のうちでも特に条約の締結については，3号で別に規定されている。

(4) 条約の締結（3号）

条約法に関するウィーン条約によれば，「『条約』とは，国の間において文書の形式により締結され，国際法によって規律される国際的な合意（単一の文書によるものであるか関連する二以上の文書によるものであるかを問わず，また，名称のいかんを問わない。）をいう。」（2条1項a号）（広義の条約または実質的意味の条約）。本号にいう「条約」も，基本的にはこの意味の条約を指す。すなわち，条約という名称の国際約束だけではなく，協約，協定，憲章，取極，決定書，宣言，覚書，議定書，交換通牒，交換公文などすべての文書による国際約束が「条約」に含まれる（どのような名称であれ，国際法上の効力は同じである）。しかし，2号の外交関係の処理に当然に含まれる日常的・事務的な文書や，既存の条約の実施細目を定めた文書などは国会の承認を必要としないと考えられるので，本号の国会の承認を必要とする条約から除外される。すなわち，国会の承認を必要とする内容を備えた国際約束が本号にいう条約であり，実質的意味の条約と区別して，憲法上の条約とよばれる。

1973年の日米原子力協定改定を契機に，政府は国会の承認を必要とする条約の条件について統一見解を示している。それによれば，国会の承認を経るべき条約の要件は，①「国会の立法権にかかわるような約束を内容として含む国際約束」（法律事項を含む国際約束），②「すでに予算または法律で認められている以上に財政支出義務を負う国際約束」（財政事項を含む国際約束），③「わが国と相手国との間，あるいは国家間一般の基本的な関係を法的に規定するという意味において政治的に重要な国際約束であって，それゆえに発効のために批准が要件とされているもの」とされている（批准を要件に加えることは，それが内閣の裁量に属する形式的要件であるため不適当であるとする批判もある）。また，同統一見解は国会の承認を経る必要のない条約の基準として，①すでに国会の承認を経た条約の範囲内で実施しうる国際約束，②すでに国会の議決を経た予算の範囲内で実施しうる国際約束，③国内法の範囲内で実施しうる国際約束の三つを示している。

条約を「締結する」とは条約を成立させること，すなわち，わが国が条約上の権利義務の当事者となることをいう。条約には，調印のみによって成立する条約と，調印の他に批准を必要とする場合がある。批准とは条約締結についての確定的同意のことをいい，その手続を必要とするか否かは当事者の合意による（実際には，内容的に重要な条約や多国間の条約に多い）。批准は内閣が行う。条約の締結に対する国会の承認は，事前（条約の効力発生前）に行われることが原則であるが，「時宜によっては事後」でもよい。事後承認の例としては，条約の締結が急を要する場合，締結時は国会の承認は不要と考えられたが，締結後に承認が必要と判断された場合などが考えられる。国会による承認の制度を導入したことは，条約の締結権を内閣に与えつつも，その行使を国会のコントロールの下に置こうとするものといえる。

条約（憲法上の条約）の公布および批准書の認証は天皇の国事行為とされている。条約は国際約束ではあるが，内容によっては，公布によって国内法としての効力を有する。他の国法との効力関係については，条約が法律に優位することについては特に争いはないが，憲法との関係では憲法優位説と条約優位説がある。憲法は国内に適用される法規範の最高法規であること，条約締結手続よりも憲法改正手続の方がはるかに厳しいことなどの理由から，憲法優位説が通説といえる。

(a)　国会の承認を得られない条約の効力

　憲法上の条約は事前または事後に国会の承認が必要である。条約が成立する時期を基準として事前と事後に分かれ，調印のみで成立する条約は調印が基準時となり，批准を必要とする条約は批准時が基準となる。国会の事前承認を得られない場合は，内閣はその条約を締結することはできない。条約は成立していないので，法的な問題が生じることはない。しかし，条約を先に締結し事後承認を得られなかった場合には，条約は締結により国際法上は一応有効に成立していると考えられるので，それをどのように扱うべきか問題となる。この問題については，①国会の承認を条約成立の法定効力要件と考え，すでになされた条約の署名または批准は効力を失うとする無効説，②条約の効力は署名または批准によって国際法的には確定しているので，国内法としては違憲・無効であるものの，国際法上は有効であるとする有効説（ただし，内閣は相手国に対して条約の取消し・改廃を申し出る義務を負う），さらには，③たとえば，条約締結権者の権能を「直接かつ明白に」制限する規定に違反する場合には無効とするように，例外的な場合には無効とする限定的無効説がある。条約法に関するウィーン条約は，「いずれの国も，条約に拘束されることについての同意が条約を締結する権能に関する国内法の規定に違反して表明されたという事実を，当該同意を無効とする根拠として利用することができない。ただし，違反が明白でありかつ基本的な重要性を有する国内法の規則に係るものである場合は，この限りではない。」(46条1項) として，重大かつ明白な手続的違憲条約についてのみ限定的に無効とする立場をとっている。条約が国際法である以上，この規定に基づいた処理を求められることになるが，この問題自体が憲法の明文規定を欠く憲法解釈問題なのであるから，相手国にとっては「違反が明白」であるとはいいがたいといえる。結果的に有効説によらざるをえないと思われる。

(b)　国会の条約修正権

　国会が条約の承認に際して，その条約を修正できるか，また，できるとすればどの程度の修正が可能かという問題がある。これについては，①内閣の条約締結権を尊重し，国会による内容修正を否定する説（この説では国会の承認権は受動的・事後的な「阻止する権能」あるいは一括して処理する権能とされる），②国会による民主的コントロールを重視し，不承認が予定されている以上，不承認より程度の弱い修正も可能であるとする肯定説（事前承認の場合，内閣は相手国と

修正の意思に従った締結交渉をすべき法的義務を負い，事後の承認の場合には内閣はその修正に従った条約改正を相手方に申し入れる義務を負う。ただし，相手国の合意が得られるまで条約は有効とされる），③否定説を原則としつつも，条約が可分的な場合には部分承認を認め，内閣の条約締結権を侵さない範囲での国会による修正を認める折衷説がある。政府見解は，国会は修正の希望意思を表明できるが修正はできないとして否定説によっている。条約の締結は内容に対する判断を前提とすると考えると，国会の事前修正の内容に同意しない場合には，条約締結権を有する内閣は条約を締結しないこともできるというべきであろう。したがって，結果的に国会の修正決議は政治的意思表明と位置づけざるをえないことになる（国会は内閣の政治責任を追及することになろう）。また，修正の実例は存在しない。

(5) 官吏に関する事務の掌理（4号）

官吏とは最も広い意味では一切の公務員を意味するが，本号の官吏は内閣が統轄すべき国家公務員すなわち行政部の職員（政府職員）をいう。地方公共団体の公務員（93条は吏員と称している），国家公務員でも国会議員や裁判官，内閣がその任免等の事務を掌理しない国会および裁判所職員は，本号の官吏から除外される。本号を具体化する国家公務員法も国家公務員を一般職と特別職に分け，一般職職員にのみ同法を適用するとしているが，国会職員および裁判所職員は大臣や裁判官などとともに特別職に分類されている。なお，「掌理する」とは，直接的にその事務を担当し処理することをいう。

(6) 予算を作成して国会に提出すること（5号）

予算の作成は内閣の専権である（86条）。予算については財政の章（Ⅱ部5章）で述べる。

(7) 政令の制定（6号）

政令とは内閣が制定する命令をいう。憲法は政令以外の命令について定めていないが，「各省大臣は，主任の行政事務について，法律若しくは政令を施行するため，又は法律若しくは政令の特別の委任に基づいて，それぞれの機関の命令として省令を発することができる。」（国家行政組織法12条1項）とされている。これらの命令は行政部が定める法規範であり，立法作用の一部である（行政立法）。

内閣が制定できる政令の種類は，法律の規定を実施するための政令（執行命

令）と法律の委任に基づく政令（委任命令）の二種である。執行命令は「憲法及び法律の規定を実施するため」という本号本文から直接に導き出される。委任命令についてはこのような明文の規定はないが，「政令には，特にその法律の委任がある場合を除いては，罰則を設けることができない」とする本号但書の規定が，法律の委任に基づく政令の存在を前提としていると考えられるため，委任命令も憲法上許されると考えられている。さらに，実質的理由として，国家の任務の増大・複雑化に伴い，専門的・技術的な立法事項および迅速な対応が必要とされる立法事項が増大してきたため，国会がその立法権の一部を行政部の命令に授権する委任立法の必要性が不可避的に生じてきたことを挙げることができる。内閣法11条は「政令には，法律の委任がなければ，義務を課し，又は権利を制限する規定を設けることができない」と定め，法律事項の政令への委任が許されることを確認している。ただし，法律による委任は具体的・個別的になされるべきで，一般的包括的な白紙委任は認められない（委任の限界）。特に，罰則の委任は罪刑法定主義の原則から厳格性が要求される。なお，法律により委任を受けた機関がさらに他の機関に委任する再委任に関して，限られた一部分の再委任を許容した判例もある（最大判昭33・7・9刑集12巻11号2407頁）。

　なお，執行命令に関しては，「憲法及び法律の規定を実施するため」という本号の文言から，憲法を直接実施するための政令を制定できるかが問題となる。そのような政令を認めると，法律を介することなく直接政令によって12条と13条の公共の福祉を根拠とした人権の制限も可能になり，国会を唯一の立法機関とすることによって法律によらなければ権利制限は許されないとした憲法の理念と矛盾することになる。したがって，直接に政令で人権を制限することは許されず，憲法を実施するために国会によって法律が制定され，その法律を実施するために内閣によって政令が制定されうると考えるべきである。法律を実施するための政令のみが認められる。しかし，政府は褒章条例の政令による改正（栄典の復活）に際し，法規（国民に義務を課し，権利を制限する）を内容としない政令であれば，法律を媒介とせずに直接に憲法を実施する政令も制定しうるとの解釈を採用し，栄典は政令事項であるとしている。法規だけではなく，広く国民の権利義務にかかわる事柄は法律事項であるとするのが通説であり（Ⅱ部2章3節3(1)・(2)参照），学説はこの措置に批判的である。

(8) 恩赦の決定（7号）

本号は「大赦，特赦，減刑，刑の執行の免除及び復権」の決定を掲げているが，これらは恩赦の種類であり，結局はこれらの恩赦を決定することを意味する。恩赦とは，行政権の作用によって国家の刑罰権の全部または一部を消滅させ，犯罪者を赦免する制度をいう。伝統的には君主の恩恵的権限とされてきた。裁判所が決定した刑罰を内閣が変更する（立法権および司法権の作用の効果を行政作用によって変動させる）という点では理論的に疑念を向けられる制度であり，恩赦には合理的理由が必要とされる。権力分立制の一種の例外といわざるをえない。

恩赦の種類と効力および手続は恩赦法で定められている。恩赦には大別して，①罪や刑を定めてそれに該当するすべての者に赦免が及ぶ一般恩赦（政令によって公布されると直ちに効力を生じるので政令恩赦ともよばれる）と，②特定の者を指定してその者のみを赦免する個別恩赦（特定の者について個別に審査して行われるので特別恩赦ともよばれる）の二種がある。政令による一般恩赦は国家の慶祝時，皇室の慶弔時に行われ，大赦，減刑および復権を行うことができる。個別恩赦では大赦以外の恩赦を行うことができる。最近の恩赦の例としては，皇太子結婚時（93年6月）に実施された特別基準恩赦（個別恩赦の一種で，特別の基準を設けてこれに該当する者に行う）がある。

2　73条以外の内閣の憲法上の権能・職務

憲法は73条以外に以下のものを内閣の権能ないし職務としている。

(1) 天皇の国事行為に対する助言と承認（3条・7条）

内閣は天皇の国事行為に助言と承認を与える機関でもある。すでに見たように，内閣が決定し責任を負う。

(2) 最高裁判所長官の指名（6条2項）

任命は天皇の国事行為である。憲法上は「長たる裁判官」とあり，「長」も最高裁の裁判官である。「長たる裁判官」は大法廷の裁判長となり，裁判官会議の議長となる。

(3) 参議院の緊急集会を求めること（54条2項）

緊急集会は内閣が直接参議院に請求する。「国会の召集」ではないので，天皇による召集は必要ない（Ⅱ部2章5節2(2)参照）。

(4) **最高裁判所の長官以外の裁判官および下級裁判所の裁判官の任命**（79条・80条）

Ⅱ部4章3節1(1)参照。

(5) **予備費の支出**（87条）

国会の事後承認が必要である（同条2項）。予備費についてはⅡ部5章1節2(3)参照。

(6) **決算の国会への提出**（90条1項）

会計検査院の検査報告とともに翌年度に国会に提出することを義務付けられている。内閣の国会に対する行政責任および国会による財政のコントロールの一環に位置づけられる。

(7) **国会および国民に対する国の財政状況についての報告**（91条）

国民に対する報告は,「印刷物,講演その他適当な方法」（財政法46条1項）によるものとされている（Ⅱ部5章1節2(3)参照）。

第4節　内閣の組織

1　内閣の組織

(1)　内閣の構成

内閣は首長たる内閣総理大臣とその他の国務大臣からなる合議体である（66条1項）。内閣総理大臣は内閣の首長として,内閣全体を統率する。内閣は行政権の帰属主体であるが,内閣が自ら具体的な行政事務を行うわけではない。それらは法律により一定の所轄事務を定められた各省庁などの行政機関が行う。内閣は行政組織における最高機関として,これらの行政機関に対する指揮監督権を持ち,行政権の行使を統轄するにとどまる。各国務大臣は大臣たる地位と各省庁の長たる地位の二つの地位を持ち（国務大臣・行政長官同一人制）,内閣の構成員（閣僚）として内閣の意思決定に参画するとともに,各省庁の主任の大臣としてその行政機関を分担管理する（内閣法3条1項,国家行政組織法5条）。たとえば,法務大臣は法務省の長官として,また,外務大臣は外務省の長官として,それぞれの省を管理する。内閣総理大臣も内閣府の長を兼ねている（内閣府設置法6条）。この国務大臣・行政長官同一人制によって内閣とその下にある

行政各部との密接な関係が保たれ，内閣による行政機関の統轄が容易となる。国務大臣の数は原則14人以内（最大でも17人）とされており（内閣法2条2項），その範囲内であれば行政機関を担当しない無任所大臣を置くこともできる（同3条2項）。

> **＊国務大臣の意味** 各条文の解釈にもよるが，国務大臣の意味は多義的に用いられている。一般的には内閣総理大臣を除く閣僚をいうが（66条・68条・74条など），内閣総理大臣を含め全閣僚を意味する場合（99条・75条）や，無任所大臣のみを意味する場合（日本国憲法の上諭の副署）もある。

(2) 閣　議

内閣は全大臣の合議によって意思決定を行うが，その合議のための会議が閣議である（内閣法4条1項）。内閣総理大臣が主宰する。憲法および法律等によって内閣の職権とされている事項は必ず閣議に付されなければならず（必要的付議事項），閣議決定を経て実行される。閣議案件の説明および閣議運営上の事務処理等のために，内閣官房副長官と内閣法制局長官が閣議に陪席する。閣議には定例日（原則として火曜日と金曜日）に開催される定例閣議と緊急を要する場合に開催される臨時閣議がある。臨時閣議が開催できない場合には，閣議書を持ち回って各大臣の署名を求める「持ち回り閣議」によって閣議決定がなされる場合もある。

閣議の議事および議決方法は実際上の慣行によるものとされているが，内閣が国会に対して連帯責任を負うところから，閣議の決定は全員一致によると考えられている。閣議は非公開なのでそれを確認することはできない（議事録も作成されない）が，内閣総理大臣は任免権を行使して反対者を罷免しうるので，閣議後に辞職者および罷免された者がいないということから，全員一致が存在したと推測される。なお，閣議決定の書類（閣議書）には全大臣の署名・押印がなされるが，内閣総理大臣を除き，欠席のために一部の大臣の署名等がなくても閣議決定は成立したものとして扱われる。持ち回り閣議の場合も同様である（反対：苫米地訴訟第1審判決（東京地判昭28・10・19行集4巻10号2540頁）の立場──閣議決定を要式行為とし，衆議院解散の「助言」についての閣議決定は一部大臣の署名を欠くために成立しないとした）。

(3) 内閣の補助機関

内閣の職務遂行を補佐するための機関として，内閣に内閣官房が置かれる。内閣官房の事務は広範で，閣議事務から行政各部の施策統一のための総合調整事務にまで及ぶ（内閣法12条）。この長が内閣官房長官で，国務大臣が充てられる（同13条2項）。この内閣官房の他にも法律によって「必要な機関を置き，内閣の事務を助けしめることができる」（同12条4項）とされており，内閣法制局，安全保障会議，人事院などが設けられている。さらに，内閣機能強化のために，内閣府が設けられた（2001年1月設置）。内閣官房と同様に内閣に置かれ，内閣の重要政策に関する事務を助けること（内閣府設置法3条1項）のほかいくつかの任務が列挙されている（同条2項）。内閣の重要政策に関する事務については，内閣官房を助けるものと位置づけられている。

2 内閣総理大臣の権限

明治憲法下の内閣総理大臣は「同輩中の主席」にすぎなかったが，日本国憲法では内閣の首長として，強力な指導的・統制的権限を付与されている。

(1) 国務大臣の任免権（68条）

国会によって指名された内閣総理大臣は，各国務大臣を任命することによって内閣を組織する。内閣総理大臣は任命権だけではなく罷免権も有しており，「任意に」，すなわち，一切の法的な制約なく大臣を罷免することができる（68条2項）。これまで大臣の罷免は三例にとどまるが，内閣総理大臣が罷免権を背景として大臣に辞表を提出させる場合（法的には依願免職）もあるので（罷免例の二例は内閣総理大臣の辞任要求に応じなかったために罷免している），この任免権は内閣総理大臣の地位を強化し，内閣の統一性確保のための有力な手段となっている。なお，国務大臣の免官には天皇の認証が必要なため（7条5号），免官の助言と承認のための閣議決定も必要となるが，罷免自体は内閣総理大臣の専権事項なので，閣議でこの罷免を拒否することはできない。

(2) 国務大臣の訴追の同意権（75条）

検察権による内閣の職務遂行への干渉を排除し，内閣の一体性と活動力を保つために，内閣総理大臣に国務大臣の訴追に対する同意権が与えられている。この同意なく大臣を起訴した場合は，その起訴は公訴提起手続規定違反として無効となる（刑事訴訟法338条4号）。内閣総理大臣が訴追に同意しなかった場合

は国務大臣を起訴することはできないが、この場合には公訴時効の進行は停止されるので、訴追の権利そのものに影響はない（大臣退職後に起訴可能となる）。なお、この「国務大臣」には内閣総理大臣も含まれると考えられる。さもないと、内閣総理大臣は一切起訴されないか、いつでも検察によって起訴されうるかのいずれかになるからである。

「訴追」とは公訴の提起すなわち起訴を意味するので、起訴前の逮捕・勾留などは含まれないと考えることもできるが、この制度の趣旨から、逮捕・勾留などの大臣の職務遂行を阻害する処分も同意の対象に含まれるとする見解が一般的といえる。

(3) 内閣の代表（72条）

72条は内閣総理大臣が内閣の代表として行うべき三つの主要な事項を掲げる。しかし、内閣総理大臣は内閣の首長として当然に対外的に内閣を代表するので、内閣総理大臣が内閣を代表して行う行為はこれらに限られない。たとえば、天皇の国事行為に対する内閣の助言と承認を示す内閣総理大臣の署名（副署）もその一つといえる。

(a) 議案を国会に提出すること

議案とは各議院で審議されるすべての案件の総称である。内閣総理大臣は「内閣を代表して」提出するだけなので、議案の提出権自体は内閣にある。したがって、閣議決定が必要で、それを経た後に内閣総理大臣によって衆議院または参議院の議長に提出される。予算は先に衆議院に提出しなければならないが（60条1項）、それ以外はどちらに先に提出してもよい。

実務上は内閣による法律案の提出が認められているが、法律案が議案に含まれるか否かは一つの憲法解釈上の問題となっている。否定説は、法律案の提出は立法の一部であり、かつ、法律の制定は国会のみに与えられた権限なので、立法の一部である法律案の提出も国会のみがなしうるとする。この説では内閣に法律案提出を認めている内閣法5条は違憲となる。これに対して肯定説は、内閣に法律案の提出権を認めても、国会は独自に審議決定できるので41条に反することにはならないとする。また、一般に議院内閣制では内閣と国会は立法に関して協働関係にあること、および、マッカーサー草案では「法律案」とされていたものを、それでは狭すぎるとして日本政府が「議案」としたことも、肯定説の論拠としてあげられる。この両説の他に、議案の中に法律案は直接には

含まれないが，先例および慣習法上，内閣の提出権が認められるとする中間説もある。内閣による法律案提出権を前提とした運用に実際的・理論的な重大な欠陥は認められないし，法律案提出を立法から除外することによって直接国民による提案の可能性も留保されうるので，肯定説が妥当といえよう。

(b) 一般国務および外交関係について国会に報告すること

外交も国務に属するが，「一般国務および外交関係」と二つに分けられているので，ここでいう一般国務とは内閣が総理する国務全体から外交を除いた部分，すなわち，内政を意味すると考えられる。この報告に特定の形式はないが，国会冒頭に行われる「所信表明演説」（通常国会）や「施政方針演説」（臨時国会・特別国会）もその一つである。なお，この報告は行政の詳細に及ぶ必要はなく，内閣の首長として報告すべき総括的なもので足りる。

(c) 行政各部を指揮監督すること

行政権はあくまでも合議体としての内閣に帰属するのであるから，行政各部に対する内閣総理大臣の指揮監督も「内閣を代表して」行うものでなければならない。すなわち，内閣総理大臣単独の意思によって指揮監督権を行使することはできず，閣議で決定された方針に基づくことを要する。「内閣総理大臣は，閣議にかけて決定した方針に基づいて，行政各部を指揮監督する」と定める内閣法 6 条はこのことを示している。もっとも内閣総理大臣は国務大臣任免権を有しているので，政治的に強力な指導力を発揮することは可能である。

一般論として，指揮監督の形式には訓令や通達などがあるが，文書によらなくともよい。また，手段方法としては命令・指示・中止・取消し・代執行・報告させることなどがある。内閣の指揮監督権が及ぶ範囲については，行政事務は各大臣が分担管理する各省庁が行い，内閣はそれらを統轄するにとどまるため，本条にいう指揮監督もこの統轄に必要な範囲に限られと考えられる。内閣が各行政機関の所管事務を無制限に指揮監督しうるわけではない。

＊ロッキード事件丸紅ルート上告審判決（最大判平 7・2・22刑集49巻 2 号 1 頁） 内閣総理大臣の航空行政に関する指揮監督権（職務権限）の有無と収賄罪の成否が争われた刑事事件である。この事件で最高裁は，①内閣総理大臣は，憲法・内閣法上，閣議決定された方針に基づいて行政各部を指揮監督することができる，②さらに，内閣総理大臣の地位と権限に照らせば，閣議決定がない場

合でも，内閣の明示の意思に反しない限り，行政各部に指示を与える権限を有する，③内閣総理大臣として民間航空会社に対し特定機種の航空機の選定購入を勧奨するよう運輸大臣に働きかけることは，内閣総理大臣としての職務権限に属する，と判示した。これは内閣総理大臣の指揮監督権を拡大しているように見えるが，あくまでも収賄罪における刑事上の職務権限の拡大にとどまり，国家行政組織上の内閣総理大臣の指揮監督権の拡大を容認したものではないと考えられる。

(4) 法律・政令への連署 (74条)

「法律及び政令には，すべて主任の国務大臣が署名し，内閣総理大臣が連署することを必要とする。」(74条)。本条の署名と連署は，内閣が法律の施行および政令の制定と施行に責任を持つことを表示するために記入される。ここに「必要とする」とあるので，主任の国務大臣および内閣総理大臣は署名および連署する義務を負うが，法律の場合は国会の議決によって有効に成立しているので，署名および連署の有無は法律の効力に影響しない。

以上は憲法上の権限であるが，他にも閣議の主宰権（内閣法4条2項），権限疑義の裁定権（同7条）および行政各部の処分等の中止権（同8条）などさまざまな法律上の権能を有する。これらの権能によって内閣総理大臣は内閣の首長として強い統制力を維持し，内閣総理大臣を中心に内閣が組織されることになる。また，それゆえ内閣総理大臣が欠けたときは，内閣は総辞職を義務付けられているのである（70条）。

なお，国務大臣の憲法上の権能としては，主任の大臣として法律に署名すること（74条），議案について発言するために議院に出席すること（63条）にとどまる。しかし，すでにみたように，法律によって，閣僚として内閣の意思決定に参画し，主任の大臣として行政機関を分担管理するなどの重要な権能が与えられている。

3　内閣総理大臣およびその他の国務大臣の要件

(1) 国会議員であること

内閣総理大臣は国会議員の中から国会の議決で指名され（67条1項），天皇によって任命される（6条1項）。一般に，国会議員であることが内閣総理大臣の

在任要件でもあると考えられており，それゆえ，内閣総理大臣が国会議員たる資格を失った場合には内閣総理大臣の地位も失うことになる。ただし，71条による例外として，国会議員の任期満了および衆議院の解散により議員の地位を失う場合には，衆議院議員の総選挙後の特別会召集時に内閣が総辞職するまで，議員の身分がないままその職にとどまる（国務大臣も同様である）。

内閣総理大臣は国会議員であれば所属議院は問わないが，慣例として衆議院議員から選ばれている。衆議院と参議院の指名が一致しなかった場合は，両院協議会で協議し（必要的両院協議会），そこでも意見の一致が見られなかった場合には衆議院の議決が国会の議決となる（67条2項）。衆議院の優越が認められていることから，この両院協議会は参議院が衆議院に求めるものとされている（国会法86条2項）。両院協議会でそれぞれの議院で指名されなかった第三者を選ぶことはできない。なお，各議院の指名は投票によって決することを原則とし，決選投票が同数の場合にはくじによって決定するものとされている（衆議院規則18条，参議院規則20条）。

国務大臣の過半数は国会議員でなければならない（68条1項）。国務大臣の過半数が国会議員であれば，それ以外のものは国会議員でなくともよい。したがって，国会議員たる資格を失った国務大臣がいても，全国務大臣の過半数が国会議員である限りは，その国務大臣は大臣たる地位を失わない。

(2) 文民であること（66条2項）

文民（civilian）とは，軍人（military）の対立概念であり，軍人でない者をいう。軍の政治支配を防止することを目的に，政府の首長を文民として軍を文民の統制の下に置く制度を文民統制（civilian control）という。宣戦・講和，国外に対する軍事行動の開始・終了，軍隊の組織・規模の決定，軍事予算の決定などを議会の権限とする，軍人の裁判を特別の軍法会議によることなく通常の裁判所の管轄とする，軍事官庁の長を文民とする軍部大臣文民制を採用するなども文民統制の一環である。憲法は軍隊の存在を予定してはいないが，文民統制の考え方を徹底して，内閣総理大臣だけではなく全閣僚が文民でなければならないとしている。この条項は極東委員会の意を受けた連合国軍総司令部の要請に基づいて，貴族院における審議の段階で挿入されている。

憲法上の文民の意味に関する政府見解は，自衛隊の創設に伴い実質的に軍人とみるべき自衛官が誕生したことによって変化する。自衛隊の創設前は「職業

軍人で軍国主義に染まっている人は文民ではない」(1953年) としていたが，のちに「武力組織に職業上の地位を占めていない者」(65年) と変化する。さらに，73年以降は，「①旧陸海軍の職業軍人の経歴を有する者であって，軍国主義的思想に深く染まっていると考えられる者，②現に自衛官の職にある者」以外の者を文民としている。第二次田中内閣では，この解釈に基づいて，旧職業軍人の経歴を有する者2名が，軍国主義的思想に深く染まっているとはいえないので文民であるとして大臣に任用された。

4　内閣の成立と消滅

(1)　新内閣総理大臣の指名と組閣

　国会によって指名された新内閣総理大臣がその他の国務大臣を任命し，内閣を組織 (組閣) する。通常，新内閣総理大臣の任命式と閣僚の認証式をあわせて行うが，内閣総理大臣の国会指名は終えたものの何らかの理由で組閣できない場合には，内閣総理大臣の任命式を先行させる。新内閣総理大臣の任命によって前内閣は自動的にその地位を失うので，閣僚の認証式までの間は内閣総理大臣が臨時代理として全閣僚を兼務することになる。

　内閣総理大臣の指名は「他のすべての案件に先だって」なされるべき先議事項とされているが (67条1項)，議長その他役員の選出および辞任，議席の決定や会期の決定など，議院の構成等に関する事項は議院が有効に活動するための先決問題であるので，内閣総理大臣の指名に先行して処理することができる。

　両院の指名議決が一致しない場合については，すでに述べたとおりである (Ⅱ部2章4節3 (2))。

(2)　内閣の総辞職

　内閣は69条に該当する場合で衆議院の解散をしなかった場合，および，70条に該当する場合に総辞職しなければならない。これら以外の理由でも，内閣はいつでも自発的に総辞職することができる。

　(a)　内閣不信任案の可決・信任案の否決 (69条)

　衆議院が内閣を不信任した場合，内閣は衆議院の解散か自らの総辞職かのいずれかを選択しなければならないが，過去4度の不信任の事例では内閣はいずれも衆議院を解散している。ただし，この場合でも衆議院総選挙後には必ず総辞職しなければならない (70条)。結果的に，これまでのところ70条による総辞

職以外はすべて自発的総辞職となる。

　(b)　内閣総理大臣が欠けたとき（70条）

　70条は内閣総理大臣が「欠けたとき」および衆議院議員の総選挙後に「初めて国会の召集があつたとき」に総辞職しなければならないとしている。衆議院議員総選挙後の国会は，解散総選挙の場合は特別会，任期満了総選挙の場合は臨時会である。なお，特別会は常会と合わせて召集することもできる（国会法2条の2）。

　内閣総理大臣が死亡したときが，「欠けたとき」の典型例である。前述のように，国会議員であることを内閣総理大臣の在任要件と考えれば，辞職・除名等で国会議員たる地位を失ったときもこれに該当することになる。さらに，内閣総理大臣が病気等で意思表明ができなくなった場合も，「欠けたとき」に該当するというべきである。内閣総理大臣を欠く内閣は総辞職しなければならないが，新内閣総理大臣が任命されるまでは引き続き職務を行わなければならないので（71条），その間，内閣総理大臣の臨時代理（首相臨時代理）が置かれる。

　臨時代理については，内閣法9条が「内閣総理大臣に事故のあるとき，又は内閣総理大臣が欠けたときは，その予め指定する国務大臣が，臨時に，内閣総理大臣の職務を行う。」と規定している。何が「事故」に該当するか明確な基準はないが，病気だけでなく外遊なども含むとされている。臨時代理の指名方法は内閣によって異なり，たとえば組閣時に副総理として指名することもあれば，内閣総理大臣の外遊時など随時必要に応じて指名する場合もある。いずれの方法であれ，臨時代理は「予め指定」されていなければならない。内閣総理大臣の病気を理由に臨時代理が置かれた例はこれまで三例あるが，1980年の大平総理と2000年の小渕総理の緊急入院の際には，その病状から，本当に両総理が臨時代理を指名することができたか疑問視された。なお，2000年の事例では，4月2日に総理が脳梗塞で緊急入院，翌3日に官房長官が総理から臨時代理の指名を受けたとして臨時代理に就任し，4日に内閣総理大臣が「欠けたとき」に該当するとして総辞職している。

　臨時代理は内閣総理大臣の代理であるから，総理に代わって閣議を主宰し，法案にも署名する。しかし，すべての権限を代行できるか，特に衆院解散権や国務大臣の任免権を行使できるかについては見解が分かれる。肯定説は，臨時代理は法定代理であり，明文の規定がない限り法定代理は全権代理であること

が原則であるとの前提に立ち，内閣法は何の限界も規定していないので代理権限に限界はないとする。これに対し，否定説は国会による内閣総理大臣の指名を重視し，大臣任免権は憲法上国会によってその内閣総理大臣に一任された専属の権限と考えるべきであり，国会の指名を受けていない臨時代理には認められないとする。否定説が政府見解であり，多数説である。内閣総理大臣と臨時代理の選任手続から考えても，臨時代理が代行しうる権限には限界があるとする見解が妥当といえよう。特に，外遊の際に置かれた臨時代理が任免権を行使することは越権というべきであるし，内閣総理大臣が欠けた場合には総辞職が義務付けられているのであるから，臨時代理にこのような権限を認める必要もないであろう。

(3) 総辞職後の内閣 (71条・職務執行内閣)

国会とは異なり内閣は常設機関なので，71条によって，総辞職後も新たな内閣総理大臣が任命されるまでは引き続きその職務を行うものとされている。この総辞職後の内閣の権能に関する規定はないが，すでに総辞職を表明しているので，重要な決定を含め政治的に新内閣に委ねるべき事項は行うことはできないと考えられている。それゆえ，日常業務を処理する内閣という意味を込めて，総辞職後の内閣は職務執行内閣とよばれる。なお，天皇による新内閣総理大臣の任命によって，この内閣は当然にその地位を失う。免官の手続は必要ない。

(4) 新内閣成立までの手順

新内閣成立までの過程はその時々の事情によって異なりうるが，一般的には次のような順序で進行する。①内閣が総辞職を決定する，②それを衆参両院の議長に通告する(国会法64条)，③国会が新しい内閣総理大臣を指名する(67条)，④新内閣総理大臣が組閣を行う，⑤組閣が完了した旨を旧内閣総理大臣に通告する，⑥新内閣総理大臣の任命についての助言と承認を行うための旧内閣（職務執行内閣）の閣議を開催する，⑦新内閣総理大臣の任命および新国務大臣の任命および認証を行う（宮中で任命式および認証式を行う）。旧内閣は職務執行内閣としてここまで職務を遂行するが，天皇による新内閣総理大臣の任命によって旧内閣総理大臣および旧国務大臣は当然にその地位を失う。最後に，⑧新内閣はその成立を国会に通告する。

5 行政機関

(1) 内閣の統轄下の行政機関

すでに見たように (本節1)，具体的な行政事務を分担遂行するために各行政機関が設置される。行政権は内閣に属するが，内閣が直接に行政事務のすべてを行うわけではない。内閣は行政の最高機関として行政の基本方針や基本施策を決定し，それに関連して行政各部の統一性を確保する必要がある場合に総合調整を図るとともに，必要な限りで行政各部を指揮監督する。内閣はこのようにして行政機関全体を統轄し，またそのような地位にあるものとして，行政権の行使について国会に責任を負う (66条3項)。そして，このような内閣と行政各部および内閣と国会の関係から，内閣から完全に独立した行政機関を設けることはできないと考えられている。したがって，憲法上の例外である会計検査院を除き (90条)，行政機関は何らかの意味で内閣の統轄の下に置かれる必要がある。

憲法は行政組織自体には触れていないので，必要に応じて法律により自由に設置・統廃合することができる。現在は内閣府 (内閣府設置法) と10省 (総務省, 法務省, 外務省, 財務省, 文部科学省, 厚生労働省, 農林水産省, 経済産業省, 国土交通省, 環境省)(国家行政組織法) が設置されている。「省は，内閣の統轄の下に行政事務をつかさどる機関として置かれ」，その下に省の外局として委員会および庁が置かれる (国家行政組織法3条3項)。すでに見たように (本章4節1(3))，内閣府は内閣の機能強化のために設けられた組織で，内閣に置かれる (内閣府設置法2条)。「内閣の重要政策に関する内閣の事務を助けること」などを任務としている (同3条)。国家公安委員会，宮内庁，金融庁および防衛庁などがこの内閣府に置かれている。

(2) 独立行政委員会

前述の省の外局として置かれる委員会が独立行政委員会である。独立行政委員会は，一般に，特定の行政について内閣から独立的な地位においてその職権を行うことを法律によって認められている合議制の行政機関と定義される。たとえば，国家公安委員会，公正取引委員会は内閣府の外局として，公害等調整委員会は総務省，中央労働委員会は厚生労働省のそれぞれ外局として設置されている。人事院は内閣の補助機関であるが，独立行政委員会に属する。これら

の委員会は国家意思の決定を行うという点で，各省庁の諮問機関として位置づけられた審議会とは異なる（国家行政組織法8条，ただし，審議会の位置づけにより異なる）。この委員会制度は，アメリカの制度を参考に，政治的・党派的決定になじまない行政分野に設置された制度で，数名の委員からなる合議体である，一般行政庁からの職権の独立性を有する，行政的権限のほかに準立法的権限および準司法的権限を有し，かつ，その職務権限の行使に関して自ら直接の責任を負うのが一般的である，という特徴を備えている。たとえば，公正取引委員会の場合は，①内閣総理大臣の「所轄」に属し（所轄とは通常の指揮監督を受けないこと意味する），②委員長および委員は「独立」してその職権を行い，③委員長および委員の任命には両議院の同意が必要で，④任期制（5年，70歳定年）が採用されているが，⑤法定理由に該当する場合以外は意に反して罷免されないという身分保障もあり，⑥審判手続による審決という準司法的権限を有し，⑦委員会規則を制定するという準立法的権限を有している（独占禁止法第8章）。

このように行政委員会は内閣に対する独立性が強く認められているが，そのことが行政機関は内閣の統轄下に置かれなければならないとする憲法の要請と整合性を有するかが問題となりうる。憲法は「行政機関は，終審として裁判を行うことはできない」（76条2項）として，行政機関による前審の可能性を認めている。内閣は基本的に政治的機関であるから，前審ではあっても裁判を行う機関が行政機関であることを理由に内閣の強い指揮下に置かれるとすれば，そのような行政機関が行う裁判の公平さに対する国民の信頼は得がたいというべきである。このように行政事務は多様なので，その性質上，独立・公正に，また政党内閣制の下における内閣の指揮監督に服することなく行われるべき性質の事務も存在すると考えられる。行政委員会に委ねられる事務はまさにそのような事務であり，このような特殊性から，行政委員会をある程度内閣から独立した機関と位置づけても憲法に違反しないと考えることができる。ただし，行政機関を内閣の下に置くことが憲法上の要請であるから，内閣から完全に独立の機関とすることは許されず，その独立性を保ちつつも，形式的にせよ委員の任免権を内閣に与えるなどの方法で内閣とのつながりを保つ必要がある。公正取引委員会の場合，内閣総理大臣の「所轄」とすることでこの要請との調整を図っている。

第4章　裁判所

第1節　近代の司法制度

1　近代司法制度の諸原則

　近代の法治国家における司法制度は，国民の権利・自由の救済および保障のために，権力者の恣意による裁判および密室裁判を排除し，公正な裁判の実現のための諸原則を確立することによって整備されてきた。

　まず，権力者の恣意による裁判を排除するために，あらかじめ承認されたルールに従って裁判が行われることを求める「法による裁判」の原則を確立させた。それは特に国民の権利保障ともかかわる刑事事件では，犯罪となる行為とそれに対する罰則をあらかじめ法定することを求める罪刑法定主義および刑事事件の手続もあらかじめ法律で明示することを求める刑事手続法定主義として具体化されている。また，権力者の裁判への干渉を排除し公正な裁判を実現するために「司法権の独立」が保障され，誤りのない適正な裁判を実現するために審級制度も取り入れられている。公正な裁判を実現するために，密室裁判を排除して「裁判の公開」が原則とされるようになった。さらには，たとえば陪審制のように，国民の裁判への積極的参加を求める「司法権に対する国民の参加」の制度を導入する国もある。

　このように近代の司法制度は，裁判に対する国民の信頼ひいては法制度に対する国民の信頼を構築するために，以上のような基本原則を整備してきている。しかし，具体的な訴訟制度はそれぞれの国および法文化によって大きく異なる。その国の歴史を背景として裁判制度が確立されてきており，立法部や行政部以上に各国の裁判制度の相違は大きいといえる。

2　明治憲法における司法制度の特徴

　明治憲法においても法による裁判の原則が採用され,「法律ニ依リ」(明治憲法57条1項) 裁判を行うとされていた。しかし, 天皇主権の原理から裁判は「天皇ノ名ニ於テ」行うものとされ, 裁判の正しさや権威の源泉も天皇に求められた。また, 次節で見るように, 司法権の範囲は現在よりも狭く, 通常の司法裁判所の系列には属さない行政裁判所や軍法会議などの特別裁判所制度が設けられ, 通常の司法裁判所による裁判を受けられない領域が存在していた。また, 行政裁判所への出訴事項も法律によって制限されていた。さらに, 憲法は違憲審査についての明文規定は置いておらず, 裁判所は法律の制定および公布手続の憲法適合性審査のみを行うことができると考えられていた。現在の司法制度と比較すると, これらの点を特徴として指摘することができる。

第2節　日本国憲法における司法権

1　司法権の概念と範囲

　一般に, 司法とは具体的な争訟に法を適用し, その結果を宣言することによって, その争訟を裁定し解決する国家の公権力の作用と定義される。この司法作用を行う権能が司法権で, これを行使する機関が裁判所(司法裁判所)である。そして,「具体的な争訟」とは, 犯罪と刑罰に関する刑事事件および当事者間の権利義務に関する紛争の裁定を裁判所に求める民事事件などをいい, これらの事件は通常の司法裁判所によって処理される。しかし, 裁判制度は時代や国によって異なり, その結果, 司法の概念や範囲も画一的ではない。特に, 行政法上の法律関係をめぐる争い(行政事件)を司法裁判所に委ねるか, 特別の行政裁判所の管轄とするかについて, それぞれの国ないし法文化によって顕著な違いが見られる。

　フランスやドイツでは, 伝統的に, 行政事件を通常の司法裁判所の管轄から除外し, 行政部に属する機関としての行政裁判所の管轄とする制度が採用されてきた(ヨーロッパ大陸型)。ここでは司法裁判所は民事事件と刑事事件のみを処理するため, 司法権の観念もこれらの事件みを対象とするものとして構想さ

れることになる。また，行政裁判所は司法裁判所の系列には属さない独立した機関（一般に組織上は行政内部の機関とされる）であるため，上級の司法裁判所の統制を受けることもない。したがって，この行政裁判所制度には，司法部による行政部に対するコントロールを排除し，司法部に対する行政部の優位を確保しようとする思想が根底にあるということができる。行政部の優位を保障しようとした明治憲法においてもこの行政裁判所制度が採用されていた。

これに対し，イギリスやアメリカには行政裁判所制度は存在せず，民事事件および刑事事件だけではなく，行政事件も司法裁判所の管轄とされている（英米型）。それは，国民の権利が裁判の作用によって保障されなければならないという要請は，民事事件と刑事事件だけではなく，国民の権利が行政処分によって侵害された場合にも当てはまるとする考えの帰結である。裁判所は，「法の支配」を支える機関として，すべての法律上の争いを裁定する機関として位置づけられていたと考えてよいであろう。英米にはもともと行政事件という観念自体が存在しなかったといわれており，司法裁判所が担う司法権の範囲も，民事・刑事・行政事件のあらゆる法律上の争いを対象とするものとして考えられている。

2　日本国憲法における司法権

(1)　日本国憲法における司法権の概念と範囲

76条1項は「すべて司法権は，最高裁判所及び法律の定めるところにより設置する下級裁判所に属する。」としている。司法権とは，形式的意味では，司法機関である裁判所の権限とされている事項を意味するといえるが，権限分配条項としての76条1項における司法権の意味は，41条の「立法」や65条の「行政権」の意味と同様に，裁判所に帰属するとされる国家作用としての司法とは何かという実質的な意味で理解される。そして，すでに見たように，伝統的な司法の概念によれば，それは具体的な争訟に法を適用し，その結果を宣言することによって，その争訟を裁定し解決する国家の公権力の作用と定義される。すなわち，具体的な刑事事件・民事事件などの争訟として提起された事件（具体的争訟）を，裁判所が法を適用することによって裁定することが司法の作用である。76条1項にいう司法権も，このような司法作用の権能として理解されている。

(a) 司法権の範囲①――行政事件

　問題はこの司法権の範囲すなわち行政事件も含まれるかということであるが，以下の理由から，日本国憲法は司法裁判所が行政事件の裁判も行う英米型の司法制度を採用していると考えられる。まず，76条2項の行政機関による終審裁判の禁止は，行政事件も最終的には司法裁判所へ一元化すべきことを示し，かつての行政裁判所のように司法裁判所から独立した系統の裁判所の設置を排除しているといえる。さらに，32条の裁判所の裁判を受ける権利の保障は，行政事件も含むすべての法律上の争訟について裁判所に出訴して，救済を求めることができることを示しているし，行政処分の違憲審査権を裁判所に与えている81条は，違法な行政処分によって国民の権利が侵害された場合の救済を，裁判所の任務としていることを示している。このように憲法は司法裁判所が一切の法律上の争訟を取り扱うことを前提としているということができ，それゆえ，わが国における司法権の概念もこのようなものとして理解されることになる。そして，裁判所法3条1項が「裁判所は，日本国憲法に特別の定めある場合を除いて一切の法律上の争訟を裁判し，その他法律において特に定める権限を有する」と規定し，司法裁判所が「一切の法律上の争訟」を裁判すること，および，この「一切の法律上の争訟」の裁判が76条1項にいう司法権の行使に他ならないことを確認している。

(b) 司法権の範囲②――「法律上の争訟」

　裁判所法3条1項の「法律上の争訟」とは事件性・争訟性を備えた具体的争訟をさし(事件性または争訟性の要件)，①当事者間の具体的な法律関係ないし権利義務の存否に関する争いであって(第1要件)，②法律の適用により終局的に解決することができるもの(第2要件)をいうと考えられている。したがって，社会的な紛争でも，①②の要件を満たさないものは「法律上の争訟」には該当しないので，司法審査の対象とはならない。このような司法審査の対象の限定＝司法権発動の制約は，司法権の概念に由来する限界ということができる。最高裁も，「わが裁判所が現行の制度上与えられているのは司法権を行う権限であり，そして司法権が発動するためには具体的な争訟事件が提起されることを必要とする」，「わが現行の制度の下においては，特定の者の具体的な法律関係につき紛争の存する場合においてのみ裁判所にその判断を求めることができる」(警察予備隊違憲訴訟・最大判昭27・10・8民集6巻9号783頁)としている。し

たがって，裁判所に裁定を求めることができる争いは，結果的には，刑事訴訟・民事訴訟・行政訴訟として適法に成立することが求められる。

このような原則から，一般に，以下のような類型の争いは「法律上の争訟」にはあたらず，司法審査の対象にならないとされている。

(ア) 具体的な権利侵害がないのに，抽象的に法令の解釈や効力を争う場合

いわゆる警察予備隊違憲訴訟（前出）がこれに該当する。憲法の解釈問題ではあるが，原告の具体的な法律関係に関する争いではない（第1要件を欠く）ので，司法審査の対象とはならない。将来起るかもしれない紛争やすでに決着した紛争も同じである。ただし，個人の権利侵害にかかわりなく訴訟を提起できる客観訴訟（民衆訴訟と機関訴訟）はこの例外である。これは立法政策的見地から法律上特に認められた制度で，法律で定められた提訴権者に該当する者は誰でも訴訟を提起することができる（行政事件訴訟法42条）。民衆訴訟とは「国又は公共団体の機関の法規に適合しない行為の是正を求める訴訟で，選挙人たる資格その他自己の法律上の利益にかかわらない資格で提起するもの」（同5条）をいい，選挙人たる資格において認められる公職選挙法の選挙訴訟と住民に認められる地方自治法の住民訴訟がある。また，機関訴訟とは「国又は公共団体の機関相互間における権限の存否又はその行使に関する紛争についての訴訟」（同6条）をいう。

(イ) 単なる事実の存否，個人の主観的意見の当否および対立する学説や技術上の優劣を争う場合　　このような争いも具体的な法律関係に関する争いということはできないし，かつ，法律を適用して終局的に解決できる問題でもない。したがって，法律上の争訟の要件を欠いており，司法審査の対象とはならない。国家試験の合否の判定を争う場合がこれに該当するが，最高裁は「国家試験における合格，不合格の判定も学問または技術上の知識，能力，意見等の優劣，当否の判断を内容とする行為であるから，その試験実施機関の最終判断に委せられるべきものであつて，その判断の当否を審査し具体的に法令を適用して，その争を解決調整できるものとはいえない。」として，訴えを退けている（最判昭41・2・8民集20巻2号196頁）。

(ウ) 信仰の対象の価値または宗教上の教義に関する判断を求める訴え　　これらの訴えは，法の適用による終局的な解決が不可能である（第2要件を欠く）ため，法律上の争訟の要件を形式的に備えている場合であっても，司法審査の

対象とはならない。すなわち，法律上の紛争でも，紛争の実体ないし核心が宗教上の価値や教義の争いにある場合は，裁判所が法の適用によって解決できる争いではないので，その紛争は裁判所による解決には適さないと考えられるのである。錯誤を理由として寄付金の返還を求めた「板まんだら」事件において，最高裁は，法律上の争訟の形式を整えていても，「信仰の対象の価値又は宗教上の教義に関する判断」が問題解決の核心となっている場合には，実質的には「法令の適用による終局的な解決の不可能なものであって，裁判所法三条にいう法律上の争訟には当たらない」としている（最判昭56・4・7民集35巻3号443頁，同旨：蓮華寺事件・最判平元・9・8民集43巻8号889頁，日蓮正宗管長事件・最判平5・9・7民集47巻7号4667頁）。ただし，宗教上の地位の存否が具体的権利義務をめぐる争いを解決する前提問題となっていた事例では，裁判所が判断すべき内容が宗教上の教義の解釈にかかわらない限りで，裁判所は宗教上の地位の存否について審査権を有するとしている（種徳寺事件・最判昭55・1・11民集34巻1号1頁，同旨：本門寺事件・最判昭55・4・10裁判集民事129号439頁）。これらは「板まんだら事件」以前の判決ではあるが，法律上の争訟の要件を備え，かつ，宗教の価値や教義の審査に立ち入らずに法律問題として処理しうる場合には，宗教にかかわる争訟であっても司法審査の対象となりうるといえる。

> **＊司法と裁判**　実質的意味の司法を以上のようなものとして捉えると，司法作用の範囲は実際に裁判所に付与されている裁判権の範囲よりも狭くなることに注意する必要がある。たとえば，裁判所が処理する事件でも，民衆訴訟や機関訴訟の客観訴訟および非訟事件（民事上の生活関係を助成・監督するために国が主として後見的に処理する事件）は，実質的意味の司法には該当しない。裁判所法3条1項に即していえば，これらの裁判権は「一切の法律上の争訟」ではなく，「その他法律において特に定める権限」に含まれることになる。このように，現行の訴訟制度において実際に裁判所が行使する裁判権の範囲と，実質的意味の司法権の解釈から導き出されるその範囲（「一切の法律上の争訟」）は一致していない。さらに，本来は法律上の争訟に該当するが，憲法が特に裁判所以外の機関に委ねているものもある。裁判所法3条1項にいう「日本国憲法に特別の定めある場合」に該当する裁判で，議院による所属議員の資格争訟の裁判（55条）と弾劾裁判所による裁判官の弾劾裁判（64条）がこれに当たる。

(2) 司法権の帰属

76条1項の司法権とは以上のような意味であると考えられるが，同項は「すべて司法権は，最高裁判所及び法律の定めるところにより設置する下級裁判所に属する」とし，この司法権が裁判所に帰属し裁判所が行使するとしている。明治憲法では裁判所は天皇に代わって（「天皇ノ名ニ於テ」）司法権を行使するものとされていたが，日本国憲法では司法権は裁判所に帰属するものとされたのである。しかも，「すべて」の司法権が最高裁判所および下級裁判所に帰属するものとされており，最高裁判所を頂点とする司法裁判所が一切の司法権を行使すること，すなわち，司法権がこれら司法裁判所に一元的に帰属することが示されている。そして，同条2項の特別裁判所の禁止と行政機関による終審裁判の禁止が，このことを再確認している。

(a) 特別裁判所の禁止（76条2項前段）

76条2項前段は，「特別裁判所は，これを設置することができない」として，特別裁判所の設置禁止を明示している。特別裁判所とは，特定の地域・身分・事件などに関して，通常の裁判所の系列から独立した権限を持つ裁判所をいい，たとえば，明治憲法下の陸海軍の軍法会議や皇室裁判所などがこれに当たる。これによってすべての裁判所が通常の裁判所の系列下に置かれることになり，裁判所による法解釈の統一性を図ることが容易になるとともに，すべての者に平等な司法制度が実現されることになった。特に事実上の軍事集団としての自衛隊が存在することを前提とすれば，明治憲法下では軍事裁判としての軍法会議によって裁判されていた事件も，日本国憲法の下では通常の裁判所で裁判されることになり，その意義は小さくない。

なお，家事審判事件・少年事件などを管轄する家庭裁判所のように特殊の人または特殊の事件のみを管轄する裁判所でも，最高裁判所の系列の下に属し，高等裁判所および最高裁判所への上訴の道が開かれていれば，ここで禁止される特別裁判所には当たらない。また，裁判官を対象とした弾劾裁判所(64条)や議員の資格争訟を行う議院(55条)は，最高裁判所の系列下には属しない特別裁判所に該当するが，それは憲法自身が定めた本条項の例外である。

(b) 行政機関による終審裁判の禁止（76条2項後段）

司法権が裁判所に帰属することから，行政機関が司法権を行使できないことは当然といえるが，同条2項後段は「行政機関は，終審として裁判を行うこと

ができない。」と定め，明治憲法下に存在した行政裁判所制度を明文で排除し，裁判制度が司法裁判所へ一元化されることを示している。

　ただ，本条項は「終審として」という限定を付しているため，その反対解釈として，終審（その裁判に対する上訴が認められない最終の審級をいう）でなければ行政機関も裁判を行うことが可能と考えることができる。そこから，終審ではない前審として，すなわち最高裁判所の系列の下に位置し司法裁判所への上訴の道が開かれていれば，行政機関による裁判も憲法上許されるという結論が導き出される。実際にも，高度に専門的・技術的な性質を持つ問題を速やかに裁定し事件を解決する必要性から，行政機関に問題の第一次的な審査を委ねる方が適当な場合も少なくない。ただ，司法権の行使はあくまでも裁判所によるので，行政機関による審理は裁判に準じた手続（準司法的手続）で，かつ，そこでの結論も裁判とは区別されるものとして扱われている。裁判所法3条2項は，「行政機関が前審として審判することを妨げない。」として，行政機関による前審は可能であるとする前述の解釈を確認している。このような行政機関による前審制度は個別の法律で定められており，行政機関による一般的な不服審査（裁決・決定）（行政不服審査法）の他に，たとえば特許庁の審判（審決）（特許法6章），海難審判庁の審判（裁決）（海難審判法5章・6章），公正取引委員会の審判（審決）（独占禁止法54条ほか）などがある。

　これらの行政機関による審判は，あくまでも前審にすぎず，その結果が裁判所を拘束することはない。しかし，この点に関し問題となるのが，実質的証拠法則である。それは行政審判の裁定の審査に際して，裁判所は行政庁の事実認定を尊重し，それが合理的な証拠によるといえるか否かだけを限定的に審査し，認定事実に実質的な証拠があるときにはその事実認定に拘束されるとする原則である。たとえば独占禁止法80条は「公正取引委員会の認定した事実は，これを立証する実質的な証拠があるときには，裁判所を拘束する」と定め，この原則を採用している。法の解釈・適用だけではなく事実認定も司法作用の一部をなすので，裁判所が公取委の事実認定に拘束されるとすると，その合憲性が問題となるのである。しかし，専門技術的な行政分野では，その知識経験を有する専門家のほうが正確な事実認定をなしうることが期待でき，かつ，裁判官の負担軽減にもなると考えられるので，公取委の事実認定に裁判所がある程度依存すべきとすることには合理的な理由があるといえる。しかも実質的証拠の有

無の判断(公取委の認定とその根拠となる事実との合理的関連性の有無の判断)は裁判所に留保されており，裁判所の事実認定権が完全に否定されているわけではないので，違憲ではないと考えられている。

3 司法権の限界

前項で見たように，裁判所は「一切の法律上の争訟を裁判」する(裁判所法3条1項)ものとされている。しかし，裁判所で裁判によって裁定されうることがらには，前述の司法権の概念および範囲から生じる限界のほかに，主に理論的な理由を中心として，何らかの理由で司法権が及ばないと考えられることがらがある。

(1) 国際法上の約束・合意として認められた事項

国際法上の約束の結果として，わが国の主権およびその一部としての司法権が制限されることがある。いわゆる治外法権や条約による制限である。元首や外交使節のように一般国際慣習法によって認められているものもあれば，「外交関係に関するウィーン条約」のような多国間の一般的な国際条約，および，日米安保条約に基づく地位協定のように二国間条約に基づくものもある。

(2) 憲法上，司法権の限界として認められる事項

(a) 憲法に明文の規定がある場合

国会議員の資格争訟についてはその議員が所属する議院の権限とされている(55条)。また，裁判官の弾劾裁判は，国会に設置される弾劾裁判所の権限(64条)である。すでに触れたように，これらは個人の法律上の権利および利益に関することがらであり，本来は司法作用に属する。しかし，前者は議院の自律的決定に委ねられるべき事項として，後者は裁判官の地位も究極的には国民の意思に根拠を置くべきことの結果として，憲法が明文で定めた例外といえる。

(b) 憲法上の明文の規定はないが，司法権のあり方や権限分配などの観点から，解釈論として導き出される限界

(ア) 立法部の裁量に属する事項　　立法部である国会は，憲法の範囲内で立法権を行使することができる。すなわち，憲法による授権の範囲を越さない限り，法律が違憲とされることはない。ただ，憲法の許容する立法部の裁量権の限界は憲法の解釈問題であり，解釈者(国会・裁判所・内閣・国民)によって異なる。学説では，一般的に，立法部に許容される裁量権の範囲は問題となる条文

や事柄の性質によって異なると考えられている。たとえば，精神的自由の規制は内在的制約に限って許される（立法部の裁量権も限定される）が，公共の福祉による制限が明示されている経済的自由については，比較的広い立法裁量が認められると考えられている。また，社会権については，その内容の実現が基本的に社会福祉政策に依存することから，広い立法裁量が認められる。わが国の裁判所は違憲判断には消極的なので，国会が制定した法律を憲法に違反する（違憲）とすることはまれである。

　(イ)　行政部の裁量に属する事項　　行政部の場合も，憲法によって与えられている権限に関しては憲法解釈の問題となり，その限界を一義的に確定することは困難である。しかし，一般論として，権能行使に伴う裁量権の限界の存在は想定しうるので，その限界を超えた場合は違憲となる。

　法律に基づく行政の要請（法治行政）から，行政は法律を根拠に執行されるため，行政部の場合は法律との適合性（合法性）が問題となることが多い。しかし，当然のことながら，あらゆる行政作用の細部まで法律で定められているわけではないし，実際の効果的な行政の執行を確保するという合目的性の観点から，法律は一応の基準を定めるにとどめ，その基準の範囲内で行政機関の裁量を認めることが少なくない。この行政裁量は行政作用の根拠法の解釈にもおよぶ。そして，行政部による裁量権の行使がそれに許容された裁量権の範囲内にある限り，合憲性の審査の場合と同様に違法と評価されることはない。裁量権の範囲内にある限り合法であり，その行政権の行使は政策実行としての当・不当の問題にとどまることになる。「行政庁の裁量処分については，裁量権の範囲を超えまたはその乱用があった場合に限り，裁判所はその処分を取り消すことができる」（行政事件訴訟法30条）とされており，行政部による法解釈および政策実行の是非を法律問題として争っても，ほとんどが行政部の裁量権の範囲内として退けられているのが現状である。

　これら立法部と行政部の裁量権の問題は，裁判所が実際にはそれらの裁量権を過度に尊重して裁量権の範囲内と判断することがほとんどではあるが（特に憲法上の権限の場合），裁判所が実質的に合憲ないし合法の判断を下している点では，司法判断ないし憲法判断を行わない以下の限界とは異なるといえる。

　(ウ)　国会および内閣の自律的決定に属する事項　　国会や内閣の自律性を尊重すべき事項については，その判断を最終決定として，裁判所はその審査を控

えるべきであると考えられる。このようなものとして，まず，両議院の議員に対する懲罰権があげられる（58条2項）。すでに見たように（Ⅱ部2章5節1(1)(b)(イ)），懲罰には3分の2以上の特別多数による除名処分も認められているが，この懲罰権は議院の自律的な判断を尊重するために憲法が特に各議院に保障した権限なので，裁判所は議院の自律権・自主性を尊重し，その処分の法的な有効性の審査を控えるべきであるとされている。ただし，国会議員の除名処分が争われた例はない（地方議会の議員についてはⅡ部2章5節1(1)(b)(イ)参照）。

　また，国会および内閣はそれぞれ立法権および行政権の最高機関であり，そのような最高の国家機関の意思決定手続（たとえば，両議院の議決が議事の定足数や議決要件を満たし，適法・正当に行われたか，および，内閣の閣議が適法・正当な手続で行われたかなど）の効力は，それぞれの機関自身の自律的・自主的な判断によって最終的に決せられるべき事項ということができ，裁判所がそれらに介入することは許されないし，適当でもないと考えられている。衆議院の会期延長議事手続の無効を根拠に延長国会で制定された法律の無効を主張した警察法改正無効事件において，最高裁は，「両議院において議決を経たものとされ適法な手続きによって公布されている以上，裁判所は両院の自主性を尊重すべく，同法制定の議事手続に関する所論のような事実を審議して，その有効無効を判断すべきではない」（最大判昭37・3・7民集16巻3号445頁）としている。ただし，議事手続に明白な憲法違反がある場合には司法審査の対象とすべきであるとする見解もある。

　(エ)　統治行為　　いわゆる統治行為とよばれている事項も，裁判所が審査を控えるべきであるとされていることの一つである。この問題については項を改めて述べる。

　(オ)　団体の内部事項に関する行為（部分社会論）　　団体の純粋な内部的事項は，その団体の自治を尊重して（結社の自由など），司法審査を控えるべきであるとする考え方がある。自律的な法規範を持つ社会ないし団体内部の紛争は，その内部規律にとどまる限りはその自治的措置に任せ，裁判所の司法審査は及ばないとする部分社会論が代表例である。しかし，団体の内部問題であれば一切司法権は及ばないとすることはその団体内部を治外法権とするに等しく，司法権を排除しうる範囲はそれぞれの団体の目的・性質・機能その他自律性の憲法上の根拠などを考慮して，個別的・具体的に検討することを要するといえよ

う。

一般論として，団体内部の処分が一般市民法秩序と直接関係する場合や，個人の重大な権利侵害が問題となる場合には司法審査が及ぶべきであると考えられるが，判例は前者に限定しているようである。富山大学単位不認定事件（最判昭52・3・15民集31巻2号234頁）では，次のように述べ，一般市民法秩序との直接の関係を有するものでない限り，大学内部の問題は司法審査の対象にはならないとしている。

　「大学は，国公立であると私立であるとを問わず，学生の教育と学術の研究とを目的とする教育研究施設であつて，その設置目的を達成するために必要な諸事項については，法令に格別の規定がない場合でも，学則等によりこれを規定し，実施することのできる自律的，包括的な権能を有し，一般市民社会とは異なる特殊な部分社会を形成しているのであるから，このような特殊な部分社会である大学における法律上の係争のすべてが当然に裁判所の司法審査の対象になるものではなく，一般市民法秩序と直接の関係を有しない内部的な問題は右司法審査の対象から除かれるべきものであることは，叙上説示の点に照らし，明らかというべきである。」

同様の見解は共産党袴田事件（最判昭63・12・20判時1307号113頁）でも維持されている。特に政党の場合は，「高度の自主性と自律性を与えて自主的に組織運営をなしうる自由を保障しなければならない」として，政党の党員処分が一般市民法秩序と直接の関係を有しない内部的な問題にとどまる限り，裁判所の審判権は及ばないとしている。また，地方議会の懲罰権に関しては，議員たる身分にかかわる除名処分のみを司法審査の対象とし，それ以外の懲罰については地方議会の自律権に委ねられるとしている（最大判昭42・5・24刑集21巻4号505頁）。前述（本節2(1)(b)(ウ)）の宗教団体の懲戒をめぐる事件も，団体の内部問題ということもできる。

(3) 統治行為

(a) 統治行為の観念

統治行為とは，高度な政治性を有する特殊な国家行為について，司法審査が可能であるにもかかわらず，その高度な政治性のゆえに裁判所の審査の対象から除外される行為をいう。この理論は国家機関の行為について裁判所が法的判断を下しうるにもかかわらずそれを自粛する理論であるから，たとえば，出訴事項が制限されていた明治憲法下の行政裁判所制度のように，裁判所の権限が

制限されている場合には必要となることはない。また，一般に憲法上明文で定められているわけではなく，むしろ反対に，これらの国家行為に司法統制が及ぶことが憲法上の前提とされているにもかかわらず，解釈上その統制を排除しようとするところにこの理論の特徴と問題点がある。しかし，国家機関の行為に対する法治主義・司法的統制が広く認められている諸外国においても，たとえばアメリカでは「政治問題」（Political Questions），フランスでは「統治行為」（Act de Gouvernement）などとして，判例法上承認されている。そして，これまで見てきたように，法律上の争訟に当てはまる場合には国家機関の行為であっても司法審査の対象となるのが憲法上の原則であるが，わが国でも統治行為を肯定する判例が見られる。

(b) 統治行為を認める根拠

統治行為が，憲法上の原則に反するにもかかわらず，なお憲法上の要請として認められるためには，相当の理由が必要である。この根拠としては，これまで大別して次の二点が主張されている。第1は，裁判所の政策的配慮からの自制ととらえる自制説である。高度の政治性を有する行為について，裁判所が国会・内閣などの政治部門の判断に介入してそれを違法・違憲とすると，それによって政治的紛糾が引き起される可能性があるので，そのような事態を回避するために裁判所は政策的考慮からその権限の行使を自制すべきであるとする見解である。第2は，権力分立制下の司法権の本質的限界，すなわち，司法権の内在的制約としてとらえるべきであるとする内在的制約説である。この説に分類される見解としては，国家行為には政治部門に最終的決定権が認められるべき問題があり，それは司法部が法の適用という作用を通して，適法性のみの問題として決定することはできない性質のものであるとする見解，国民の統制を受けない裁判所は国民に対する政治責任を負えないので，高度に政治的な行為は裁判所による司法統制ではなく，選挙や世論を通じた国民による政治的・民主的統制によることが合理的でありかつ適当であるとする見解などが見られる。これらの見解は，法治主義の原則だけではなく，国民主権・議会制民主主義・責任内閣制などのほかの憲法原則に配慮する必要性を容認する見解といえよう。

統治行為論を認めることは裁判所に期待される違憲審査を通した憲法保障の役割を否定することになるという根本問題を抱えてはいるが，憲法上の原則相互の調和的な理解の必要性も否定しがたく，それを簡単に一蹴しえないとこ

ろにこの問題の難しさがある。

(c) 統治行為の範囲

統治行為が認められるとして，いかなる行為が統治行為に含まれるべきであろうか。統治行為は法治主義および司法部の任務から考えると例外的に容認されるにすぎず，それゆえその範囲も限定されるべきであるということができる。したがって，①「高度の政治性」を認めるとしても，国家存立の基礎や国家統治の基本に密接な関係を有する事項に限るべきであり，②内閣・国会等の国家最高機関の裁量的行為，もしくは，それらの自律的決定に属する事項として位置づけうる場合には，統治行為論ではなくそれらに司法権排除の論拠を求めるべきである。ただし，それらの権限に基づく憲法問題にかかわる行為が裁判所によって安易に追認されてよいということではない。裁量権の問題とする場合は，裁量権の濫用や限界の踰越による制限が伴うことになる。③国民の基本的人権の侵害が問題となっている具体的訴訟事件で，人権保障のためにその国家行為の違憲性を審査することが不可欠であると認められるときは，人権保障機関としての裁判所の役割が重視されるべきで，統治行為論は用いられるべきではないといえよう。

以上のような限定的な視点に立つと，統治行為として容認されうる行為類型も相当限定されることになる。まず，国家の外交的・対外的行為および安全保障など国家の命運にかかわるような重要事項は，統治行為に該当しうるであろう。具体的には条約の締結（内容・締結手続ともに司法審査の対象たりうる）や新国家・新政府の承認（国際法上の原則との適合性），さらには，現在の防衛法制を前提とすれば，自衛隊の防衛出動命令（防衛出動の要件の充足）などが該当することになろう。さらに根本的には自衛隊法そのものの合憲性の問題も統治行為とされる可能性がある（Ⅱ部7章1節3(3)参照）。次に，国会と内閣との間の関係に関する行為，たとえば衆議院の解散（解散の要件の充足）や臨時会召集の請求に対する召集時期についての内閣の判断も統治行為に属するとされている。

しかし，安全保障の問題を除き，条約の締結や新国家の承認，衆議院の解散などは憲法上内閣に付与された権限の行使に関する問題であり，いずれも権限行使に伴う裁量権の問題として考えることもできる。そして，裁量論で臨む場合には，常にその限界の確定が問題となることになる。しかし，国会および内閣の憲法上の権限をめぐる裁量権の限界を一義的に確定することは困難であり，

そうであるからこそそれらの合憲性審査を回避するために統治行為論が採用されるとも考えられる。統治行為を限定する立場から見ると，裁量論と統治行為論は二者択一的な関係に立つべきことになるが，両者の区別は必ずしも明確とはいえないようである。

(d) 統治行為に関する裁判所の判断

最高裁判決における統治行為論と裁量権の関係も明確ではない。日米安保条約（旧）の合憲性が争われた砂川事件最高裁判決（最大判昭34・12・16刑集13巻13号3225頁）は，次のように述べ，統治行為論と裁量論のいずれに依拠しているのか判別が困難な議論を展開している。

> 安保条約は，「わが国の存立の基礎に極めて重大な関係をもつ高度の政治性を有するものというべきであつて，その内容が違憲なりや否やの法的判断は，その条約を締結した内閣およびこれを承認した国会の高度の政治的ないし自由裁量的判断と表裏をなす点がすくなくない。それ故，右違憲なりや否やの法的判断は，純司法的機能をその使命とする司法裁判所の審査には，原則としてなじまない性質のものであり，従つて，一見極めて明白に違憲無効であると認められない限りは，裁判所の司法審査権の範囲外のものであつて，それは第一次的には，右条約の締結権を有する内閣およびこれに対して承認権を有する国会の判断に従うべく，終局的には，主権を有する国民の政治的批判に委ねらるべきものであると解するを相当とする。」

この判決は，条約が違憲無効となる可能性を容認しているので，高度の政治性ゆえの政治部門の広範な裁量権を容認した判決であると考えられる。そして，このように考えると，条約の内容の合憲性は統治行為から除外されることになる。

明確に統治行為論を採用した最高裁判決は，衆議院の解散の合憲性が争われた苫米地事件判決（最大判昭35・6・8民集14巻7号1206頁）である。この判決は，前述の三権分立原理に由来する司法権の内在的制約として統治行為論を容認し，次のように述べて，衆議院の解散を統治行為とした。

> 「しかし，わが憲法の三権分立の制度の下においても，司法権の行使についておのずからある限度の制約は免れないのであつて，あらゆる国家行為が無制限に司法審査の対象となるものと即断すべきでない。直接国家統治の基本に関する高度に政治性のある国家行為のごときはたとえそれが法律上の争訟となり，これに対する有効無効の判断が法律上可能である場合であつても，かかる国家行為は裁判所の審査権の外にあり，その判断は主権者たる国民に対して政治的責任を負うと

ころの政府，国会等の政治部門の判断に委され，最終的には国民の政治判断に委ねられているものと解すべきである。この司法権に対する制約は，結局，三権分立の原理に由来し，当該国家行為の高度の政治性，裁判所の司法機関としての性格，裁判に必然的に随伴する手続上の制約等にかんがみ，特定の明文による規定はないけれども，司法権の憲法上の本質に内在する制約と理解すべきものである。」

自衛隊および自衛隊法の合憲性をめぐって，統治行為論を採用した下級審判決がある。保安林指定解除処分の合法性の前提問題として自衛隊法の合憲性が争われた長沼事件控訴審判決（札幌高判昭51・8・5行集27巻8号1175頁）では，自衛隊の合憲性の問題は統治行為に該当するとされた。基地用地の売買契約をめぐる百里基地訴訟第1審判決（水戸地判昭52・2・17判時842号22頁）は，自衛隊の合憲性審査に踏み込んで自衛のための戦力を持ちうるとの解釈を示したうえで，自衛隊が自衛のための戦力を超えるか否かの判断は統治行為に該当するとしている。しかし，いずれの判決も，統治行為を認めつつも，「一見極めて明白に違憲，違法の場合」には司法審査の対象となるとして，砂川事件最高裁判決の立場を踏襲している。また，厚木基地訴訟控訴審判決（東京高判昭61・4・9判タ617号44頁）では，自衛隊機の離着陸の差止請求に関して，自衛隊の規模・内容・程度・運用の決定には高度の政策判断が不可欠であり，いわゆる統治行為ないし政治問題に属するとしている。なお，これらの判決とは反対に，統治行為論を採用せずに自衛隊の合憲性を審査し，違憲判断を下した判決もある（長沼事件1審判決，札幌地判昭48・9・7判時712号24頁）。

第3節　最高裁判所および下級裁判所

1　わが国の裁判制度

(1)　裁判所の種類

司法権を担当する裁判所として憲法に明記されているのは，最高裁判所と「法律の定めるところにより設置される下級裁判所」の2種である（76条1項）。最高裁判所は憲法上設置しなければならない裁判所であるが，それ以外の裁判所については法律に委ねられている。裁判所制度の体系については，憲法は最高裁判所が違憲審査を行う終審裁判所であること(81条)を定めるのみで，裁判

第3節　最高裁判所および下級裁判所

所の種類や管轄および審級制度については触れていない。現在，下級裁判所としては高等裁判所，地方裁判所，家庭裁判所，簡易裁判所の4種の裁判所が設けられている。

(a)　最高裁判所

憲法上設置が義務づけられている唯一の裁判所である。明治憲法時代の大審院は法律によって設置されていたが，最高裁判所は憲法上の機関として位置づけられている。単一の存在で，東京都におかれる(裁判所法6条)。「最高裁判所は，その長たる裁判官及び法律の定める員数のその他の裁判官でこれを構成」する(79条1項)。最高裁判所長官は内閣の指名に基づいて天皇が任命し(6条2項)，それ以外の裁判官は内閣が任命する(79条1項)。長官以外の裁判官は現在14名とされており(裁判所法5条3項)，15名全員によって組織される大法廷と5名の裁判官によって組織される三つの小法廷がある(同9条)。法令等の最初の憲法判断，法令等の違憲判断，先例の変更にかかわる問題ついては大法廷の管轄と法定されているが，それ以外の詳細の決定は最高裁判所に委ねられている(同10条)。

最高裁判所裁判官の任命資格は，「識見の高い，法律の素養のある」40歳以上の者であるが，少なくとも10名は法律専門職(判事・検事・弁護士など)でなければならない(同41条)。また，定年は70歳である(同50条)。最高裁判所の裁判官には国民審査がある(79条2項，本章5節2(1)参照)。

(b)　下級裁判所

下級裁判所の種類は裁判所法によって以下のものが定められているが，その具体的な設置数や管轄区域は「下級裁判所の設置及び管轄区域に関する法律」別表で定められている。

㋐　高等裁判所　全国8カ所(札幌，仙台，東京，名古屋，大阪，広島，高松，福岡)に設置されており，それぞれの地域を管轄している。合議制が採用され，原則として3名で審理される(裁判所法18条，ただし，内乱罪は5名で審理する)。

㋑　地方裁判所　全国50カ所(北海道4，その他の都府県各1)に設置されている。地方裁判所は原則として1名の裁判官が事件を取り扱う単独裁判が採用されている。地方裁判所が控訴審ないし抗告審となる場合や法定刑の重い特定の事件については合議制によるものとされている(同26条)。地方裁判所は家庭裁判所および簡易裁判所の事物管轄に属する事件以外の事件を担当する(同24

㈦　家庭裁判所　　家庭裁判所は家事審判法の家事審判と調停，人事訴訟法の人事訴訟第1審の裁判，少年法の少年審判を扱う特別な裁判所である（同31条の3）。地方裁判所と同様に全国50ヵ所に設置され，かつ，審判は原則として1名の裁判官で事件を取り扱う（例外的に合議による）（同31条の4）。

㈢　簡易裁判所　　簡易裁判所は，民事事件では訴訟額が140万円以下の事件，刑事事件では刑罰が罰金刑以下の事件の第1審となる（同33条）。簡易裁判所はもっとも身近な裁判所として，全国で438ヵ所に設置されている。簡易裁判所は1名の裁判官が事件を取り扱うものとされ，その例外は設けられていない（同35条）。

(c)　下級裁判所の裁判官

高等裁判所以下の下級裁判所の裁判官は，最高裁判所が作成した指名名簿に従って内閣が任命する（80条1項，裁判所法40条1項）。任期は10年で，再任は可能である（裁判所法40条3項）。定年は高等裁判所，地方裁判所および家庭裁判所の裁判官は65歳，簡易裁判所の裁判官は70歳とされている（同50条）。なお，裁判官の弾劾および再任をめぐる問題については後に述べる（本章5節1(2)参照）。

(2) 審級制度

すでに触れたように，審級制度に関連する憲法規定は，最高裁判所を憲法問題の終審裁判所とする81条のみである。最高裁判所を終審裁判所としているところから，憲法問題については必ず最高裁判所の審理を受ける機会が保障されなければならないが，審級制度一般の決定は法律事項とされている（76条1項）。現在，基本的に三審制が採用されているが，それは憲法上の要請ということはできず，上訴理由の限定等も基本的には法律事項となる。ただ，過度に限定的な制度にした場合には，裁判を受ける権利の保障との適合性が問題となりうるが，最高裁判所は民事訴訟における許可抗告制度（高裁が許可した場合にのみ最高裁判所への抗告が許される）の合憲性が争われた事件で，最高裁判所に抗告を許すか否かは審級制度の問題であって，81条が規定するところを除いてすべて立法政策に委ねられているとするのが判例であるとして，許可抗告制度を合憲としている（最決平10・7・13判時1651号54頁）。

2 最高裁判所の地位・権限

最高裁判所は司法権の最高機関として、以下の権限を有する。

(1) 裁　判　権

最高裁判所は裁判所制度の頂点に立つ終審裁判所として、上告および訴訟法に特に定める抗告についての裁判権を有する（裁判所法7条）。最高裁判所への上告が認められる理由はそれぞれの訴訟法で定められており、下級審判決に憲法違反または憲法解釈の誤りがある場合（刑事訴訟法405条1号、民事訴訟法312条1項）、最高裁判所の判例および最高裁判所の判例がない場合にそれまでの最高位の判例と相反する判断がなされている場合（刑事訴訟法405条2号・3号、民事訴訟法318条－上告受理の申立て）などに限られている。

(2) 規則制定権

(a) 規則制定権の範囲

77条1項は、「最高裁判所は、訴訟に関する手続、弁護士、裁判所の内部規律及び司法事務処理に関する事項について、規則を定める権限を有する」と定め、最高裁判所に規則制定権を与えている。これは裁判という専門的・技術的な事柄については、それをよく熟知している裁判所自身に委ねるのが適当であるという実際的理由とともに、これによって裁判所の自主性と独立性を担保する趣旨であると考えられる。

規則制定権の範囲は77条1項に具体的に示されているが、これらの他に法律によって委任された場合も規則を制定することができる（たとえば、裁判所法9条2項の委任に基づく小法廷の裁判官の人数を定める規則）。

(ア) 訴訟に関する手続　規則制定権の対象としての訴訟に関する手続には、民事訴訟・刑事訴訟・行政訴訟の訴訟手続だけではなく、訴訟に準じる非訟事件手続、家事審判・調停手続、民事調停手続、少年保護処分手続なども含まれる。さらに広い意味では裁判所の組織・構成・管轄権なども訴訟に関連するといえるが、それらの裁判制度については76条1項により法律事項とされていると考えられるので、それらは規則制定権の対象には含まれない。したがって、規則制定権の対象たる「訴訟に関する手続」は、裁判所の組織・構成などを除外した訴訟の進行に関する手続に限ると考えられている。しかし、31条の法定手続の保障との関係で、刑事手続の基本構造や国民の基本的人権に直接関係の

ある事項は法律事項であり，かつ，これについて重ねて規則で規定することはできないとするのが通説である。したがって，最高裁判所が規則で定めることができるのは，訴訟手続の技術的・細則的事項に限られることになる。実際にも，民事訴訟法や刑事訴訟法などのように，訴訟手続の基本的な事項は法律で定められている。

(イ) 弁護士に関する規則　弁護士の職務・資格・身分は職業選択の自由に関係するので法律によるべきとするのが通説で，実際にも弁護士法で定められている。したがって，最高裁判所が弁護士に関して規則を制定しうるのは，弁護士が訴訟などで裁判所に関係する事項に限られると考えられている。

(ウ) 裁判所の内部規律に関する事項　職員の配置，任免，懲戒および執務時間など裁判所の管理・監督に関する事項をいう。裁判所の自律権に属する事項といえる。

(エ) 司法事務処理に関する事項　裁判事務そのものではなく，裁判所事務の分配や開廷の日時など裁判事務に付随するまたは前提となる事項をいう。

これらの事項のうち(ウ)と(エ)は裁判所の自律にかかわる内部的な事項といえるが，(ア)と(イ)は訴訟関係者である限り一般国民も拘束される事項といえる。検察官は形式的には行政部に属するが，刑事事件における一方の当事者となるために，77条2項は「検察官は，最高裁判所の定める規則に従はなければならない」と定め，検察官も裁判所規則の規定対象となること確認している。また，同条3項は，「最高裁判所は，下級裁判所に関する規則を定める権限を，下級裁判所に委任することができる」としており，下級裁判所は委任の範囲内で規則制定権を有する。そして，検察官はじめ訴訟関係者は，最高裁判所の委任に基づいて下級裁判所が制定した規則にも従わなければならない。一般に，「裁判所の規則」とは最高裁判所規則だけではなくこれらのすべての規則を含む。

(b) 規則制定権と法律との関係

前述のように，裁判所に規則制定権を保障した趣旨が裁判所の自主性と独立性を担保することにあるとすると，この規則制定権の所管事項を法律で規制することは立法部による干渉を許容することになり，この趣旨を侵害するのではないかという疑問が生じる。他方，実質的意味の法律は国会のみが制定しうるとする41条の趣旨からは，法律による規定対象は広範な方が望ましいといえる。また，憲法は司法権に関する多くを法律事項としており（31条・40条・64条2

項・76条1項・79条1項・4項・5項・80条1項など），法律による司法権の基本事項の決定を排除しているとはいいがたい。そこで77条と41条ないし憲法全体の趣旨の関係をどのように理解するかが問題となる。そして，この問題は最高裁判所の規則制定権の所管事項について法律で定めることができるか，もし可能であるとしたらどちらが優先するかという問題となって現れる。

　まず，前者の問題については，77条1項の規則制定権の趣旨は，その所定事項に関する限り法律の委任なしに最高裁判所が直接本条に基づいて規則により定めることができるという点にあり，法律によって定めることを禁止するものではないとする競合事項説（肯定説）が通説である。これは国会を唯一の立法機関とする41条にウェイトを置いて理解する見解で，77条の規則制定権の趣旨も司法部の自律性の保障よりもその実際的能力の活用に重きを置いて評価し，裁判所の専門的知識と経験を活用し尊重するのが適当と考えられる裁判の手続的・技術的な事項を中心に憲法上例外的に認められたものと理解する。これに対して，専属事項説（否定説）は裁判所の自律性に重きを置き，裁判所の独立は必要不可欠で，それを確保するための規則制定権は厳格に保障されるべきであるとして，憲法が定める規則制定事項は必ず最高裁判所規則で定めなければならないとする。さらに，両者の中間的見解として，77条1項所定の事項のうち裁判所の自律性に直接的にかかわる内部規律規則と司法事務処理に関する事項を規則の専属事項とし，それ以外については法律との競合を認める一部専属事項説（折衷説）がある。

　法律による規定事項の競合を認める場合（専属事項説以外）には，裁判所規則と法律との間に抵触が生じた場合の効力の優劣関係が問題となる。この点については，国会が制定する法律は憲法に次ぐ形式的効力を有し，法律が裁判所規則に優先するとする法律優先説が通説だが，77条には条例の場合のような「法律の範囲内」という制限の文言もないので裁判所規則が優先するとする規則優先説や，両者を効力上同位と考えて前法と後法の関係で優先順位を考える同位説もある。また，前述の一部専属事項説は，競合事項のうち国民の権利義務に直接かかわる事項（実質的意味の法律の内容をなす事項）は法律が優先するが，それ以外の事項については同位説の考え方によるとしている。

　以上のように，裁判所規則の規定事項を法律でも規定することを認め，かつ，両者が抵触する場合には法律が裁判所規則に優先するとするのが通説的見解で

ある。国会を唯一の立法機関とした41条の趣旨から，一般論として，法律と規則が競合する場合には法律が優先すると考えるのが適当であろう。規則制定権の保障は司法権の独立を担保する側面もあるので，裁判所の自律性を尊重し，規則制定事項のうち裁判所の自律にかかわる問題は規則の専属事項と考える折衷説も魅力的である。しかし，裁判官の人事は司法事務に属するので裁判所の自律的事項に含まれるが，後に見るように（本章5節1(2)参照），裁判官の職務執行不能の裁判は裁判官分限法で定められており，現行制度は通説的見解に基づいて構築されているといえる。

(3) 司法行政権

司法行政とは裁判所経費の予算作成，裁判官以外の職員の任免，司法行政の監督など司法部を運営する行政作用をいう。憲法上の明文の規定はないが，77条の「司法事務処理」に関する規則制定権の保障は，自ら制定した規則を運用する司法行政権を有することを前提としていると考えることができ，この77条や6章全体の趣旨から最高裁判所は司法行政監督権を有すると考えられている。裁判官および職員に対する監督権限を最高裁判所に与えている裁判所法80条は，このことを確認した規定といえる。なお，最高裁判所の司法行政権は最高裁判所の全裁判官で構成される裁判官会議によって行使される（裁判所法12条）。

(4) 下級裁判所裁判官の指名権

下級裁判所の裁判官は，最高裁判所の指名した名簿により内閣が任命する（80条1項）。最高裁判所が指名することとした理由としては，①裁判官の任命が内閣の政治的意図の下に行われることのないようにすること，②裁判官の任命を最高裁判所の指名に基づかせることによって司法部の自律性および独立性が損なわれないようにすること，および，③裁判官の適格性は内閣よりも最高裁判所が適正に判断しうることなどが考えられる。なお，裁判官の人事は司法行政事務に含まれるので，名簿は前述の裁判官会議によって決定される。

3 裁判の公開

(1) 裁判公開の原則 (82条1項)

(a) 対審と判決の公開

憲法は裁判に関する原則として，裁判が公開されることを求めている（82条1項・37条1項）。その趣旨は，裁判という公権力の行使を公開して国民の監視

の下に置くことによって，「裁判が公正に行われることを制度として保障し，ひいては裁判に対する国民の信頼を確保しようとすることにある」(最決昭33・2・17刑集12巻2号253頁)。

82条1項は「裁判の対審及び判決は，公開法廷でこれを行ふ」とし，対審と判決を公開の対象としている。対審とは訴訟当事者が裁判官の前で口頭によりそれぞれの主張を闘わせる審理の場面をいう。裁判手続の核心部分で，民事訴訟では口頭弁論，刑事訴訟では公判手続がそれに該当する。判決とは，訴訟当事者の申立てに対する裁判所の判断（結論）をいう。したがって，裁判手続のうちでも「対審及び判決」に当たらない部分，たとえば公判前の準備手続や判決前の裁判官の評議（合議による場合）は公開の対象とはならない。

(b) 公開の方法

裁判公開の目的は国民の監視の下で公平な裁判を実現することにあるので，本条の公開も国民一般に対する一般公開を意味する。この一般公開の方法が国民による傍聴であり，傍聴制度を廃止することおよび傍聴を禁止すること（2項で非公開とされる場合を除く）は許されない。しかし，これは傍聴制度の保障にとどまるのであって，個人の権利として傍聴する権利が保障されているとはいいがたい。法廷内の秩序維持や法廷の物理的限界などにより，傍聴の方法や人数が制限されうることは容認せざるをえない。また，訴訟関係人の審理の傍聴（当事者公開）は本条の公開には含まれないが，何らかの配慮が求められるべき問題といえる。

一般公開には，国民による傍聴だけではなく報道を通じた公開も含まれると考えられるので，裁判に関する報道を禁止することも許されない。実際にも，報道機関の取材用の傍聴席が確保されている。ただし，法廷における録音や写真撮影およびテレビ放映には，裁判所の許可が必要とされている(刑事訴訟規則215条，民事訴訟規則77条は録画と速記を追加)。最高裁は写真撮影の制限について，「公判廷における審判の秩序を乱し被告人その他の訴訟関係人の正当な利益を不当に害する」ことは許されないので合憲であるとしている（最決昭33・2・17前出）。また，傍聴席でのメモ行為申請不許可を理由として国家賠償を求めた法廷メモ制限事件（最大判平元・3・8民集43巻2号89頁）では，「筆記行為の自由は，憲法21条1項の規定の精神に照らして尊重されるべきである」とはしたものの，82条の裁判の公開は「各人が裁判所に対して傍聴することを権

利として要求できることまでを認めたものでないことはもとより，傍聴人に対して法廷においてメモを取ることを権利として保障しているものでない」としている。

(2) 公開の対象となる裁判の範囲——82条1項の「裁判」の意味

(a) 多様な裁判の種類と公開の対象

裁判所が審理し裁判する事件の種類は多様で，すべての裁判が82条の公開の対象となるわけではない。言い換えれば，82条は裁判の対審と判決を公開の対象としているが，対審構造をとらない裁判や判決形式によらない裁判もあり，それらは公開の対象とはならない。たとえば，民事事件の非訟事件や家事審判事件，少年法の少年保護事件，刑事事件の簡易裁判所による略式手続および行政罰の過料手続などがそれに該当する。82条1項がこれらを含む一切の裁判を公開の対象としているとすればこれらの裁判は違憲ということになるが，そのようには理解されていない。すなわち，82条1項にいう「裁判」とは，裁判所が裁判という形式で示す判断作用ないし法律行為のすべてを指すのではなく，実質的意味もしくは固有の意味の司法権の作用に属する裁判，言い換えるなら，対審構造と判決を構成要素とする法律上の争訟に当たる訴訟事件(具体的には民事・刑事・行政事件)をいうと考えられている。

> **＊訴訟事件と非訟事件**　民事事件は訴訟事件と非訟事件に大別される。訴訟事件とは当事者の主張する実体法上の権利義務の存否を確定し，それによって紛争を解決する裁判をいう。いわゆる司法権の行使に該当する裁判で，法律上の争訟である。これに対し非訟事件とは，国が後見的立場から関与し，当事者の主張を二者択一的に判断するのではなく，当事者にとって最適と考えられる権利義務関係（法律関係）を形成するような裁判をいう。非訟事件手続法に定められている事件（民事非訟事件と商事非訟事件）およびその総則規定が適用ないし準用される事件（たとえば家事審判事件および借地非訟事件）が非訟事件とされる。訴訟事件では当事者主義・口頭弁論主義の手続が採用され，裁判所の終局的判断は判決の形式により，公開法廷で口頭によって言い渡されるが，非訟事件の審理は非公開で，訴訟手続とは異なる簡易で弾力的な手続によって職権主義に基づいて審理し，口頭弁論を経ずに決定の方式で裁判が行われる。非訟事件は，法律上の争訟のように当事者間の権利義務に関する紛争の存在は前提とせず，紛争の予防のために裁判所が一定の法律関係を形成するもので，国家による民事領域への後見的介入といえる。本質的には司法作用というよりも行政作

用に属し，それゆえ必ずしも裁判所が判断しなければならないものではないし，かつ，82条の対審・公開・判決の手続による必要はないと考えられている。

　なお，行政罰の秩序罰および懲戒罰としての過料も，法令に特段の定めのない限り，非訟事件訴訟法に定める手続（同法206条以下）で行われる。過料は刑罰ではないので，非訟手続によることも許されるとされている。

(b)　「訴訟の非訟化」と訴訟と非訟の区別の問題

　私的生活領域に対する国家の後見的介入の要請が強まるにつれて，事件の簡便・迅速な処理および当事者のプライバシー保護などの理由から，訴訟事件として処理しうる紛争を非訟手続によって処理する立法が登場するようになった。また，刑事事件においても簡易裁判所による略式手続のように，限定された比較的軽微な事件について，本質的には訴訟事件であるにもかかわらず，事件の簡便・迅速な処理の観点から公判を省略している裁判もある。このように公開の対象とならない裁判は増大する傾向にあり，「訴訟の非訟化」とよばれている。前述のように，公開の対象とならない裁判が存在すること自体は容認されてはいるものの，特に民事事件の訴訟事件と非訟事件の区別に関して，何を基準として両者が区別されるべきか，また，両者を明確に区別することができるかが問題とされている。

　訴訟事件と非訟事件の区別については，事件を訴訟手続によるか非訟手続で処理するかは政策的に決定されるとする見解（公開非公開政策説）があり，最高裁も当初はこの見解に立脚したといわれている（最大決昭31・10・31民集10巻10号1355頁，非訟手続によるとされていた「調停に代わる裁判」を合憲であると追認した）。しかし，この見解によれば公開される裁判の範囲はすべて法律によって決定されることになり，憲法が裁判の公開を要求している意味が失われることになる。そこで事件の性質で区別する立場へと変更し，実体法上の権利義務の具体的内容を形成する裁判（形成裁判）の場合は非訟手続で処理できるが，実体法上の権利義務の存否を確定する裁判（確認裁判）すなわち「性質上純然たる訴訟事件」は，公開による対審と判決（82条）という訴訟手続によらなければならない（訴訟事件公開説）とする解釈を示した（最大決昭35・7・6民集14巻9号1657頁）。さらに，非訟事件の前提に訴訟事件で処理されるべき法律問題が存在する場合であっても，訴訟事件手続による道が残されている限り，非訟手

続によって処理することを容認している。たとえば，夫婦の同居義務の存在を前提として「夫婦の同居に関する処分」を非訟手続で裁判するとしていること（家事審判法9条1項乙類）に関して，実体的権利義務である夫婦の同居義務自体は訴訟事件として争うことができるので，その存在を前提とした形成的な処分を非訟手続よって決定しても憲法に違反しないとし（最大決昭40・6・30民集19巻4号1098頁），また，非訟手続による遺産分割処分の審判（同法同条同項乙類10号）の際に，その前提となる相続権等の存否を判断してもその存否自体は訴訟事件として別訴で争うことができるので違憲ではないとしている（最大決昭41・3・2民集20巻3号360頁）。

　この訴訟事件公開説が学説においても従来の通説的な見解といえる。しかし，福祉国家的要素が増大するにつれて裁判所に期待される役割も増大し，私的領域の問題に裁判所が予防的・後見的に介入することが期待されるようになってきており，「訴訟の非訟化」とよばれる現象は避けがたくなっている。また，個人のプライバシーや企業の秘密保護の観点からむしろ非訟手続による審理が求められる場合も少なくないといえる。そこで個人の権利保障や公正な裁判の実現の観点から，訴訟事件と非訟事件の性質による区別に固執せずに，公正な裁判制度の実現に必要な限りで非訟手続も憲法上容認されるべきであるとする傾向が強くなってきている。なお，最高裁と従来の通説は82条と32条の「裁判」は司法作用としての裁判すなわち訴訟事件を意味するとしているが，そのように理解すると非訟事件は32条の裁判を受ける権利の保障から除外されることになるので，「訴訟の非訟化」現象を容認する立場から，32条の裁判を受ける権利の「裁判」は非訟手続も含むとする有力な見解もある。この場合，82条と32条の「裁判」の意味は異なることになる。

　(c)　刑事手続における対審の省略

　刑事事件において公開の対象である対審(公判)が訴訟法上省略される場合がある。たとえば刑事訴訟法の弁論を経ない上告棄却の判決（同408条）および簡易裁判所の略式手続(同461条以下)がその例である。前者については全審級のいずれかの段階で公判が公開されていれば足りるので合憲であるとされている。後者については，略式手続は比較的軽微な刑事事件に限られていること，被疑者に異議がないことが前提であること，略式命令に不服な場合は正式な裁判が請求できることなどから，公正な裁判の実現の要請には反しないので合憲とい

える。

(3) 公開原則の例外 (82条2項)

　以上のように，法律上の争訟である訴訟事件は公開の対象となるが，その公開原則の例外として，裁判官の全員一致によって「公の秩序又は善良の風俗を害する虞がある」と判断した場合には，対審に限り非公開とすることができるとされている(82条2項本文)。何が「公の秩序または善良の風俗を害する虞がある」場合に該当するかが重要な問題である。公開が原則なので安易な非公開は許されず，非公開事由は制限的に理解されるべきであり，民法90条の「公ノ秩序又ハ善良ノ風俗」に反するとされる事件が当然に本条の非公開事由に該当するものではないと考えられている。また，非公開は「対審」のみであり，判決は対象とはならない。非公開（公開停止）とする場合は，「公衆を退廷させる前に，その旨を理由とともに言い渡さなければならない。判決を言い渡すときは，再び公衆を入廷させなければならない。」（裁判所法70条）とされている。なお，本項における非公開は，本来公開されるべき訴訟事件を非公開とする場合であり，非訟事件のようにもともと公開の対象とは考えられていない訴訟形態を対象にはしていない。

　憲法はこのように非公開とされる場合を予定する一方で，「但し，政治犯罪，出版に関する犯罪又はこの憲法第三章で保障する国民の権利が問題となつてゐる事件の対審は，常にこれを公開しなければならない。」(82条2項但書)として，裁判の公正を確保する視点から，絶対的に公開しなければならない場合を定めている。ただ，これらの絶対的公開事由は比較的限定的に理解されている。「政治犯罪」の場合は刑罰法規の保護法益を基準として判断すべきとされ，内乱罪（刑法77条以下）や外患誘致罪（同81条以下）などがそれに当たると考えられている。もっとも，裁判の公正を確保するという点からは，重大な犯罪で犯罪者の主観的意図が政治的動機にある場合も公開されるべき政治犯罪に含まれるべきであろう。「出版に関する犯罪」も出版そのものに関する犯罪および出版によることが犯罪の構成要件とされている犯罪がそれに該当する。具体的には，たとえば新聞・雑誌を利用して選挙の公正を害することを禁止した公選法148条および235条の2条に該当する場合や，内乱罪や外患罪に該当する行為の正当性および必要性を主張した文書等を印刷・頒布することを禁じた破壊活動防止法4条1項1号ニに該当する場合などである。また，「憲法第三章で保障する

国民の権利が問題となつてゐる事件」についても，人権にかかわる事件という意味ではなく，たとえば表現の自由の制限規定でもある名誉毀損罪（刑法230条）のように，人権を制限する法律に違反することが構成要件とされているような犯罪に限定されると考えられている。特に刑事事件に限定する文言はないが，前二者が「犯罪」であることおよび裁判の公正が問題となりうるのは歴史的には主に刑事事件であることからこのように考えられている。民事事件では，プライバシーをめぐる問題や企業のノウ・ハウに関する問題のように，個人や企業の権利・利益の保障の観点からむしろ非公開とされるべき場合も少なくないことが，民事事件を除外する一因とも考えられる。

＊非公開審理（インカメラ審理）　情報公開訴訟での非開示決定の当否の審理を公開の法廷で行うと，それにより当該文書を非開示とした意義が失われてしまうことになる。このような場合や営業秘密に関する審理のように公開法廷での審理に適さない場合に，裁判官だけが当該文書等を見て審査することをインカメラ審理（イン・カメラ・レビュー）という。民事訴訟法223条6項および著作権法114条の3第2項が採用している。非公開という点では憲法の裁判公開の要請に反するが，公正な裁判の実現には非公開審理も必要な場合もあるといえる。公正な裁判の実現の観点からそれを導入する合理性があれば，憲法に違反しているとはいえないであろう。

第4節　違憲審査制

1　違憲審査制の背景と意義

　違憲審査制は法令や国家行為の憲法適合性を審査する制度である。19世紀の初めにアメリカ連邦最高裁判所が判例法上確立したのが違憲審査制の始まりである（1803年マーベリー対マジソン事件）。その後，政治権力の暴走を経験し悲惨な結果を招いた第二次世界大戦後に，憲法制度を維持することを通して権力間の均衡抑制を図る仕組みとして広く普及した（その意味では，権力の均衡抑制の一要素としての違憲審査制は，立法部および行政部による憲法侵害の可能性を前提としているといえる）。

第4節　違憲審査制

　違憲審査制が導入される前提として，憲法の最高法規性が承認されている必要がある。憲法が国法体系における最高法規であるからこそ下位法令は憲法に適合しなければならないのであり，裁判所も憲法を優先させて法解釈をしなければならないのである。軟性憲法のように憲法が法律と対等な場合には，少なくとも法律が憲法に違反することを理由として無効となることはない。そして，この違憲審査制によって憲法を頂点とする国法体系が維持され，憲法が法令や国家行為による侵害から守られる。言い換えるなら，わが国の場合，国会や内閣による侵害から憲法が守られるということでもある。違憲審査制は憲法の最高法規性を担保するとともに，憲法秩序を守る憲法保障の制度でもある。これが違憲審査制の第1の意義といえる。

　違憲審査制の第2の意義は，憲法が人権保障をその主要な内容とすることに伴って，違憲審査制が人権を侵害する法令や国家行為から国民の権利・自由を守る人権保障の制度とし機能することにある。それゆえ，違憲審査権を行使する機関は人権保障を実現する機関と位置づけられる。どの国家機関がその役割を担うかはそれぞれの国の制度設計によるが，一般的に具体的な個人の権利保障は裁判を通して争われるので，裁判所の役割とされるのが通例である。わが国の場合も，憲法を含む法令の解釈適用は最終的には訴訟を通じて裁判所によって決定されるので，裁判所に人権保障機関としての役割が期待されることになる。このように違憲審査制によって裁判所が人権保障の最後の砦としての役割を担うことになり，人権保障が裁判所の本質的な任務の一つとして位置づけられることになる。

　このように違憲審査制の導入によって裁判所は「憲法の番人」となった。その役割を積極的に果たすには厳格な合憲性審査を実行することが求められるが，他方，特に法律の合憲性審査の場合，少数の裁判官が国民の代表機関である国会が制定した法律を無効としうる制度でもあるため，民主的な多数者意思を重視する立場から，裁判所は違憲立法審査権を謙抑的に行使すべきであるという批判にもさらされる。すでに見た「司法権の限界」（本章2節3）もこの議論と関連しており，司法部と他の国家機関との関係をどのように理解するかという根本的な問題となっている。ただ，違憲審査制自体が立法と行政という政治部門への懸念を前提としていることは留意されるべきで，裁判所が過度にその行使に消極的になることは本来の制度趣旨に反するというべきである。

> **＊フランスの憲法院**　違憲審査権を裁判所に委ねる裁判所型が一般的な形といえるが，フランス憲法院（Conseil constitutionnel）のように，裁判所以外の機関にその行使を委ねる政治機関型も存在する。これはそれまでの議会中心主義から転換し，憲法によって法律事項すなわち議会権限を限定した「合理化された議会制」において，議会の権限踰越を監視するための機関として設けられた。元大統領と9名の委員（大統領，元老院議長，国民議会議長が3名ずつ任命）によって構成され，権限の一つに大統領の審署前の組織法律（憲法を補完する法律）や普通法律等の合憲性審査権がある。提訴権者などの制限はあるが，一定数の議員による提訴も可能となったことにより野党が合憲性審査の申立てをできるようになった。また，人権規定が合憲性審査基準となることが認められたことによって，憲法院が人権保障機関としての役割も担うようになってきている。

2　違憲審査制の類型と性格

　裁判所による違憲審査には，それぞれが特徴的な性格を持つ二つの類型が存在する。

(1)　司法裁判所型（アメリカ型）——付随審査制

　違憲審査制の発祥の地はアメリカ合衆国である。しかし，それは連邦憲法には規定されておらず，1803年のマーベリー対マジソン事件連邦最高裁判決によって判例法上確立されたものである（Ⅰ部1章3節2参照）。この判決は，①合衆国憲法は人民の意思として権力分立による制限政体を定めており，立法部の権力も制限されている，②憲法が至上の国家法である以上，憲法に反する法律は無効でなければならない，③法の解釈は司法部の役割であり，二つの法が衝突する時には裁判所はそれぞれの効力を決定しなければならない，④憲法と法律が対立する場合に法律を適用すべきとすることは立法部を全能とすることに他ならず，制限政体を定めた人民の意思に反することになるので，この場合には憲法を適用しなければならない，として裁判所による違憲立法審査を認めたのである。

　このようにアメリカ合衆国で誕生した違憲審査制は，立法部による憲法の侵害を防止するために，訴訟の中で法律の合憲性が問題となったときには裁判所はその合憲性を審査しうるというものである。したがって，①違憲審査権は通

常の裁判所によって，通常の裁判の一部として裁判に付随して行使される，②その前提として，その事件が訴訟として成立している必要があり，通常の訴訟に必要な当事者適格，訴えの利益および事件性などが必要とされる，③通常の訴訟では判決はその事件に限り効力を有するので，違憲判決でも判決の効力はその事件にしか及ばない，という特徴を有する。

また，違憲審査の契機は個人の権利が侵害されたことを理由に司法的救済が求められた場合に限られるので，アメリカ型の付随審査制は本質的に個人の権利（私権）の保護に重点を置いた私権保障型であるといわれる。

(2) 憲法裁判所型（ドイツ型）――独立審査制

通常の司法裁判所とは別に憲法裁判所を置く制度である。ドイツに代表される制度で，ドイツの場合は憲法裁判所が裁判所における憲法判断を独占し，他の裁判所は憲法判断を下すことはできない。たとえば，民事や刑事の具体的事件で法律の合憲性が問題となった場合には，連邦通常裁判所の訴えに基づき憲法裁判所が合憲性の審査を行い，憲法裁判所が違憲とした場合には法律は無効となり，連邦通常裁判所はその法律を適用しないことになる。このような違憲審査の形態は具体的規範統制とよばれているが，この他にも抽象的規範統制と憲法訴願とよばれる形態がある。特に前者が憲法裁判所型の違憲審査の特徴を示すもので，具体的な訴訟事件とはかかわりなく，州法や連邦法に違憲の疑いがある場合にその合憲性の審査を求めることができる制度である。具体的訴訟とは関係がないことから，客観的憲法秩序の維持を図る制度であると評価される。提訴権者は連邦政府，州政府および連邦議会の3分の1以上の議員に限られている。憲法訴願（69年に追加）は，一定の要件の下で個人による憲法上の権利侵害の訴えに基づく審査を行う制度で，個人の権利保障を目的とする。このような違憲審査のスタイルは有するものの，特に抽象的規範統制が強調されて独立審査型ともよばれている。そして，ドイツの憲法裁判所は，ドイツ基本法（憲法）の前提をなす「闘う民主制」の理念を担保する制度として，憲法秩序の維持そのものに力点を置く憲法保障型の制度と考えられている。

3 日本の違憲審査制

憲法は「最高裁判所は，一切の法律，命令，規則又は処分が憲法に適合するかしないかを決定する権限を有する終審裁判所である。」(81条)として，最高裁

判所が違憲審査権を有することを明示している。この規定から最高裁判所が通常の訴訟の際に違憲審査を行う付随的違憲審査権を持つことに異論は見られないが、ドイツの憲法裁判所の抽象的規範統制のような抽象的違憲審査権を認めるか否かについては争いがある。

これを肯定する見解（独立審査説）は、81条によって最高裁判所には憲法裁判所的性格が与えられており、通常の訴訟とは異なった別の手続で抽象的規範統制を行うことができるとする。この見解には抽象的違憲審査のための提訴手続などを定めた特別の法律が必要であるとする見解と、そのような法律がなくても直接81条に基づいて抽象的違憲審査権を行使できるとする説がある。これに対して、裁判所が有するのは付随的違憲審査権のみで、81条から抽象的違憲審査権を導き出すことはできないとする見解（付随的審査説）がある。この見解は、81条は下級審も含めた裁判所が具体的な法律上の争訟を裁判する際に、それに必要な限りで違憲審査をなしうること、かつ、最高裁判所がそのような憲法判断の最終審であることを定めていると理解する。さらに、81条は違憲審査制の性格について特に規定してはおらず、それゆえ、法律によって抽象的違憲審査権の行使を可能にすることもできるとする見解（法律事項説）もある。

付随的審査説が通説・判例で、前述のような81条の解釈の論拠として、①具体的な争訟事件について法を適用して法的紛争を解決することが裁判所の本来の職務であり、違憲審査権もそれに必要な限度において行使すべきである、②憲法に特別な定めがないにもかかわらず抽象的違憲審査を認めることは、三権分立の観点から見て裁判所の権限が過大となる、という点が挙げられている。独立審査説の理解に基づいて自衛隊の前身である警察予備隊の合憲性を争った警察予備隊違憲訴訟で、最高裁は、「我が裁判所は具体的な争訟事件が提起されないのに将来を予想して憲法及びその他の法律命令等の解釈に対し存在する疑義論争に関し抽象的な判断を下すごとき権限を行い得るものではない。けだし最高裁判所が法律命令等に関し違憲審査権を有するが、この権限は司法権の範囲内において行使されるものであり、この点においては最高裁判所と下級裁判所との間に異なるところはない。」（最大判昭27・10・8民集6巻9号783頁）として、わが国の違憲審査制が付随的違憲審査制であり、すべての裁判所がそれを行使しうることを明言している。わが国の違憲審査は付随的違憲審査制として運用されている。

4　付随的違憲審査制の特徴

付随的違憲審査制は，裁判所が当該事件を解決するために法令や国家行為等の合憲性を判断する必要があるときに，事件解決に必要な限りで憲法判断を行う制度ということができる。司法権の行使に付随して違憲審査が行われることから，以下のことがわが国の付随的違憲審査制の特徴として導き出される。

(1) 事件性（争訟性）の要件

違憲審査権は裁判の際に行使されるので，まず何よりも争いが裁判として成立するものでなければならない。すなわち，前述のように具体的事件として「法律上の争訟」に該当する必要があり，そのためには事件性（争訟性）の要件を満たす必要がある（本章2節2(1)(b)参照）。

しかし，これまで見てきたように，裁判所が裁判権を行使するのは法律上の具体的事件である訴訟事件のみではない。裁判所は客観訴訟や非訟事件についても裁判する。そして，憲法は最高法規であるから，法令等の合憲性はいかなる事件においても問題となりうるのであり，適法に裁判所の判断を求めうる事件であれば，あらゆる性質の事件において違憲審査権が行使されることになる（たとえば客観訴訟である民衆訴訟でも違憲審査は行われる）。したがって，ここで「司法権の行使に付随する」という際の司法権の意味は裁判権に等しといえる。このようにわが国の違憲審査制を裁判権の行使に付随する違憲審査制と考えると，裁判所には客観訴訟や非訟事件の裁判権も法律によって与えられているのであるから，裁判所へ付与する具体的な裁判権の内容によっては独立審査制に接近する可能性もあるといえる。

いずれにせよ，事件性の要件は裁判所法3条1項所定の「法律上の争訟」該当性の問題であり，裁判所が扱うすべての事件に共通するわけではない。

(2) 必要性の原則

憲法裁判所制度とは異なり，司法裁判所による司法権の行使は個別の具体的な事件の解決を任務とするので，裁判の一部としての違憲審査権の行使もその事件の解決に必要な限度でなされれば足りると考えられている。これが必要性の原則である。この原則から，事件解決に必要のない憲法判断はすべきではないという帰結が導き出される。それは後に見る憲法判断回避の原則へと繋がる原則といえる。

(3) 違憲審査の主体

81条から最高裁判所が違憲審査権を有するのは明らかであるが、下級裁判所については必ずしも明らかではない。しかし、憲法裁判所が違憲審査権を独占する憲法裁判所型とは異なり、付随審査型ではすべての裁判所が司法権の行使に付随して違憲審査権を行使しうると考えられるので、最高裁判所だけではなくすべての裁判所が違憲審査権を有すると考えられている。前述の警察予備隊違憲訴訟最高裁判決も同様の見解であり、実際にもそのように運用されている。

なお、81条が最高裁判所を違憲審査の「終審裁判所」としていることから、憲法解釈が問題となる事件は最高裁判所まで上訴する機会が保障されていなければならない。すでに見たように（本章3節2(1)）、憲法違反または憲法解釈の誤りは最高裁判所への上告理由とされている（刑事訴訟法405条1号、民事訴訟法312条1項）。

(4) 違憲判決の効力

裁判所が違憲判断を下した場合、特に法律を違憲とした場合の判決効力については、その法律の効力を一般的に失わせるとする一般的効力説と、判決の効力はあくまでも当該事件にのみ及ぶにすぎないので、違憲判決の効力もその事件に限られるとする個別的効力説がある。ドイツ憲法裁判所の抽象的規範統制の場合には違憲判決に法律そのものを無効とする一般的効力が認められており、最高裁判所に憲法裁判所としての役割も認める独立審査説の立場から、一般的効力説が主張されている。付随審査説に立脚する通説・判例は、通常の司法権の行使としての判決はその事件に限り効力を持つこと、一般的効力を認めると一種の消極的立法作用となり国会を唯一の立法機関とした41条に反することを理由に、個別的効力説によっている。したがって、法律が違憲とされた場合には、その法律が違憲であるためにその事件に適用されないことになるにとどまり、法律が当然に無効となるわけではない。最高裁判所が法律を違憲とする判決を下した場合には、最高裁判所はその要旨を官報に公告し、裁判の正本を内閣と国会に送付するものとされている（最高裁判所裁判事務処理規則14条）。法律の改廃はあくまでも国会に委ねられているのである。

5　違憲審査の対象

81条は「一切の法律、命令、規則又は処分」を違憲審査の対象としているが、

この列挙は対象を限定する趣旨ではなく，国法の形式である法律，命令，条例，議院規則，裁判所規則などはもちろん，行政処分や裁判等の国家行為も違憲審査の対象となる。ただし，「司法権の限界」から司法審査の対象とならない事項には違憲審査権も及ばない。さらに，以下の問題については争いがある。

(1) 条　　約

　条約の違憲審査をめぐっては，国際法の形式である条約にわが国の違憲審査権が及びうるか，条約にも国内法としての効力が認められる以上，国内の最高法規である憲法から自由にはなりえないのではないかという問題がある。条約は違憲審査の対象とはならないとする否定説は，81条および91条1項は条約を挙げていないこと，98条2項が条約の遵守を要求していること，条約は国家間の合意によって成立し一方の意思のみでは変更しえないこと，さらには，政治的に重要なものが多いことなどを根拠としている。この説は結果的に憲法が条約に優位することを否定する，あるいは，条約による憲法の実質的変更すら容認するので，条約優位説でもある。これに対し，憲法の最高法規性を重視する見解は，条約も国内法としての効力を有する以上，憲法に適合していなければならず，違憲審査の対象となるとする。この肯定説は条約に対する憲法の優位を認めるので，憲法優位説でもある。すでに見たように，最高裁は砂川事件判決において「一見極めて明白に違憲無効と認められない限りは司法審査権は及ばない」(最大判昭34・12・16刑集13巻13号3225頁) と述べており，条約に対する違憲審査の可能性を留保していると考えられる。

　条約の締結手続と憲法改正手続の難易を比較すれば，憲法改正の方がはるかに厳しいことは明白である。一般に各種国法の優劣はその制定改正手続の難易に比例するということができ，かつ，憲法改正手続よりもはるかに簡易な手続で締結できる条約によって憲法を実質的に改正しうるとすることは憲法の予定するところではないと考えられるので，条約も違憲審査の対象となるとする肯定説・憲法優位説が妥当というべきである。この説では内閣は憲法に反する条約は締結できないことになるが，内閣が合憲と判断して締結した条約を裁判所が違憲無効とした場合に，その処理が問題となる。この場合，条約の国内法としての効力は否定され実質的に国内では実施できなくなるが，国際法としては自動的に無効となることはないので，国会の事後承認を得られない条約の効力と同様の問題が生じることになる。内閣としては相手国と条約の改廃交渉を開

始するか憲法改正に着手するかのいずれかを選択せざるをえないことになろう。
(2) 立法の不作為

　立法の不作為とは国会が法律の制定や改廃の立法行為をしないことをいう。一般的に，立法行為は国会の裁量行為であるため，不作為が違憲審査の対象となることはないが，立法の不作為によって個人の基本的権利や自由が侵害されている場合には，違憲審査の対象となる可能性を肯定できそうである。学説でも①憲法の条文または解釈によって国会に立法義務が認められ，②合理的期間を経ても立法せずに放置していると認められる場合には，立法の不作為として違憲となりうるとする見解が有力である。しかし，立法の不作為といっても，直接的に権利を侵害する場合や法律の内容が権利保障として不十分な場合のように，法律が存在する場合にはその法律の合憲性を争えば足りる。したがって，立法の不作為の合憲性審査の可否が問題となるのは，法律を制定しないことによって違憲な状態が生み出されている場合に限られるといえる。そして，これに該当する場合としては，憲法による法律への委任が放置されたままで立法がなされていない場合，および，憲法解釈上立法義務を有するにもかかわらず国会がそれを放置している場合が考えられる。しかし，多くの法整備がなされている現在，前者に該当するケースは考えがたいし，後者についても立法政策の問題とされることが多く，裁判所が憲法上の不作為に該当すると判断することは期待しがたい。したがって，論理的には立法の不作為に対する違憲審査を想定しうるものの，実際にそれが容認される可能性は少ないと思われる。

　なお，国会の立法行為の違憲性を国家賠償請求訴訟で争う事例も少なくないが，在宅投票制度廃止の違憲性が争われた事件において，最高裁は「国会議員の立法行為は，立法の内容が憲法の一義的の文言に違反しているにもかかわらず国家があえて当該立法を行うというごとき，容易に想定しがたいような例外的場合でない限り，国家賠償1条1項の規定の適用上，違憲の評価を受け難い」と判示し，立法行為を国家賠償で争う方法を実質的に否定している（最判昭60・11・21民集39巻7号1512頁）。しかし，下級審判決ではあるが，国会がらい予防法の隔離規定を改廃しなかった立法の不作為は国家賠償法上の違法性および過失がある場合に当たるとして国家賠償を認めたハンセン病国家賠償請求訴訟（熊本地判平13・5・11判時1748号30頁）のように，立法行為を理由とする国家賠償を容認した事例もある。また，戦後補償問題が立法の不作為を理由とす

る国家賠償請求の形で争われる場合もあり，請求を一部認容した下級審判決もある（山口地下関支判平10・4・27判時1642号24頁）。

(3) 国の私法上の行為

　国が公権力の行使ではなく，私法上の行為によって目的を達成する場合に，その行為を違憲として争いうるかが問題となる。これは百里基地用地の売買契約をめぐって提起された問題で，自衛隊基地用地を私法上の行為によって取得する行為は，98条1項の違憲の「国務に関するその他の行為」に該当する行為として無効となりうるか，私法上の行為だとしても直接憲法に違反して無効となりうるかなどが問題とされた。百里基地訴訟最高裁判決（最判平元・6・20民集43巻6号385頁）は，98条1項の「国務に関するその他の行為」は公権力の行使を意味し国の私的行為を含まないとし，土地の売買契約については，契約が「その成立の経緯および内容において実質的に見て公権力の発動たる行為と何ら変わりがないというような特段の事情がない限り，憲法9条の直接適用を受けず，私法の適用を受けるにすぎない」とした。このような最高裁の考え方（否定説）に対し，国家権力の統制を目的とする立憲主義の理念に照らし，国は私法上の行為であっても憲法に拘束されると考えるべきであり，憲法に違反することは許されないとする見解（肯定説）が有力である。なお，この肯定説では，契約の相手方の保護など対等な私法関係であることに配慮することも要件とされている。肯定説が問題とするように，同じ目的を達成しうる場合に，選択する手段（行為の性質）によって憲法による統制が及ばないことになるのは不合理というべきであろう。

6　憲法訴訟と憲法判断の方法

(1) 憲法訴訟

　何らかの形で憲法が争点とされている裁判を一般に憲法訴訟とよんでいる。「憲法訴訟」という特定の訴訟形態が法定されているわけではないので，民事・刑事・行政訴訟という通常の訴訟手続の過程で争われる。したがって，すでに見たように，付随的違憲審査制の下では通常の訴訟として成立することが憲法訴訟の第一関門となるため，憲法訴訟論ではその要件を充足するための法理論や理論的問題が検討されることが多い。憲法訴訟は公権力を統制する目的で提起されることも少なくなく，民衆訴訟や国家賠償請求訴訟などさまざまな訴訟

方法が活用されている。前項で見た違憲審査の対象もまたこの憲法訴訟の問題の一つといえる。

(2) 司法積極主義と司法消極主義

一般的に，わが国の裁判所は立法部や行政部の判断を過度に尊重し，積極的に違憲判決を出そうとしないということができる。このような裁判所の憲法訴訟・違憲審査権行使に対する基本的態度に関する見方として，司法積極主義と司法消極主義という区別がある。そして，この問題は「憲法の番人」と民主主義の相克の問題でもある。

司法消極主義とは，裁判所は政策決定者たる政治部門の判断をできる限り尊重し，違憲審査権を控えめに行使すべきであるとする考え方である。①国民に対して直接に責任を負わない裁判所は，国民によって選挙された民主的機関としての議会の意思を尊重して，法律が憲法と明らかに反しない限り反対すべきではない（民主政の理論），②事実上新しい立法となるような憲法解釈を行って議会の権能を侵害すべきではない（権力分立の原理）などを根拠として，司法の自己抑制を求める考え方である。わが国の裁判所は謙抑的に違憲立法審査権を行使し，法令等を違憲とすることはまれなので，この司法消極主義に立脚しているということができる。

これに対し，司法積極主義は，憲法の価値や理念の維持のためには，政治部門の判断に介入すること躊躇すべきではないとする考え方で，積極的に違憲審査権を行使し違憲判断を下すことを求める立場である。この立場からは，①そもそも議会の多数者の決定から少数者を保護することが違憲審査制の目的であり，個人の権利保障のためにも裁判所による違憲審査制が必要とされること，特に，表現の自由や選挙権のような民主主義の中核となる権利が制限されている場合は，議会の民主的な意思形成過程そのものが阻害されているので，もはや議会に任せることはできないこと，②国の違憲行為を是正して憲法秩序を保障するためにも積極的に違憲審査権が行使されるべきことが主張される。

積極・消極という場合，違憲審査に関しては二つの段階がある。一つは裁判所が憲法問題を取り上げて憲法判断に立ち入るかどうかの段階（憲法判断積極主義・消極主義）で，他の一つは憲法判断に立ち入った後に違憲判断を下すかどうかの段階（違憲判断積極主義・消極主義）である。たとえば，できるだけ憲法判断に立ち入らないで問題を解決しようとする憲法判断回避の原則は前者の段階の

手法であり，できるだけ合憲になるように法令の文言を解釈しようとする合憲限定解釈は後者の段階の手法である。わが国の裁判所の場合，この両段階において消極的であるといえるが，特に違憲判断に消極的であるといえる。前にも述べたように，憲法が裁判所に違憲審査権を付託した趣旨は憲法保障にあると考えられるので，過度な消極主義は憲法の趣旨に反するというべきであろう。

＊**ニュー・ディールと司法消極主義**　司法部門と政治部門のかかわりをもっともよく示しているのが，アメリカ合衆国のニュー・ディール政策をめぐる連邦最高裁判所の対応である。F. ルーズベルト大統領は経済恐慌を克服するために積極的経済政策（ニュー・ディール政策）を展開したが，それは古典的な自由放任主義を放棄する政策でもあるため，保守派が優勢だった連邦最高裁判所はニュー・ディール諸立法に対し違憲判決を連発し，従来の自由放任主義を擁護する態度を示した。この対立構造は，ルーズベルトの再選（1936年）と裁判官の「司法の自制」への立場変更によって解消されることになるが，この際に「賢明でない法律を法令全書から除くには投票箱と民主制の過程に訴えるべきだ」として司法消極主義を唱えたのはリベラル派だった。

---

(3) 憲法判断の方法

憲法訴訟も通常の訴訟の一側面にすぎないが，それでも憲法訴訟に特有の原則や手法などが見られる。

(a) 憲法判断回避の原則

憲法判断回避の原則とは，憲法判断に立ち入ることなく事件を処理できる場合には憲法判断を回避すべきである考え方である。この原則はアメリカ連邦最高裁判所の判決（1936年アシュワンダー対TVA事件）でブランダイス（Brandeis）裁判官が示した「憲法判断回避の7準則」（ブランダイス・ルール）で示されたもので，「憲法問題が適切に提起されていても，その事件を処理できる他の理由がある場合は，憲法問題について判断しない」（第4準則）とする考え方に現れている。司法消極主義の考え方を反映するもので，憲法判断はそれが事件解決に不可欠な場合に限って行うということであり，前に見た必要性の原則をさらに消極的に展開した原則ということができる。

わが国でも自衛隊の通信線を切断して自衛隊法違反の罪に問われた恵庭事件

（札幌地判昭42・3・29下刑集9巻3号359頁）で，この手法が用いられている。この憲法判断回避の手法については統治行為論と同様の問題がある。

　(b)　合憲限定解釈

　合憲限定解釈とは，審査対象となる法令に合憲部分と違憲部分とが含まれていて，広い解釈によれば法令が違憲となる場合に，限定解釈によってその法令の違憲部分を切り捨てて，法令が合憲となるように狭く限定して解釈する方法をいう。合憲限定解釈をすることによって違憲判決が回避され，違憲部分が解釈によって排除されることによりその部分による人権侵害が排除される。政治部門との対決を回避しつつ人権保障をはかる手法といえる。前述のブランダイス・ルールのうち「法律の合憲性について重大な疑いが提起されても，それを回避できるような法律解釈が可能であるかまず確認すべきである」とする第7準則がこれに相当するといわれている。この方法は，憲法を最高法規とする法体系の統一性の観点から法律は憲法に適合的に解釈されるべきであるとする要請，民主的な手続で制定された法律は合憲と推定されるべきであるとする合憲性の推定の原則などに適合的な解釈方法ということができる。他方，この方法に対しては，合憲限定解釈では法令そのものが違憲とはされないので違憲部分を含んだ法令がそのまま残されるという問題点，および，許される行為と許されない行為の限界が不明確なまま放置される危険性が指摘されている。特に刑罰法規の場合には罪刑法定主義の観点からも問題となる。

　合憲限定解釈は法令を違憲としない解釈方法なので，これを用いた判例は少なくない。代表的なものとしては，地方公務員の争議行為および「あおり」行為を禁止した地方公務員法の規定の合憲性が争われた都教組事件（最大判昭44・4・2刑集23巻5号305頁，違法性の強い争議行為において違法性の強いあおり行為を行った場合に限り処罰の対象となるとする「二重のしぼり」をかけて被告人を無罪とした），輸入禁制品を定めた関税定率法の合憲性が争われた税関検査事件（最大判昭59・12・12民集38巻12号1308頁，「風俗を害する」という文言の「風俗」とは性風俗を意味するとした），「淫行」の意味が問題となった福岡県青少年保護条例事件（最大判昭60・10・23刑集39巻6号413頁，「淫行」の意味を不当な手段によって青少年を自己の性的欲望の対象として扱っている場合に限定した）などがある。

　(c)　法令違憲と適用違憲

　憲法訴訟において法令は合憲か違憲かのどちらかである。適用されるべき法

令そのものを違憲とするのが法令違憲判決で，これに該当する最高裁判決はごく限られている（尊属殺重罰規定違憲判決・最大判昭48・4・4刑集27巻3号265頁，薬事法距離制限違憲判決・最大判昭50・4・30民集29巻4号572頁，森林法分割制限規定違憲判決・最大判昭62・4・22民集41巻3号408頁，議員定数不均衡違憲判決・最大判昭51・4・14民集30巻3号223頁，最大判昭60・7・17民集39巻5号1100頁，郵便法賠償責任免除規定違憲判決・最大判平14・9・11民集56巻7号1439頁）。最高裁の憲法判断の圧倒的多数は合憲判決である。

　これらの他に，法令自体は合憲とするが，その法令をその事件に適用することは違憲とする判決が見られる。適用違憲とよばれる方法である。しかし，その内容は複雑で，いくつかの類型に分けて説明されるのが一般的である。

　第1は，法令の合憲限定解釈が不可能の場合，すなわち，合憲的に適用されうる部分と違憲とされる部分とが不可分の関係にある場合，その法令をその事件に適用することを違憲とする方法である。この方法は猿払事件第1審判決（旭川地判昭43・3・25下刑集10巻3号293頁）で用いられており，国家公務員の政治活動を禁止した国家公務員法110条1項10号の規定を違憲とはせず，機械的労務に携わる現業公務員の勤務時間外の行為に対して適用される限りで違憲であるとしている。違憲な適用が不可避な法令そのものを違憲とすることも可能と思われるが，法令自体は違憲としないで被告人を救済しようとするものであり，合憲限定解釈に類似した手法といえる。

　第2は，法令自体は合憲であるが，憲法が保障する権利・自由を侵害する形で適用した場合のように，憲法に抵触するような法令の解釈適用の仕方を違憲とする場合である。たとえば，教科書検定制度そのものは合憲であるが，憲法が禁止する検閲に該当する検定制度の運用は許されないので，思想の事前審査にあたる検定不合格処分は取り消されるべきであるとした第二次教科書検定訴訟第1審判決（東京地判昭45・7・17行集21巻7号別冊1頁）がある。もっとも，この場合は違法な適用とすれば足りるとする見方もある。

　また，この類型に類似するものとして，法令の実施方法が憲法上要請される手続を欠いているために，その実施が違憲とされた場合もある。第三者所有物没収事件判決（最大判昭37・11・28刑集16巻11号1593頁）がその例で，密輸に使用した第三者所有の船舶をその所有者に告知・聴聞・弁解・防御の機会を与えずに没収した処分が違憲とされた。

第3は，法令の合憲限定解釈が可能であるにもかかわらず，それを行わずにその規定を適用する行為を違憲とするパターンである。全逓プラカード事件第1審判決（東京地判昭46・11・1行集22巻11=12号1755頁）がその例とされ，そこでは公務員の政治活動を禁止する国家公務員法102条1項および人事院規則14－7を合憲限定解釈すれば禁止された行為に該当しないにもかかわらず，限定解釈をしないでその規定を適用したことは憲法21条の表現の自由に反するとしている。

　以上の適用違憲とよばれる手法の他に，運用違憲とよばれるものもある。適用違憲と同様に法令自体は合憲とするが，その法令のその運用が違憲的に行われている場合に，その運用一般ないし運用の実態を違憲とする方法である。日韓条約反対デモ事件第1審判決（東京地判昭42・5・10下刑集9巻5号638頁）では，東京都公安条例の合憲性を前提に，東京都の集団行動に対する条件付き許可処分の運用実態が違憲性を帯びているとし，その運用の一環である当該処分を違憲とした。もっとも，この控訴審判決（東京高判昭48・1・16判時706号103頁）が指摘するように，違憲審査においては適用法令もしくは具体的処分について判断すべきということができ，運用状況は補助事実にとどまるというべきであろう。

(d) 事情判決

　事情判決は行政事件に認められた判決の方法で，処分等を取り消すことが公共の福祉に適合しないと認められる場合に，判決主文で処分等が違法であることのみを宣言する方法である（行政事件訴訟法31条）。本来行政事件に予定された手法であるが，裁判所が法令を違憲と考える場合でも，それを無効とすることによって生ずる実際上の不都合や政治的混乱を回避するために法令を無効としない判決の手法として，議員定数不均衡違憲判決（最大判昭51・4・14民集30巻3号223頁）で利用された。この事情判決の法理の援用によって，実質的には違憲のみを宣言する判決となっている。しかし，事情判決は違憲の法令を無効とする98条1項の原則を破るものなので，違憲無効判決を避けることに十分な理由がある場合に限られるといえる。なお，議員定数訴訟では投票価値の平等の他に合理的期間が違憲判断の要件とされているが，投票価値の平等は侵害されているが是正のための合理的期間内にあるとすることによって，実質的な違憲警告判決となっている（最大判昭58・11・7民集37巻9号1243頁ほか）。

第5節　司法権の独立と国民による統制

1　司法権の独立と裁判官の身分保障

(1)　司法権の独立

　司法権の独立とは，裁判所や裁判官に対する他の権力や外部からの圧力・干渉を排除することによって，裁判が公正に行われることを確保する原則をいう。政治的圧力によって裁判がゆがめられることを排除するだけではなく（広義の司法権の独立），裁判所内部においても裁判官がほかの裁判官から指揮命令を受けないこと（裁判官の職権の独立）を含む。

(a)　広義の司法権の独立

　司法権の独立は，第1に，司法権が立法権・行政権から分離・独立していること，および，それらの干渉を受けないことをいう。この広義の司法権の独立が問題となった事件として，警備中の警察官がロシア皇太子を襲って負傷させた大津事件（1891年）がある。政府は外交上の配慮から死刑判決を下すように大審院に働きかけたが，当時の大審院長児島惟謙はそれに従わないように担当裁判官に働きかけ，法律通り被告人を無期徒刑（懲役）とした。政府による裁判への干渉を排除することによって広義の司法権の独立が守られた事例として評価されている。

　この広義の司法権の独立を守るため，すなわち，他の国家権力による干渉を排除し裁判所の組織としての独立性・自律性を確保するために，裁判所には次のような権限が保障されている。まず，裁判所の組織に関して，司法行政権と下級裁判所裁判官の指名権（80条1項）が最高裁判所に保障されている。前者は司法行政を裁判所自身に委ねるもので，具体的には裁判所法80条によって確認されている。後者は最高裁判所に下級裁判所の自主的組織権を保障することによって，裁判の公正を担保することを目的とするものである。次に，裁判所の運営に関して，訴訟に関する手続，裁判所の内部規律および司法事務処理に関する事項を対象とした規則制定権が最高裁判所に保障されている（77条）。さらに，行政機関による裁判官の懲戒処分が明文で禁止された結果として（78条），裁判官の懲戒は裁判所自身によって裁判手続によってなされるものとされてい

(b)　裁判官の職権の独立（76条3項）

　司法権の独立は，第2に，裁判官の職権の独立も含む。裁判官の職権の独立とは，裁判官が裁判をするにあたって何者にも干渉されずに独立して職権を行使することをいう。この職権の独立は，「すべて裁判官は，その良心に従ひ独立してその職権を行ひ，この憲法及び法律にのみ拘束される。」とする76条3項によって保障されている。ここで「良心」とは法を解釈・適用する裁判官としての職業上の良心を意味し，「憲法及び法律にのみ拘束される」とは，形式的意味の法律のみならず法規範全体を指すと考えられる。裁判官は法と良心以外の何ものにも拘束されない。

　この裁判官の職権の独立は，その裁判官の外部から加えられる命令・指示・圧力などからの独立を意味するので，他の国家権力だけではなく，同じ司法部内部からの干渉も許されない。それゆえ，前述の大津事件における児島の行為はこの裁判官の職権の独立を侵すものと考えられる。

　なお，裁判官の職権の独立を担保し，裁判官が法と良心にのみ従って裁判が行うことができるようにするために，裁判官の身分保障と報酬の保障が用意されている。

＊裁判官の職権の独立が問題となった事例　①浦和事件（1949年）：参議院法務委員会が国政調査によって裁判所の下した判決の量刑を批判した（次項参照）。②吹田黙とう事件（1953年）：吹田事件の裁判にあたり，法廷内での被告人らの朝鮮戦争戦死者への黙とうを許可した担当裁判官の訴訟指揮が問題として取り上げられた。国会の裁判官訴追委員会が訴訟指揮の当否に関する調査を行うことを決定したこと，最高裁判所がその訴訟指揮を間接的に批判する通達を出したことが，司法権の独立を侵すものではないか問題になった。③平賀書簡事件（1969年）：長沼事件に関し，平賀札幌地裁所長が担当裁判官に対し自衛隊の違憲判決を避けるべき旨の書簡を送ったことが問題となった。最高裁判所は所長を注意処分とした。

　　(c)　司法権の独立と議院の国政調査権

　司法権の行使も国政の作用である以上，議院の国政調査の対象に含まれる。しかし，司法権の独立は憲法上の原則であるから，国政調査権の行使がこの原

則を侵害することは許されない。国政調査権の行使が司法権の独立を侵害するのではないかとして問題になったのが1949年の浦和充子事件である。参議院法務委員会が同事件を国政調査の対象とし，裁判所の下した有罪判決の量刑を批判したのに対し，最高裁判所は補助的権能説を主張し，「個々の具体的裁判について，事実認定もしくは量刑等の当否を審査批判し，又は司法部に対し指摘勧告するなどの目的をもって前述の如き行動に及んだことは，司法権の独立を侵害し，まさに憲法上国会に許された国政に関する調査権の範囲を逸脱する措置といわなければならない」と抗議した事件である。参議院法務委員会は独立権能説に基づいて反論したが，学説の多くは最高裁判所の見解を支持した。現在では補助的権能説に基づいて，司法権の独立を侵害するような国政調査権の行使は許されないと考えられている。具体的には，裁判官の自由な心証形成を妨げるような方法による国政調査，および，補助的権能説から導き出すことのできない目的（たとえば裁判または判決内容の当否の調査・批判）のための国政調査は許されない。浦和事件のような具体的裁判または判決内容の当否については，将来同種の事件を担当する可能性のある裁判官に対する圧力等になりうるので，判決確定後であっても許されない（Ⅱ部2章5節1(2)(b)(ア)参照）。

(d) 世論と司法権の独立

かつてマスメディアなどによる裁判批判が司法権の独立に対する侵害に当たるのではないかが問題となったことがある（松川事件）。しかし，司法権の独立は他の国家権力による干渉を排除する原則であって，司法権と権力分立上の均衡抑制関係にない国民世論による裁判への批判をも排除するものではない。裁判官と何らの支配関係にもない国民およびマスメディアによる裁判批判は自由である。

(2) **裁判官の身分保障**（78条）

憲法78条は，「裁判官は，裁判により，心身の故障のために職務を執ることができないと決定された場合を除いては，公の弾劾によらなければ罷免されない。裁判官の懲戒処分は，行政機関がこれを行ふことはできない。」として，裁判官が罷免ないし懲戒されうる場合を限定している。司法権の独立を保障するために，このような裁判官の身分保障が認められている。

(a) 裁判官の罷免

裁判官を罷免する一般的制度として，職務執行不能の裁判に基づく罷免と弾

効裁判による罷免の二種のみが存在する。ただし，最高裁判所裁判官に限っては国民審査による罷免もある。

(ｱ) 職務執行不能の裁判に基づく罷免　78条が規定する「裁判により，心身の故障のために職務を執ることができないと決定された場合」が，職務執行不能の裁判である。「心身の故障のため職務を執ることができない」とは，裁判官として執務することのできない程度の精神上の能力の喪失あるいは身体的故障で，長期にわたるものをいう。憲法上この決定は裁判によることを要し，分限事件として高等裁判所または最高裁判所によって裁判の手続でなされる（裁判官分限法1条・3条）。この裁判はあくまでも執務執行不能の決定にとどまるため，手続としては，任命権者が改めてその裁判官を罷免することを要する（同1条）。

(ｲ) 公の弾劾（弾劾裁判）による罷免　一般的に弾劾とは，公務員の罷免手続の一種で，国民の意思を根拠とする訴追行為に基づいて公権力が公務員を罷免する制度をいう。裁判官に対する弾劾制度が設けられた理由は，司法権も国民の信託に基づくものであり，裁判官の地位も究極的には国民の意思に根拠を置くべきことに由来する。すなわち，裁判官弾劾制度は15条1項の公務員の罷免権を裁判官について具体化したものといえる。

裁判官弾劾裁判所について，憲法は「国会は，罷免の訴追を受けた裁判官を裁判するため，両議院の議員で組織する弾劾裁判所を設ける。」(64条1項)としているが，「弾劾に関する事項は，法律でこれを定める。」(同条2項)として，詳細は法律に委ねられている。それを定めている法律は国会法および裁判官弾劾法で，それらによると弾劾裁判所は各議院から選挙された各7名（計14名）の国会議員（裁判員）で組織され（裁判官弾劾法16条），東京都に置かれるものとされている（同3条）。訴追は別に設けられる裁判官訴追委員会が決定し（国会法126条），その訴追を受けて弾劾裁判が開始される。訴追委員会は20名（各院10名選出）の国会議員（訴追委員）によって組織される（裁判官弾劾法5条）。最高裁判所のみならず「何人も」も訴追委員会に裁判官の訴追請求することができる（同15条）。また，訴追委員会自身が独自に職権で調査し，訴追することもできる（同11条）。ただし，訴追期間は原則として弾劾による罷免事由があったときから3年以内とされている（同12条）。

裁判官の罷免事由は，①職務上の義務に著しく違反し，または職務をはなは

だしく怠ったとき，または，②職務の内外を問わず，裁判官としての威信を著しく失うべき非行があったとき（同2条）に限られている。裁判官の身分保障・職権の独立から，罷免事由に該当するか否かは厳格に判断されるべきである。弾劾裁判所の裁判は終局的効果を持ち，弾劾裁判所の罷免の宣言によって裁判官は直ちに罷免され（同37条），検察官，弁護士，公証人となる資格も失う。上級裁判所への不服申立ての手段はなく，かつ，改めて免官の手続をとる必要もない。また，罷免の訴追を受けた裁判官は依願退職をすることは許されず（同41条，免官留保の制度），訴追逃れのための選挙への立候補ができないように，公職選挙法90条（公務員の立候補による退職）の適用除外を定めている（同41条の2）。2003年末まで7件6人の裁判官が訴追され，5件5人の裁判官が罷免されている。

表3　弾劾裁判の実例（2003年末まで）
罷免訴追事件（弾劾裁判）：7件，対象裁判官数：6名（同一人物が2回）
罷免判決：5件（5名が罷免）
資格回復裁判請求事件：6件（同一人が3回請求），資格回復：3名

	判決	資格回復	事件の概要
静岡地裁支部判事	1948年不罷免		知人の旅行に同行して勤務を無断欠席。その知人がヤミ物資取引で摘発され，警察に不問に付すように迫った。
大月簡裁判事	1950年不罷免		知人に自宅の捜索情報を事前に漏洩した。略式命令を受けた被告に，正式裁判を申し立てさせ，自分が担当した。
帯広簡裁判事	1956年罷免	回復請求棄却	事件処理を怠り，395件の略式事件を失効させた。事前に署名押印した逮捕状を職員に預け，職員が自由に令状を作成・交付した。
厚木簡裁判事	1957年罷免	回復	担当した調停事件の当事者から飲酒の接待を受け，発覚しそうになると自ら隠蔽しようとした。
京都地裁判事補	1977年罷免	回復	ロッキード事件をめぐり，検事総長を名乗る男による三木首相への偽電話の録音テープを，その内容が新聞で報道されれば政治的に大きな影響を与えることを認識しながら，新聞記者に聞かせた。
東京地裁判事補	1981年罷免	回復	自分が担当するゴルフ場会社の破産事件で，破産管財人の弁護士からゴルフセットや背広を受け取った。
東京高裁判事	2001年罷免	未請求	児童買春で逮捕・起訴され，有罪が確定した。

＊　1950年の大月簡裁判事と57年厚木簡裁判事は同一人物。また，この人物が3度資格回復請求を行った。

弾劾裁判所公式サイト／ライブラリー（http://www.dangai.go.jp/lib/lib1.html）参照。

弾劾裁判によって罷免された裁判官は，一定の場合に法曹資格回復の裁判を請求することができる（裁判官弾劾法38条）。この資格回復の裁判は，①宣告から5年経過し，相当とする理由がある場合，および，②罷免事由がないことの明確な証拠を新たに発見し，その他資格回復の裁判をすることを相当とする事由がある場合に行われる。2003年末までに罷免された5人の裁判官のうち3人が，長期間にわたり反省悔悟しかつ研さんにも励んでいたことなどを理由として，法曹資格の回復が認められている。

　(b)　裁判官任命の欠格事由

　裁判官任命の欠格事由に該当する場合も，裁判官となることはできない。裁判所法46条はこの欠格事由として，①他の法律により一般の官吏に任命されることができない者，②禁錮以上の刑に処せられた者，および，③弾劾裁判所の罷免の裁判を受けた者であることを挙げている。欠格事由に該当することになった場合，一般の国家公務員は当然に失職するものとされているが（国家公務員法76条），裁判官にはこの規定の適用がなく，かつ，すでに見たように憲法78条は裁判官の罷免を二つの場合に限定しているために，裁判官が在職中に欠格事由に該当することになった場合（前述の①および②の場合）の措置が問題となる。

　この問題については，欠格事由に該当することになった場合には一般の国家公務員と同様に当然に失職し，さらに弾劾の手続をとる必要はないとする説（当然失職説，弾劾裁判不要説）と憲法上身分が保障されている裁判官を罷免するには，憲法で定められた手続による必要があるとする説（非当然失官説，弾劾裁判必要説）がある。従来は前者が通説的見解であるとされていたが，2001年に弾劾裁判所は後者の見解に基づいて，児童買春・児童ポルノ処罰法違反の罪で有罪が確定した裁判官に対して弾劾裁判手続を進行させ，罷免している。その際に，弾劾裁判所は後者の見解に立脚した理由として，①裁判官には当然失職の規定（国家公務員法76条）の適用がなく，この規定に相当する規定もないこと，②裁判官の身分保障の見地から裁判官弾劾制度が設けられているのであるから，裁判官の失官は弾劾によるべきであること，③当然に失官すると考えると，執行猶予付き有罪判決を受けた裁判官は，執行猶予期間の満了によって資格回復裁判を受けずに資格を回復することになるが，有罪判決を受けないで弾劾裁判を受けた裁判官は，改めて弾劾裁判所の資格回復裁判を受けなければ資格を回

復できないので不均衡であること，を挙げている。
　(c)　裁判官の懲戒

　78条の文面上は行政機関による裁判官の懲戒を禁止するのみであるが，司法権の独立を保障する観点から，裁判官の懲戒を司法部の自律に委ねていると考えられる。裁判所法49条は「職務上の義務に違反し，若しくは職務を怠り，又は品位を辱める行状があつたとき」に，「裁判によつて懲戒される」として，懲戒の公正さを確保するために懲戒は裁判手続によるものとしている。この裁判は分限裁判の一種で，地方裁判所・家庭裁判所および簡易裁判所の裁判官については高等裁判所（5人の裁判官による合議）が，高等裁判所と最高裁判所の裁判官については最高裁判所（大法廷で審議）が裁判権を有する（裁判官分限法3条）。なお，裁判官の身分保障の観点から，裁判官はその意思に反して，「免官，転官，転所，職務の停止又は報酬の減額をされることはない」(裁判所法48条）とされており，その結果，懲戒処分の種類は戒告と1万円以下の過料のみに限られている（裁判官分限法2条）。最近の懲戒処分の事例としては，妻の捜査情報を入手して弁護士に漏洩したために戒告処分となった事例がある(弾劾裁判の訴追請求がなされたが，訴追委員会は不訴追とした)。

> ＊**寺西判事補事件**　通信傍受法反対集会において裁判官であることを明らかにして発言したことなどが，裁判所法52条1号が禁止する「積極的に政治運動をすること」に該当するとして戒告処分を受けた事例である。最高裁判所はこの処分に対する即時抗告の決定の中で，「積極的に政治運動をすること」の意味について，「組織的，計画的又は継続的な政治上の活動を能動的に行う行為であって，裁判官の独立及び中立・公正を害するおそれがあるものが，これに該当すると解され，具体的行為の該当性を判断するに当たっては，その行為の内容，その行為の行われるに至った経緯，行われた場所等の客観的な事情のほか，その行為をした裁判官の意図等の主観的な事情をも総合的に考慮して決するのが相当である。」と判示している（最大決平10・12・1民集52巻9号1761頁）。なお，5名の裁判官の反対意見がある。

　(d)　その他の保障

　裁判官の報酬の保障も身分保障の一部である。79条6項は最高裁判所の裁判官について，80条2項は下級裁判所の裁判官について定めている。いずれも

「この報酬は，在任中，これを減額することができない。」としているが，2002年，人事院が公務員の給与引下げを勧告したことを受け，最高裁判所は裁判官給与の同率引下げを決定している。この報酬の保障は裁判官の職権の独立を担保するための身分保障の一つであるから，特定の裁判官の給与のみを減額することは許されない。また，公務員のうち裁判官の給与のみを減額することも司法部に対する侵害に当たるといえよう。しかし，財政上の理由などから他の職種の公務員と同様に一律に減額することは，司法権の独立や裁判官の身分保障に対する侵害には当たらないということができる。なお，裁判官の報酬は「裁判官の報酬等に関する法律」で別途定められ，法的には人事院勧告に連動しているわけではない。

　裁判官の定年制（79条5項・80条1項）および下級裁判所の裁判官の任期制（80条1項）も身分保障の一部をなす。任期制が身分保障の趣旨を含むと考えることによって再任を希望する限り再任されることが原則となり，再任されない場合は78条の罷免事由に準ずるような合理的な理由がある例外的な場合に限られることになる。1971年に再任希望の判事補の再任が拒否され，それが政治的理由によるのではないかと問題になったが（宮本判事補再任拒否事件），最高裁判所は再任の決定は自由裁量であるとしている。しかし，裁判官の任命・再任の透明化を図るため，2003年に裁判官の適格性を審査する第三者機関として下級裁判所裁判官指名諮問委員会を設置するに至っている。もっとも，同委員会は初年度に近年まれな大量の不適格判定を出しており（再任希望者180名のうち6名が不適格とされ，最高裁判所は再任希望を取り下げなかった2名を不再任とした），前述の任期制に込められた身分保障の趣旨とは異なる基準で判断していると推測される。

2　司法権に対する参加と統制

　司法権の独立は憲法上の要請であるが，司法権も国民の信託によって裁判所に委ねられているのであるから，国民による何らかの統制や国民の司法権への参加を排除するものではない。憲法は前者の統制の制度として，公の弾劾（前項参照）と最高裁判所裁判官の国民審査（79条2項）を定めている。憲法は国民参加の制度を用意してはいないが，陪審制度や参審制度のような制度を採用することは可能である。また，検察審査会は検察への参加ではあるが，広い意味

では司法への参加ということができる。

(1) 最高裁判所の裁判官に対する国民審査

最高裁判所裁判官は，任命後の最初に行われる衆議院総選挙の際に国民審査に付され，さらに，10年経過後の総選挙の際に繰り返し国民審査に付される（79条2項）。この国民審査で投票者の過半数が罷免を可とした裁判官は罷免されるが（同条3項），登録有権者の1％以上の投票があることが成立要件とされている（最高裁判所裁判官国民審査法32条）。これはすでに最高裁判所裁判官に任命されてその地位にある者を罷免するもので，リコール制度の一種である。罷免の理由は制限されていない。また，制度の仕組みから，可能性の上では一度も国民審査を受けない裁判官も存在しうる。憲法は国民審査の投票権者の資格要件について特に規定していないが，最高裁判所裁判官国民審査法4条は「衆議院議員の選挙権を有する者」としている。また，投票方法は罷免を可とする裁判官の投票欄に×を記入し，可としない裁判官の投票欄には何も記入しないものとされている（同15条）。

(2) 司法への国民参加

裁判に対する国民参加の制度としては，陪審制度と参審制度がある。陪審制度は，刑事事件について，一般国民の中から選ばれた陪審員が被告人を起訴するか否か（大陪審）もしくは有罪か否か（小陪審）を認定する制度で，英米で採用・発達した。陪審員が裁判官から独立して判定を下す点で，参審制度とは異なる。参審制度は，一般国民の中から選ばれた参審員が裁判官と同席し，裁判官とともに合議体を構成して裁判する制度で，フランスおよびドイツで発達した。わが国でも1923（大12）年に陪審法が制定されたが，1943（昭18）年に停止されたまま今日に至っている。憲法は司法への国民参加については触れていないが，いずれの制度も導入は可能である。ただし，陪審による事実認定が裁判所を拘束する場合（小陪審）には違憲の可能性があることが指摘されている。

(a) 裁判員制度

2004年5月，特定の刑事事件（死刑や無期の懲役・禁錮に当たる罪，および，懲役1年以上の事件で故意の犯罪行為で被害者を死亡させた罪）を対象に裁判員制度が創設され，5年以内に実施されることになった。この裁判員制度は国民（裁判員）が裁判官と合議体（原則として6名の裁判員と3名の裁判官によって構成）を組織して裁判する制度で，司法への国民参加の理念の下に，刑事裁判に対する

国民の参加を義務付けるものである。

　裁判員は20歳以上の有権者から抽選で無作為に選ばれ，裁判員への圧力や働きかけを予防するために，氏名は非公開とされている。裁判員は裁判官と対等の権限を持ち，事実認定，法令の適用および量刑の決定を行う。評決は条件付の過半数（少なくとも裁判官1人が多数意見に加わっていることが必要）による。裁判員に選ばれた国民は裁判所に出頭する義務を負い，正当な理由なく出頭しない場合は10万円以下の過料に処せられる。裁判員を辞退することは原則として許されず，辞退が認められる理由は限られている（70歳以上の高齢者や学生などのほか，育児・介護など「やむを得ない事由」など）。また，裁判員は評議等について無期限の守秘義務を負い，違反した場合は6カ月以下の懲役または50万円以下の罰金が科される。収賄罪の対象ともなる。

　裁判員の任務を遂行することに起因する不利益な取扱い（たとえば，任務のための休職を理由とする解雇）は禁止され，かつ，事件に関して裁判員に接触することを禁止するなど裁判員の保護も図ってはいるものの，裁判員となる国民の個別的な事情に応じた細かな配慮には欠けるようである。特に，裁判が長期化する場合には，任務遂行に伴う損失補償など多くの実際的な問題が生じることが予想される。また，職業専門家によって運営されてきた裁判に一般国民が参加するのであるから，そのための制度上のさまざまな改善も必要となるが，被告人の公正な刑事裁判を受ける権利が侵されてはならないので，改善にも限界がある。特に対象が重大な刑事事件であるだけに，裁判の安易な迅速化や簡略化は許されないであろう。さらに，警察情報に基づいたマスコミの事件報道など，裁判員の心証形成の自由に対する社会的な影響が問題となる可能性もある。裁判員制度は，その理念にかかわらず，それを実行するには克服すべき実際的な多くの課題が存在しそうである。

　(b)　検察審査会ほか

　「公訴権の実行に関し民意を反映せしめてその適正を図るため」に，検察審査会制度が設けられている（検察審査会法1条）。その設置数は政令に委ねられている。各審査会は衆議院議員の選挙権を有する国民の中からくじで選ばれた11名の検察審査員によって構成される（同4条）。審査会は被害者等の申立てまたは職権で検察による不起訴処分の当否を検討する（同3条）。審査員には守秘義務が課せられる（同44条）。刑事裁判に限定した裁判員制度とともに，国家刑罰

権の行使へ国民参加の制度であり，広い意味では司法権への参加制度ということができる。

　また，民事事件に関しては，家事審判および人事訴訟における参与員制度（家事審判法10条，人事訴訟法9条）および簡易裁判所の司法委員制度（民事訴訟法279条）なども国民の司法参加制度の一つといえる。参与員・司法委員ともに，裁判官ともに審理や和解協議に加わり，当事者に質問し自ら意見を述べることができる。ただし，評決権は持たない。離婚訴訟などの人事訴訟が地方裁判所から家庭裁判所の管轄に変更されたことに伴い，参与員制度も拡充された。参与員は「徳望良識のある者の中から」（参与員規則1条），司法委員は「良識のある者その他適当と認められる者の中から」（司法委員規則1条），毎年あらかじめ家庭裁判所が選任し，その中から事件ごとに指定する（家事審判法10条2項，人事訴訟法9条3項，民事訴訟法279条3項）。参与員には守秘義務が課せられる（家事審判法30条2項，人事訴訟法11条）。

第5章　財　　政

第1節　日本国憲法における財政制度

1　財政処理の基本原則

　財政は本来行政作用に属するので，内閣に規定することも可能であるが，明治憲法が「会計」として独立の章を設けていたことに倣って，「財政」として独立の章を設けている。財政に関する基本的な考え方は，国民代表としての国会が国の財政をコントロールする財政立憲主義ないし財政民主主義の原則の確立にあり，「国の財政を処理する権限は，国会の議決に基いて，これを行使しなければならない。」とする83条に示されている。

　国の財政処理権限の内容は，①租税の賦課徴収など財力取得のための命令強制の作用である財政権力作用と，②国が取得した財力の支出その他広く財政を管理する作用である財政管理作用からなる。前者が課税で，後者が予算である。83条はこれらの財政処理について国会を中心とした処理を求めており，国会の議決する基準に従って財政処理権限が行使される。具体的には，租税の賦課徴収に関する税法などの法律の制定（84条），毎会計年度の予算の議決（86条）および国庫債務負担行為に対する個別の議決（85条）などによって，国会は国の財政処理をコントロールするものとされている。なお，83条の「国の財政」とは中央政府の財政のみを意味するが，財政民主主義の観念は近代憲法における財政の一般原則として，地方公共団体の財政に対しても当てはまる。

2　財政に関する国会の権限

(1)　租税法律主義（84条）

　租税とは，特定の役務に対する対価としてではなく，国または地方公共団体の経費のための財力を取得する目的で，それぞれが有する課税権に基づいて，

一般国民に対して強制的に賦課・徴収する金銭的負担をいう。税金は国や地方公共団体が国民および住民のための行政を行う上での主要な資金源であり，それゆえ国民には納税の義務が課せられている (30条)。しかし，それは国民の財産権に対する一方的・強制的な侵害でもあるため，租税の賦課・徴収は恣意的であってはならず，かつ，租税に関する透明性・予測可能性を確保するためにも，課税対象や税率，課税方法などはあらかじめ国民に示され，国民の同意を得ていなければならい。これを具体化したのが，納税義務者，課税物件および税率などの課税要件と租税の賦課・徴収の手続等は，国民の代表機関である国会が議決する法律で定められなければならないとする租税法律主義である。「あらたに租税を課し，又は現行の租税を変更するには，法律又は法律の定める条件によることを必要とする。」という84条の規定は，この租税法律主義の原則を示している。

(a) 租税法律主義の内容

租税法律主義の具体的内容として，まず，租税の種類，納税義務者，課税物件，課税標準および税率などの課税要件と税の賦課・徴収手続が法律で定められていなければならないということができる。一般に，この要請は課税要件法定主義とよばれている。しかし，それだけでは不十分で，さらに，法律（またはその委任に基づく政令や省令）で定めるそれらの要件や手続も，できるだけ一義的で明確である必要がある。この要請を課税要件明確主義という。租税法律主義はこの課税要件法定主義と課税要件明確主義からなる。そして，法治主義の原則からは当然とはいえるが，これらの法定事項に基づいて税務執行がなされなければ租税法律主義の意義が実現されないので，特に税務執行上の要請として，税務は法律に定められた手続に従って執行されなければならないという租税行政の合法律性の原則が帰結される。

以上のような租税法律主義の内容および趣旨から，さらに租税法規の類推・拡張解釈の禁止，租税法領域での不確定概念，概括条項，自由裁量規定の導入の禁止および行政先例法・慣習法の否定なども帰結される。また，人権制限としての性質から罪刑法定主義と同じように考えれば，遡及立法（課税）の禁止・租税法律不遡及の原則も租税法律主義の一内容といいうるし，刑事手続と同様に，「疑わしきは国庫の利益に反して」の原則も税法上の原則と考えられている。このように租税法律主義からさらに多様な原理が派生しているといえる。

租税法律主義を完全に徹底すると租税に関する事項はすべて法律で定めるべきことになるが，84条はそこまで要求するとは考えられていない。すなわち，命令への包括的・一般的委任は許されないが，課税要件などの基本的事項を法律で明確に定め細目を命令に委ねるような委任であれば租税法律主義に反しないとされている。委任は明示的・具体的・個別的であることを要する。また，地方税と関税のように，その賦課徴収に関して法律以外の法規範がかかわる場合があるが，いずれも租税法律主義には反しないとされている。地方税の場合，地方公共団体の課税権の根拠については解釈上争いがあるが，現行法制上は地方税法に基づいて条例によって地方税の税目や税率等を定めるものとされている（地方税法3条）（Ⅱ部6章3節2(3)参照）。関税も関税法および関税定率法によるが，条約に特別の定めがある場合は条約によるものとされている（関税法3条）。

> **＊通達課税の問題** 通達とは，上級官庁が下級官庁に対して，法規の運用等に関する準則や解釈基準などを示す一種の行政処分をいう。行政内部の意思伝達形式であり，それ自体としては国民を拘束する効力を有しない。国税各法の基本通達は法令解釈や適用の一般方針を内容としており，現実には国民に対して拘束的な影響力を持っていることが少なくない。旧物品税法が課税対象としていた「遊戯具」にパチンコ台も含まれるとする通達に基づいて課税が開始されたことが，租税法律主義に反するのではないかとして争われた事件で，最高裁は，通達を機縁として課税が行われても，通達の内容が法の正しい解釈に合致する以上，その課税処分は法の根拠に基づく処分ということができるとして，その訴えを退けている（最判昭33・3・28民集12巻4号624）。

(b) 経済的公課と租税法律主義

租税が国民にとって一方的・強制的な金銭的負担であることはすでに述べたが，このような公権力により一方的に賦課徴収される金銭的負担は税金に限らない。負担金や手数料などの経済的公課（租税以外の公の金銭負担）がそれである。

> **＊負担金と手数料** 負担金は国や地方公共団体が特定の公共事業行う場合に，その事業に要する経費に充てるために，その事業に特別の関係を有するもの（受

> 益者・原因者など）に対して賦課する金銭的負担で，都市計画法（75条）や道路法（58条・61条）などに見られる。特定の人に対する特定の事業のための負担である点で税金とは異なるが，公権力により一方的に賦課徴収される点は税金と共通しているので，その賦課徴収には法律の根拠が必要とされている。手数（使用）料は，国または地方公共団体が国民のために行う公の役務に対する反対給付として徴収する料金または公の施設の利用に対する反対給付として徴収する料金で，利用者の自由意思に基づく承諾によって支払われる限り強制的要素はないが，各種の試験や検査・証明などの手数料のように，特定の行為を要求するときに必ず負担しなければならない場合には，事実上強制されていると考えることもできる。

　これらの経済的公課も，公権力により一方的・強制的に国民に金銭給付義務を賦課する場合に相当するので，国会のコントロールの下に置かれる必要がある。そこで財政法3条は，「租税を除く外，国が国権に基いて収納する課徴金及び法律上又は事実上国の独占に属する事業における専売価格若しくは事業料金については，すべて法律又は国会の議決に基いて定めなければならない。」として，国民の金銭的負担を国会のコントロールの下に置くこととしている。

　問題はこの財政法3条の憲法上の位置づけであるが，従来の通説は84条の「租税」の意味を拡大することによってまたは租税法律主義の適用範囲を広く理解することによって，固有の意味の租税だけではなくあらゆる種類の経済的公課にも租税法律主義の原則が適用されるとし，財政法3条を84条の趣旨を確認した規定と位置づけてきた。これに対し，最近では，84条の適用範囲を本来の意味の租税に限定し，経済的公課に対する国会によるコントロールは83条の国の財政処理権限に基づくと理解する見解が有力となっている。この説には30条の租税とともに憲法上の租税の意味は固有の意味の租税に統一されるという利点があるが，それよりも近年この見解が有力となっている理由は，財政法3条自体が機能しないものとなっていることにあるといえよう。

> **＊財政法3条と財政法第三条の特例に関する法律**　財政法3条の適用範囲が広範であるため，その施行と同時（1948年4月）に施行された「財政法第三条の特例に関する法律」によって，財政法3条の「法律又は国会の議決」の対象は，①タバコの定価，②郵便，電信，電話，郵便貯金，郵便為替，郵便振替に関する

料金，③国有鉄道の旅客および貨物の運賃の基本賃率に限定された。しかし，1984年以降の国鉄・電電公社および専売公社の民営化によって，タバコの定価・旧国鉄の運賃・電話料金等が国会の議決対象からはずれ，主務大臣の認可もしくは届出によることになった（たばこ事業法33条，電気通信事業法31条など）。最後まで残っていた郵便，郵便貯金，郵便為替，郵便振替に関する料金も，2003年4月の郵便事業の郵政公社化に伴って総務大臣による認可制ないしは届出制に変更された（郵便法75条の2，郵便貯金法71条，郵便為替法38条の3・38条の4，郵便振替法65条・66条）。財政法3条の目的は妥当であるが，近年の一連の規制緩和および民営化によって，財政法3条および特例法の適用を受けて国会の議決の対象となるものはもはや存在しなくなっている。

(2) 国の債務負担行為についての議決 (85条)

債務負担行為とは，国債の発行や一時借入金など将来における国費の支出義務の負担を約束する行為をいう。85条はこのような債務負担を国会のコントロールの下に置くために，国会の議決に基づくこととしている。しかし，同条はこの議決の方式については特に定めていない。債務の種類や性質に応じて，法律の形式によるもの（償還期が次年度以降にわたる国債）と予算の形式によるもの（一時借入金，国庫債務負担行為）がある（財政法15条）。国債には建設国債（道路・港湾などの社会資本整備の事業資金等を調達するために発行する国債）と赤字国債（経常的な支出にあてる国債）があり，財政法4条は赤字国債の発行を禁止している。しかし，国は年度ごとに特例法を制定して赤字国債を発行してきており（特例国債），国債の発行残高は2002年度末で約500兆円（地方の長期債務残高との合計約700兆円）に達している。また，2003年度予算で見ると，歳入約82兆円のうち約36.5兆円が公債の発行によっている（公債依存率44.6％）。

(3) その他の権限

(ア) 予算の議決権 (86条・73条5号)　広く行政を執行するために国費を支出する必要があるが，この支出についての国会の議決は予算の議決という形式で行われる（86条）（次節参照）。

(イ) 予備費の議決権 (87条1項)　予算に予見し難い不足が生じた場合，時間的余裕がある場合は補正予算によるが，そのような時間的余裕がない事態のための予防的措置として予備費の制度が設けられており，その決定が国会の議決の下に置かれている。内閣は「相当と認める額」を予備費に計上することが

できるが（財政法24条），国会の議決はこれを承認するものであり，国会の議決後は予備費は内閣の責任において管理・支出される。予備費が支出される「予見し難い予算の不足」には，予算の各費目の金額に不足が生じた場合のほか，まったく新しく支出する必要が生じた場合も含まれる。予備費は使途内容が不明確なままで設けられているため，支出後に国会の承認が必要とされている（87条2項）。国会の承認は予備費の支出が不当ではなかったという国会の意思表示にとどまり，国会が承認しない場合でも，すでになされた支出の法的効果に影響はない。国会への提出時期については，財政法36条3項が「次の常会」としている。

　㈦　決算の審査権（90条1項）　　内閣が執行した予算は，決算として会計検査院による検査を経た後に，次年度に検査報告とともに内閣によって国会に提出される。会計検査院は憲法上設置された決算の審査機関で，決算内容の合法性と的確性を確認する。その組織や権限等は法律に委ねられているが（90条2項），内閣に対する独立性が保障され（会計検査院法1条），検査官の身分も保障されている（同8条）。

　90条1項は，会計検査院の検査報告とともに決算を「国会に提出しなければならない」と定め，会計検査院のほかにさらに国会による二重の審査を求めている。この審査に決算に対する国会の議決権が含まれるか否か不明であるが，同様の規定が存在した明治憲法（72条）の下で決算が報告案件とされていたこともあり，政府は国会の議決を必要とする議案には当たらないとしている。実際にも，報告案件として両院に同時に提出され，各議院がそれぞれ独立に審査して意見を決定しており，国会としての意思決定をすべき議案として扱われてはいない。また，審議未了の場合も，法律案とは異なり，自動的に次の会期に継続するものとして扱われている。

　このような実務上の処理に対し，国会の審査権には国会としての議決権も含まれるべきであるとする見解もある。「国会による」財政の統制を重視すれば，国会としての意思表示を求めることにも合理的な理由があるといえる。ただし，この議決の性質は内閣の政治責任を明らかにするにとどまり，法的な効果は持たない。

　㈣　財政状況について内閣から報告を受ける権限（91条）　　国会は定期的に財政状況について内閣から報告を受ける。この趣旨は国の財政を国会および国

民に公開することにある。91条は，「定期に，少くとも毎年一回」としているが，報告の具体的な時期については財政法46条が定めている。

3　公金の支出などの制限（89条）

89条は「宗教上の組織若しくは団体の使用，便益若しくは維持のため，又は公の支配に属しない慈善，教育若しくは博愛の事業に対し」，公金その他公の財産を支出し，利用に供することを禁止している。前段の宗教団体への公金の支出等の禁止は，国や地方公共団体との財政的な関係を切断することによって，政教分離原則を財政制度面からの補強するものである。これにより明治憲法下で見られたような官幣および国幣神社への補助金の支出は許されないことになる。

後段は「公の支配に属しない慈善，教育若しくは博愛の事業」に対する公金の支出等を禁止している。89条が特にこれらの三事業について禁止した趣旨は明らかではないが，完全に私的かつ自主的に行われているこれらの事業を国や地方公共団体が公金の支出を手段として支配することを予防するとともに，これらの事業を名目として国費が濫用されることのないように予防していると推測される。「公の支配に属しない」事業の意味は，厳格に解釈すれば，国や地方公共団体の特別の統制や支配を受けずに自主的に行われている私的事業をいう。しかし，これらの三事業（慈善と博愛の事業の区別は明確ではない），特に，社会福祉事業や私立学校経営は，わが国の歴史的背景と現状から実際には公費による支援が不可欠な事業となっているし，25条の生存権や26条の教育を受ける権利の保障の観点からもむしろ支援が求められる領域となっている。「公の支配」の意味を厳格に解釈すればそれらへの財政支援は違憲となりうるので，後段の規定は財政民主主義の見地から公費の乱用を防ぐことにあると考え，「公の支配」の支配の意味を緩やかに解釈して，国の財政援助が不当に利用されることのないように監督する程度で足りるとしている。私立学校の場合，私立学校法および私立学校振興助成法に基づいて補助金（私学助成金）が支出されているが，国または地方公共団体は私立学校に対し事業の予算・人事・運用について重要な点で監督・関与しているので，「公の支配に属しない」教育の事業に対する公金の支出に該当しないとされている。公立幼稚園設立の要望が強い人口増加地域において私立幼稚園と同内容の事業を行う幼児教室への補助金交付等の助成措置の合憲性が争われた事件で，東京高裁（東京高判平2・1・29高民集43巻1

号1頁）は，①89条後段の趣旨は，公教育の趣旨・目的に合致しない活動への公の財産の支出ないしその濫費の防止にあるので，「公の支配」の程度はそれらの目的を達成しうるもので足り，事業の人事・予算などに公権力が直接的に介入すること要しない，②幼児教室は公立幼稚園の代替事業であり，その運営が町の助成の趣旨に沿って行われるべきことが確保されているので「公の支配」に服するものといえるとした。

第2節　予　算

1　予算の意義と法的性質

　予算とは会計年度における国の財政行為の準則で，主として歳入と歳出の予定的見積りをいう。予算はその年度の国家財政の大綱でもあり，政府の行政活動の指針ないし基礎となる。それゆえ，憲法は予算の作成・提出権を行政の執行者である内閣に専属させ（73条5号），それを統制するために国会に予算議決権を与えている（86条）。
　この予算には，①政府のみを拘束し，一般国民を直接拘束しない，②効力は1年（1会計年度）のみで法律のような永続性を持たない，③内容は歳入と歳出に関する計算を扱うだけである，④提出権，衆議院の先議権および衆議院の優越などの議事手続が法律とは異なる，⑤法律とは異なり公布を要しないなどの法的特徴がある。このような特徴を踏まえて，予算の法的性質をどのように理解すべきかについて，学説上対立が見られる。

(1)　予算行政説

　予算に法的拘束力を認めない見解である。この説によれば，予算は行政行為（計画）であって議会に対する意思表示にすぎないし，国会の議決も政府の1年間の支出を承認する意思表示にすぎないとされる。財政処理権限はもともと行政作用に属すること，および，予算と法律はその性質を異にすることを主な論拠としている。この見解に対しては，予算に対する国会の民主的コントロールを弱め，財政国会中心主義（83条）の原則に反するという批判が加えられる。

(2)　予算国法形式説

　予算は法律ではないが，法的性格を持った国会の議決を経て定立される国法

の一形式(予算という独自の法形式)であるとする見解である。予算は法律と異なり一般国民を拘束するものではないが,財政行為の準則として国家機関を拘束するので,一種の法規範として効力を持つとする。財政民主主義の観点から予算を純然たる行政行為と考えるべきではないこと,憲法も提出権・衆議院の先議権および衆議院の優越などの議決手続について,予算と法律とを区別していることを主な論拠としている。この見解が通説である。

(3) 予算法律説

　予算は法律そのものであるとする見解である。国会による財政のコントロールを重視し財政民主主義を徹底すべきこと,予算を法律として扱っている諸外国(フランスやアメリカ合衆国など)もあること等が論拠とされる。予算が法律であるとすると,憲法が特に予算について法律と異なる決定手続を定めていることが問題となろう。この予算法律説に見られるように,予算を法律として定めることもできるが,明治憲法以来,法律とは区別された「予算」と称する特別の形式を採用している。そして,前述のように,予算には法律とは異なるいくつかの特徴があり,憲法は予算を法律とは区別して扱っている。これらの特殊性を考慮すれば,予算は法律とは区別される特殊な法形式というべきである。

　なお,予算は一種の法規範として効力を持つということができるが,それは予算のうちの一側面に限られる。歳入に関しては,徴税などの実際の歳入権限は各種税法などの別の法律で与えられており,予算はその年度の歳入の見積もりにとどまるので特別な法的な効力は認められない。歳出については法規範としての性質を認めうるが,歳出自体は法律の執行にすぎないので,内閣は予算に示された目的や金額の範囲内で国費を支出する権限を与えられるもしくは予算の範囲を超えた支出をすることができないという拘束を受け,その限度で予算は国家機関を拘束する法規範としての効力を持つにとどまる。

2　国会の予算議決権

(1) 予算議決権

　すでに見たように,予算は政府の行政活動の基礎であるため,その作成および提出権は内閣に与えられている(73条5号)。その予算の議決権は国会にあるが(86条),その手続は法律の場合とは異なっている。予算は衆議院に先に提出しなければならず(60条1項,衆議院の予算先議権),議決に関しても法律の場合

よりも強い衆議院の優越が認められている（同条2項）。予算は両議院が議決をすれば成立するが，①両院が異なる議決をし，両院協議会を開いても意見が一致しない場合，もしくは，②参議院が衆議院の可決した予算を受け取ってから30日以内に決議しない場合（国会閉会中の期間を除く）には，衆議院の議決がそのまま国会の議決となる。特に後者の場合，30日の期間の終了とともに予算は自動的に成立する（自然成立）ことになるので，2月中に衆議院が予算を可決すれば，年度内の来年度予算成立はほぼ確実となる。憲法上予算は公布の対象とはされていないが，実際には官報で告示されている。なお，衆議院の先議権や議決における優越は，衆議院を第一次的に国民を代表する機関として位置づけていることを示している。

(2) 予算修正の限界の有無

憲法による予算の作成権と決定権の分散は，予算修正の限界をめぐる解釈問題を生み出している。まず，国会による予算修正の可否について，予算行政説は国会に予算発案権がないことを理由に原則として予算修正はできないとする立場に立つが，他の二説は国会による修正は可能であるとしている。国会法は，予算の修正動議に関し，衆議院では50人以上，参議院では20人以上の賛成を必要とすること（国会法57条の2），増額修正については内閣に意見を述べる機会を与えなければならないこと（同57条の3）など，国会による修正を前提とした規定を置いている。したがって，予算修正の可否については，立法的にも修正可能であることで解決しているといえる。

問題は修正の限界の有無である。政府は「国会の予算修正については，それがどの範囲で行いうるかは，内閣の予算提案権と国会の審議権の調整の問題であり，憲法の規定からみて，国会の予算修正は，内閣の予算提案権を損なわない範囲内において可能と考える」（1977年2月23日衆議院予算委員会における政府統一見解）としている。この問題は，内閣の予算作成・提出権と国会の議決権をどう考えるか，どちらに重心を置いて考えるべきかという問題に他ならない。予算作成・提出権を内閣固有の権限と考え，それを尊重する立場に立てば，国会による修正を認めないか予算の同一性の範囲内にとどまる限定的な修正に限ることになる。反対に，国会による議決・財政民主主義を予算制度の核心と考える場合には，内閣の予算作成・提出権は行政実務の便宜上付与された程度のものと位置づけ，国会による最終決定権を重視することになる。政府の見解は

前者の立場に立つものといえる。そして，予算の法的性質をめぐる議論は実質的にこの議論と結合している。予算行政説は予算の行政作用としての側面と内閣の権限を重視し，国会による修正を原則的に否定するが，予算を法律と考える予算法律説は，国会は法律としての予算の内容を自由に決定することができるので，国会の修正権に限界を認めない。予算国法形式説のみが，内閣の権限を国会の議決権と同程度に尊重する折衷的見解と国会の議決権を重視する見解に分かれ，前者は増額修正を予算の同一性を損なわない範囲に限定し，後者は無制限の増額修正も認めている。

　国会による修正のうち減額修正（予算案の部・款・項・目のうち款・項を排除またはその金額を削減する修正）については，国会の予算修正権に限界はないとする無制限説が通説といえる。明治憲法とは異なり，現行憲法には減額修正を制約する条項（明治憲法67条）は存在しないこと，財源の問題は生じないので政治的処理によって解決しうることなどがその理由である。これに対して，国会にも法律と予算を一致させる義務があり，法律と予算とについてまったく異なる議決をなしうるものではないという理由から，減額修正自体は許されるが，歳出の根拠となった法律には拘束されるとする見解もある。

　増額修正（予算案にない款・項を追加または款・項の金額を増加する修正）については，予算の同一性が保たれる範囲内という制限付きで増額修正を認める見解（予算案の同一性を失わせるような全面的な修正，および，内閣の発案権を侵害するような修正は許されないとする見解）が多数説のようである。主な理由としては，①憲法が予算作成・提出権を内閣に専属させていることを尊重すべきこと，②大幅な増額修正の財源を国会が自ら用意することは困難であることなどが挙げられている。これに対し，①国会が財政処理の最高議決機関であること，②国会が予算を否決し新たな予算を内閣に提出させることができるのであるから，国会に無制限の増額修正を認めない理由はないことなどを理由に，無制限で増額修正が可能であるとする見解も有力である。理論的には国会は何度でも予算案を否決できるのであるから，修正権に限界を設定しない方が合理的であり，財政国会中心主義にも合致しているといえよう。

(3)　予算と法律の不一致

　予算は行政計画の経費的見積もりであり，その支出の根拠となる法律は別に定められていなければならない。すなわち，予算だけ計上されていてもそれを

支出する根拠となる法律が制定されていなければ支出することはできないし，法律はあってもそれを実行するための支出が予算に計上されていなければ，公金を支出することはできない。これが予算と法律の不一致の問題である。

まず，予算は成立したが法律が成立しない場合であるが，支出の根拠法が成立しない以上それを執行することはできないので，内閣は法律案を国会に提出して議決を求める他はない。政治的解決以外に方法はない。次に，法律が成立しているにもかかわらず予算が成立しない場合であるが，内閣は法律を誠実に執行する憲法上の義務（73条1号）を果たすことができないので，この状態を解消するための何らかの措置をとらなければならない。その際の措置としては，補正予算を提出し国会の議決を求めるのがもっとも適当な方法であるが，経費の流用（財政法33条2項）や予備費の支出（87条，財政法24条・35条）などによって対応することも可能である。このような予算不足は議員立法による予算を伴う法律の可決や予算の増額修正の場合に生じやすいので，そのような法案や予算修正案に対して国会法は内閣の意見表明権を保障している（国会法57条の3）。

3 予算の内容と種類

予算の内容は，予算総則・歳入歳出予算・継続費・繰越明許費・国庫債務負担行為からなる（財政法16条）。歳入歳出予算が予算の中心である。継続費は予算一年主義の例外で，公共土木事業など数年継続して経費を支出する必要がある場合に，その年度の支出額を定めるものである。繰越明許費は翌年度への支出の繰り越しをあらかじめ認めるもので，国庫債務負担行為とは，経費の負担が翌年度以降になるような場合に，将来の債務負担についてあらかじめ国会の承認を得ておくものをいう。

予算が前会計年度のうちに通常に成立し確定すれば問題はない（確定予算）が，会計年度の開始時までに成立しない場合に，応急的に暫定予算が作成される（財政法30条1項）。この暫定予算は一定期間に限定して国会の議決によって暫定的に効力を与えられた予算で，正式な予算が成立した時に失効する。

予算が成立したあとも，諸般の事情により予算の内容を変更する必要が生じる場合がある。このようなときに補正予算が組まれるが，それを作成することができる場合は財政法に定められている（同29条）。なお，この場合，補正予算に対して最初の予算を本予算ないし当初予算とよぶ。

第6章　地方自治

第1節　日本国憲法における地方自治の保障

1　地方自治の観念

　自治とは，一般論的な定義を試みるなら，個人や集団が自らの責任において自分達のことを決定し処理することということができる。そこには自らのことについて他者からの干渉を受けないという自律的要素ないし自由主義的な要素と，集団における決定は構成員の同意に基づいて行うという自己統治の要素ないし民主主義的要素が含まれている。そして，地方自治とは，住民の意思に基づき，住民の責任と負担においてその地方の政治・行政を行うことをいい，実際の統治制度においては，国家における地方的・地域的共同体たる地方公共団体の自治を意味する。

　自治の概念に内在すると考えられる二つの要素は，地方自治では団体自治と住民自治の観念となって現れる。団体自治の観念は，地方自治が国から独立した団体（地方公共団体）に委ねられ，団体自らの意思と責任の下で自治権を行使すべきであるとする考え方で，国家に対する地方的共同体（地方公共団体）の自治，中央政府に対する地方政府の自治となって現れる。それは地方自治における自律的・自由主義的要素ないし地方分権的要素といえる。住民自治の観念は，地方の政治・行政はそれぞれの地方の住民意思に基づいて行われるべきであるとする考え方で，地方的共同体内部の自治を意味する。地方自治における民主主義的要素で，地方政府の統治システムにおける民主主義の要請となって現れる。この地方自治に関する一般論は日本国憲法における地方自治にも妥当し，憲法の「地方自治の本旨」もこの二つの観念ないし要素を内容とすると考えられる。

2　憲法による地方自治の保障

　明治憲法は地方自治の規定は持たず，地方自治は法律によって定められていた。それゆえ，理論的には，法律によりさえすれば地方自治制度を廃止することも可能であった。しかし，日本国憲法では地方自治は憲法上の制度となり，それを廃止することは憲法上不可能とされている。また，憲法による地方自治の保障は地方自治の中心観念である住民自治と団体自治の保障を意味すると考えられ，それゆえ，地方自治制度における民主主義の保障および中央政府と地方政府との権力分立が憲法上の要請とされることになったということができる。最高裁も，地方自治保障の趣旨を，「新憲法の基調とする政治民主化の一環として，住民の日常生活に密接な関連をもつ公共的事務は，その地方の住民の手でその住民の団体が主体となって処理する政治形態を保障せんとする趣旨に出たもの」（最大判昭38・3・27刑集17巻2号121頁）としている。

　公権力の役割が増え行政権限が拡大した現代国家では中央政府と地方政府の役割分担が不可避であると考えられるので，憲法による地方分権の保障は特にその意義が大きいといえる。また，強力な中央集権体制を目指した明治憲法と比較すると，憲法上の分権の保障に相当する地方自治の保障は日本国憲法の特徴の一つということもできる。しかし，憲法は，ともに公権力の行使主体である国（中央政府）と地方公共団体（地方政府）にどのように権限を分配するか，国と地方の権限関係をどのように設定するかという統治機構の基本的問題について，具体的な規定を置いていない。憲法は「地方自治の本旨」を基準として示すのみで，具体的な権限分配は法律事項とされている。したがって，地方分権の内容と程度は実質的には政策問題となっている。憲法が地方自治を保障し地方分権を保障した趣旨から，積極的に地方自治の充実が図られるべきである。

＊**明治憲法下の地方自治**　憲法には地方自治の規定はなかったが，地方自治制度は存在していた。まず，1878(明11)年に郡区町村編成法・府県会規則，1880(明13)年に区町村会法を制定し，府県・郡・町村を国の地方行政区画とする地方制度を整備し，区町村を自治団体と位置づけ，府県にある程度の自治体的性質を付与している。これらはさらに1888(明21)年に市制町村制，1890(明23)年に府県制および郡制により整備され，明治時代の地方自治制度が確立されている。この当時，地方自治は将来の立憲政の予備校とは考えられていたものの，根本

的には国家統一および強力な中央集権制の確立のための手段の一つとして位置づけられていた。したがって，その後の改正で地方自治の拡充が図られたが，1931(昭6)年の満州事変を契機として国家主義が進行し，それに伴い中央集権化も再び進行した。そして，ついには1943(昭18)年の地方自治制の改正によって，地方自治の外見は維持されてもその実質はほとんど否定されるに至った（たとえば，市長は市会によって任命されていたが，市会の推薦に基づいて内務大臣が任命することになった）。

3　地方自治の根拠

　日本国憲法では地方自治は憲法上の制度として保障されているが，憲法がそれを保障する根拠ないしは保障の性質に関する学説として，固有権説，伝来(承認)説および制度的保障説がある。固有権説は，人が国家に対して固有かつ不可侵の権利として人権を享有するのと同様に，地方公共団体は自然権的な固有の権利として自治権を有するのであり，それは国によって与えられたものではないとする説である。この説では自治権は地方公共団体固有の前国家的な権利と位置づけられるので，国がそれを法律で制限もしくは侵害することも許されないことになる。最近では，国民主権の実現の観点から，住民意思に基づいた自治を地方公共団体固有の権利として保障しようとする新固有権説とよばれる学説もある。

　これに対し，国家権力の単一不可分性を前提として，地方公共団体の存立と自治権は国の統治権に由来する，すなわち，自治権は国の統治権から伝来したものであるとするのが伝来(承認)説である。この説によれば，地方自治は国が認める範囲でのみ実現されうるものとなり，自治の範囲を拡大もしくは縮小することはもちろん，地方自治制度そのものを法律で廃止することも可能となる。この議論は明治憲法時代の地方自治制度には妥当しえたが，地方自治を保障している日本国憲法下で地方自治制度そのものの廃止は許されないので，今日では妥当しえない。しかし，国と地方の関係は実質的には国法によって規定されているという実態には適した説明といえる。

　これらの二つの説は，地方公共団体の存立と自治権の根拠（固有権説は自然権的な固有権，伝来説は単一不可分な国の統治権）を憲法以前に存在するものとし，憲法はそれを確認するものであるとする点で共通している。また，ともに地方

自治の発生史的な議論を背景にしていると見ることもできる。これに対し，地方自治の根拠を憲法に求めるのが制度的保障説である。この説は，統治制度は憲法によって定められると考える立憲主義の下では地方自治の根拠も憲法に求められるべきであるとし，憲法による地方自治の保障は，歴史的に形成されてきた地方自治という公法上の制度を憲法が保障することによって，地方自治制度の本質的な内容・核心を国法その他による侵害から守ることにあるとする。この説では憲法92条の「地方自治の本旨」は「地方自治の本質的な内容ないし核心」を意味すると考えるので，何がそれに当たるかが重要な問題となる。ただ，この点は固有権説でも同様で，国よって侵害されない固有の自治権の内容自体は明らかではない。制度的保障説が通説的見解であるが，いずれの説にあっても問題は国によって侵害されない「地方自治の本質的な内容ないし核心」および「固有の権利としての自治権」は何かということになる。

4 地方自治の本旨

　制度的保障説にあっては「地方自治の本旨」は地方自治の保障の核心をなす重要部分である。憲法は，「地方公共団体の組織及び運営に関する事項は，地方自治の本旨に基いて，法律でこれを定める。」(92条)として，地方自治制度がこの本旨に基づいて構築されるべきことを定めている。地方自治の本旨は，地方の行政は原則として地方の住民自らの責任と負担において，地方公共団体の事務として処理されるべきであるという地方自治の原則をいい，前述の住民自治と団体自治の観念を内容とする。具体的には，①地方公共団体の機関は，その住民の意思に基づく代表者をもって構成すること（住民自治），②地方の行政は，性質上中央政府によって一元的・画一的に行われるべき行政を除いて，原則として地方公共団体をその主体として行われるべきこと（団体自治），③その地方公共団体の作用についても，直接または間接に住民の意思に基づいて行われるべきこと（住民自治）を内容とする。そして，憲法は93条から95条でその地方自治の本旨の内容を具体化している。議事機関としての議会などの設置を定める93条は，①および③の住民自治を確認したものということができるし，地方公共団体の財産管理権・事務処理権・行政執行権，条例制定権を定める94条は，団体自治の原則を具体化した規定ということができる。

　92条が「地方公共団体の組織及び運営に関する事項」を法律事項としている

ように，具体的な地方自治制度は法律で定められる。その際，その具体的内容は「地方自治の本旨」に基づく必要があり，これに反するものは違憲となる。このように「地方自治の本旨」は地方自治制度の合憲性の判断基準となる重要な概念であり，その一般論的内容はおおむね前述のとおりであるが，たとえば現在の都道府県と市町村の二段階構造は「地方自治の本旨」に含まれるかという問題に見られるように，憲法に明示されていない個別の問題については論者により見解の相違が生じることがある。

5　地方自治制度の動向と地方分権

ポツダム宣言に伴うわが国の民主化の要求は，当然に地方自治にも波及した。それまで府県は地方自治団体としての性格の他に国の行政区画であるとともに中央政府の下部組織としての性格を与えられ，府県知事も政府によって任命されていた。この府県制に戦前の地方自治制度の中央集権的性格が凝縮されていたのであるが，憲法の制定と並行して進められた地方自治制度の改革（第一次地方制度改革）によって，地方行政の民主化と地方分権の強化が進められた。民主化に関しては，地方議会議員の選挙権が拡大され，都道府県知事および市町村長は住民の直接選挙によるものとされ，地方分権に関しては，府県の地方公共団体としての地位が強化され，市町村に対する国の監督権も制限されている。

これらの改革は従来の東京都制，府県制，市制および町村制の一部改正（1946年9月公布）により実行されたが，憲法の趣旨に則って民主化と地方分権をさらに徹底するために，それらの法律は必要な改正を加えて地方自治法に統一され，憲法施行と同時に施行された。この地方自治法によって，都道府県が市町村とともに完全な自治体としての「普通地方公共団体」に位置づけられている。また，地方議会の地位と権限は強化され，公選導入後も官吏の身分を与えられていた知事は地方公務員とされている。この地方自治法の制定によって，今日の地方自治制度の基礎が形成されている。

その後も地方自治制度には細かな変更が加えられてきたが，最も重要な変更は1990年代に地方分権を推進する視点から進められた改革である。それは1999年に地方分権一括法として成立し，地方自治法に関しては，①国と地方の役割分担について「住民に身近な行政はできる限り地方公共団体にゆだねることを基本」とすることが確認され（地方自治法1条の2第2項——以下「自治法」と略

す），②従来の機関委任事務を廃止して，地方公共団体の事務を自治事務と法定受託事務に整理し（同2条），③地方公共団体に対する国の関与を法定化して関与のルールなどを定めるとともに（同245条以下），国と地方の係争処理制度を設ける（同250条の7以下）ことを内容とする改革が行われた。

　すでに述べたように，地方自治（団体自治）の保障は，中央政府と地方政府との権限分配の保障であり，地方分権の保障でもある。それゆえ，憲法が地方自治を保障したことは，わが国の統治制度において地方自治および地方分権が不可欠であることを示しているといえる。そして，地方分権（団体自治）および地域における民主主義（住民自治）の促進と中央と地方のバランスのとれた政体の構築は，わが国の民主制の発展にとって重要な政治的課題ということができる。地方分権一括法による分権の推進はその端緒にすぎず，地方公共団体の財政面での自立をはじめとして，地方自治の実効的な保障のためには課題は少なくないといえる。

第2節　地方公共団体

1　地方公共団体の意味と種類

　憲法は地方公共団体ということばを用いているが（92条から95条），その意味については定義を示していない。すなわち，憲法は地方公共団体の存在は保障しているが，何がこの憲法上の地方公共団体に該当するかについては明らかにしていないのである。それゆえ，92条が「地方公共団体の組織および運営に関する事項」を法律事項としていることを受けて，地方自治法1条の3は普通地方公共団体（都道府県および市町村）と特別地方公共団体（特別区，地方公共団体の組合，財産区，地方開発事業団）の2種類の地方公共団体を設けているが，これらのうちどこまでが憲法によってその存在が保障される「憲法上の地方公共団体」に該当するのか問題となる。たとえば，「都道府県を廃止できるか」，「知事公選制を廃止できるか」という問題も，都道府県が憲法上の地方公共団体に含まれるか否かによってその答えが変わることになる。

（1）　都道府県と市町村

　憲法上の地方公共団体とは，自律的な地域共同体としての社会的実体を備え

た一般的・普遍的・基礎的な地方公共団体を意味する。具体的には93条に定める地方公共団体の長および議会の議員などの住民による選挙の要件を満たし，かつ，94条の自治行政を行うもの，すなわち，普通地方公共団体(都道府県と市町村)がこの憲法上の地方公共団体に該当する。地方自治法は，市町村を基礎的な地方公共団体（自治法2条3項），都道府県を市町村を包括する広域の地方公共団体（同2条5項）と位置づけている。また，最高裁も，「憲法の基調とする政治民主化の一環として，住民の日常生活に密接な関連をもつ公共的事務は，その地方の住民の手でその住民の団体が主体となつて処理する政治形態を保障せんとする」のが地方自治保障の趣旨であり，この保障の趣旨から，憲法上の地方公共団体に該当するためには，「単に法律で地方公共団体として取り扱われているだけでは足らず，事実上住民が経済的文化的に密接な共同生活を営み，共同体意識をもっているという社会基盤が存在し，沿革的にも，また現実の行政の上でも，相当程度の自主立法権，自主行政権，自主財政権等地方自治の基本的権能を付与された地域団体であることを必要とする」（最大判昭38・3・27刑集17巻2号121頁）としている。

　このように都道府県と市町村はともに憲法上の地方公共団体に該当するが，道州制導入の可否と関連して，都道府県と市町村の二段階構造が憲法上の要請といえるか否かが問題となる。学説には，二段階構造を立法政策とする説と憲法上の要請とする説がある。立法政策説は，憲法は地方自治制度が「地方自治の本旨」に基づいて法律で定められるべきことを要求するにとどまるので，「地方自治の本旨」に反しない限り，時代の変化に応じて地方自治制度を任意に改廃しうるとする。これに対し，憲法要請説は憲法が地方自治の規定を置いた歴史的背景（戦後，憲法制定以前に知事公選が導入され，地方自治法によって普通地方公共団体とされ完全自治体としての実体が与えられたのであり，憲法はこのような都道府県の存在を前提にその自治を保障したと考えられる）を強調し，憲法は憲法制定時に整備された地方自治制度の二段階構造を前提としているので，二段階構造の廃止は憲法上許されないとする。ただし，憲法要請説にあっても，新たな道州が憲法上の地方公共団体の要件を満たしている場合には，道州制の採用も地方自治組織の再編と位置づけることができるので，憲法上の問題はないとする見解が一般的である。

　いずれの見解も「地方自治の本旨」に基づく地方自治制度の再編は容認する

ので，立法政策説と憲法要請説の現実的な相違はないといえる。したがって，道州制をはじめとする地方自治制度改革の合憲性は，その内容が「地方自治の本旨」に適合しているか否かによって決せられる。

(2) 特別区

特別区は特別地方公共団体の一種で，東京都の区がこの特別区に該当する（自治法281条）。当初，東京都の特別区長は直接公選によって選ばれていたが，特別区の権限を縮小した1952年の地方自治法改正によって，区議会が都知事の同意を得て選任する間接選挙方式が導入された（その後74年の法改正で直接公選制が復活）。特別区が憲法上の地方公共団体に該当するのであれば，この法改正は地方公共団体の長の住民による直接選挙を定める93条に違反することになるため，特別区が憲法上の地方公共団体に該当するか否かが争われた。最高裁は，この事件で前述のような憲法上の地方公共団体の要件（①住民の共同体意識，②沿革，③行政上の権能）を示し，特別区はそれらの要件を満たさず，憲法上の地方公共団体には当たらないとしている。従来の通説的見解もそれを支持してきた。

しかし，区長公選も復活して相当の時間が経過し，相当程度の自治権も与えられているので，現在の特別区は最高裁判例の要件を満たしているとする見解も有力である。また，都道府県・市町村という二段階構造が憲法上の要請であるとした上で，特別区を市町村に相当する地方公共団体と位置づけるべきである（さもなければ特別区には二段階構造が成立しない）とする見解もある。なお，この点に関しては，99年の地方自治法改正により，都は広域の地方公共団体，特別区は市町村と同じ基礎的な地方公共団体と位置づけられ（同281条の2第1項・2項），市と同様の事務処理権能が与えられている（同281条1項）。これらの規定および特別区の実質的な役割・権能から，現在の特別区は市町村と同様の基礎的な地方公共団体として，憲法上の地方公共団体に該当するということができる。

> **＊特別区と行政区** 東京都の23区は自治権を持つ法人で，地方自治法上の特別区として，基礎的な地方公共団体と位置づけられている。これに対して，横浜市や大阪市などの政令指定都市の区は，それ自体が独立した地方公共団体ではなく，地方公共団体としての政令市の行政事務処理の便宜のために設けられる

行政区画にすぎない。特別区には住民の直接選挙によって選ばれた区長と区議会が置かれ，市と同様に予算編成権，条例・規則の制定権および課税権などが与えられているが（消防と上下水道などは都が特例的に処理），政令市の区には自治権はなく，予算編成権，条例・規則の制定権および課税権などはない。また，議会も存在せず，区長は市長が任命する。

(3) 地方公共団体の組合，財産区，地方開発事業団

地方公共団体の組合（同284条以下）とは，地方公共団体がその事務の全部または一部を共同処理するために設ける組合をいい，たとえばし尿処理やゴミ処理などの効率化・経済化のために，複数の地方公共団体が事務の一部を共同で処理するために設置する一部事務組合などがそれに当たる。財産区（同294条）とは，市町村や特別区の一地区で財産や公の施設を有している場合に，その財産もしくは施設の管理・処分の権限のみを認められた法人・団体をいう。合併や編入に際して，旧市町村や地域住民が所有・共有していた山林や温泉などを独自に処理・運営するために財産区を設けることが多い。地方開発事業団（同298条）とは，普通地方公共団体が一定の地域を総合的に開発する際に，他の普通地方公共団体と共同して，事業の実施を委託するために設ける団体をいう。

これらの団体は地方自治法によって特別地方公共団体とされているが，憲法上の地方公共団体には当たらない。

2　地方公共団体の組織

93条は，住民自治の理念を具体化し，地方公共団体の主要な組織とそれが住民の選挙によって民主的に構成されるべきことを定めている。そこで憲法上設置が予定されている機関は議会と長である。

(1) 議　　会

地方公共団体には「議事機関」として議会が置かれる（93条1項）。議員はその地方公共団体の住民によって直接に選挙される（同条2項）。憲法は議会を「議事機関」と表記しているが，議会は住民の代表機関として地方公共団体の意思を決定する「議決機関」である。議会の権限は条例の制定・改廃，予算の議決，決算の認定，地方税などの議決など多岐にわたる（自治法96条）。条例を制

定する立法機関であること，および，予算の議決などを通して行政部をコントロールする権限を与えられていることなどは国会と類似するが，国会が国権の最高機関と位置づけられるのに対して，地方議会は執行機関に対して独立対等な関係に立つ点が異なる。また，国会と同様の議会自律権が認められるわけではなく，かつ，議員についても憲法上国会議員が有する免責特権は認められないと考えられている（最大判昭42・5・24刑集21巻4号505頁，Ⅱ部2章5節1(1)(b)，7節2(2)参照）。

　地方議会の議員定数は，法律が地方公共団体の人口に応じて規定した範囲内で，条例によって決定される（同90条・91条）。また，各選挙区への議員配分も人口比例を原則として条例によって定めるものとされている（公選法15条8項）。地方議会選挙の投票価値の平等に関しては，その平等は地方議会選挙についても憲法上の要請であるとし，かつ，人口比例を基準とする定数配分を定めた公選法の規定（当時15条7項）は「各選挙人の投票価値が平等であるべきことを強く要求している」として，1対5.45の投票価値の較差を違法とした最高裁判決（最判昭59・5・17民集38巻7号721頁）がある。その後，最高裁が違法と判断した最小の較差は1対3.4(最判昭62・2・17判時1243号10頁）で，合法とした最大較差は1対2.83(最判平元・12・21判時1337号38頁）である。

　地方議会議員の任期は4年（自治法93条1項）だが，住民の解職請求の対象ともなりうる（同80条）。被選挙権は地方議会議員の選挙権を有する満25歳以上の者に付与されている（同19条1項，公選法10条3号・5号）。

　地方自治法94条は，町村に限り，「議会を置かず，選挙権を有する者の総会を設けることができる」としている。議会を置かないことは93条1項に違反する可能性があるが，同条項が議会設置を掲げる目的は住民自治の具体化し住民意思に基づく地方自治を実現することにあること，そして，有権者住民が直接に参加する町村総会はその目的達成には最も適合的な方法であることから，憲法には違反しないと考えられる。

(2)　地方公共団体の長

　地方公共団体の長とは，地方公共団体を統轄し代表する執行機関（行政部）の首長を意味する。93条2項はこの執行機関である首長と議決機関である議会の議員が住民の直接選挙によって選ばれることを定めているが，それは首長にも議会と同様の民主的基礎を与えるもので，公選の議会に対抗して公選の首長を

置き,両者の均衡・抑制によって政治の適正な運用を図る首長制を採用したものと考えることができる。国政における立法部と行政部の関係は議院内閣制が採用されており,この点で国の統治制度とは大きく異なる。もっとも,憲法は住民による首長の直接選挙を規定するだけであり,首長制の具体的内容は法律に委ねている。

まず,執行機関の長として,都道府県には知事,市町村には市町村長が置かれている(自治法139条)。長の任期は4年だが(同140条),解職請求の対象ともなりうる(同81条)。都道府県知事については満30歳以上の日本国民,市町村長については満25歳以上の日本国民が被選挙権を有する(同19条2項・3項,公選法10条1項4号・6号)。議会議員とは異なり,当該選挙の選挙権を有していることは要件とされていない。

首長と議会の関係は,それぞれに権限を付与し相互の均衡と抑制によって政治の適正な運用を図るアメリカ大統領制型の首長制を基本としているということができるが,両者に対立・衝突が生じた際にそれを調整し両者の権限の均衡を図るために,地方自治法はいくつかの調整の制度を用意している。具体的には,①議会による長の不信任決議とそれに対抗する長による議会の解散の規定が導入されている(自治法178条),②長が条例案を含む広範な議案提出権を有する(同149条1号),③議会による条例の制定改廃または予算の議決について異議がある場合は,長はこれを再議に付すことができる(同176条1項)などである。これらのうち特に①は議院内閣制において認められる制度であるし,②も国政における内閣と議会の関係と同様の関係といえる。したがって,わが国の地方自治制度は,首長制を基本としつつも議院内閣制の要素を取り入れた制度ということができる。

(3) 法律の定めるその他の吏員

吏員とは地方公共団の公務員(長および議員を含む)をいう。93条2項は法律によって住民が直接選挙する吏員を設けることができるとするものであるが,現在これに該当するものは前述の特別区の区長のみである(特別区が憲法上の地方公共団に該当するとすれば,区長は「地方公共団体の長」に含まれることになる)。また,かつて教育委員会委員が公選によって選ばれていたことがあるが(1956年廃止),現在は議会の同意を得て長が任命する方式が採用されている。

3　地方公共団体の事務

94条は団体自治の理念に基づき，地方公共団体の存立と発展のための固有の権利として，財産の管理（動産・不動産その他の財産の保管・運営），事務の処理（地方公共団体に属する実際の事務処理その他公益事業の経営），行政の執行（公権力（行政権）の発動たる課税権・警察権の執行など），および，条例の制定を列挙している。前三者は行政的権能であり，条例の制定は立法的権能である。すでに述べたように，憲法上の地方公共団体はこれらの権能を有する団体でなければならいので，これにより地方公共団体の自治権の内容に行政的権能および立法的権能が含まれることが示されている。これらの権能，特に行政的権能の具体的内容は法律で定められる。

(1)　国の事務との関係

地方分権にあっては国との役割分担・権限配分が最も重要な問題となる。地方自治法1条の2第2項は，国は，①国際社会における国家としての存立にかかわる事務，②全国的に統一して定めることが望ましい国民の諸活動もしくは地方自治に関する基本的な準則に関する事務，③全国的な規模でもしくは全国的な視点に立って行わなければならない施策および事業の実施その他の国が本来果たすべき役割を担い，「住民に身近な行政はできる限り地方公共団体にゆだねることを基本として」，国と地方公共団体との間で適切に役割を分担すべきことを定めている。99年改正前の地方自治法が，国の専属的事務として司法・刑罰・郵便に関する事務や国立の教育・研究・病院に関する事務など8種類の事務を例示し（自治法旧2条10項），公園・道路・河川などの設置管理および地方公共の秩序維持など22の事務を地方公共団体の事務として例示していた（同旧2条3項）ことと比べると，この規定の仕方は極めて抽象的であり，実際の権限配分によってはその当否が問題となりやすいといえよう。なお，これまで伝統的には，外交，国防，司法に関する事務，刑罰に関する事務，通貨制度などが国の専属事務に属すると考えられている。

(2)　地方公共団体の事務

地方公共団体の事務は，99年の地方自治法改正によって，自治事務と法定受託事務（同2条9項）に再編された。まず，「普通地方公共団体は，地域における事務及びその他の事務で法律又はこれに基づく政令により処理することとさ

れるものを処理する」ものとされ（同2条2項），地方公共団体が処理する事務のうち「法定受託事務以外のもの」が自治事務とされている（同条8項）。都市計画の決定，土地改良区の設立認可，飲食店営業の許可および病院・薬局の開設許可などが自治事務の具体例として挙げられる。法定受託事務は，法律や政令によって国および普通地方公共団体から他の地方公共団体および特別区に委託された事務をいう。そして，これらの事務のうち，国が本来果たすべき役割に係る事務であって，国においてその適正な処理を特に確保する必要があるものを第一号法定受託事務とよび，市町村または特別区へ委託された事務のうち，本来都道府県の事務であって都道府県が適正な処理の確保をはかるべき必要があるものを第二号法定受託事務とよんでいる（同条9項）。法定受託事務の具体例として，国政選挙の実施，旅券の交付および国道の管理などが挙げられる。これらの法定受託事務も地方公共団体の事務であり，原則として議会の権限が及び，条例制定権の対象となる。

> *改正前の地方公共団体の事務*　99年改正以前は，地方公共団体の事務は自治事務と機関委任事務に大別されていた。自治事務は地方公共団体自身の責任において行う事務で，それはさらに①公共事務（固有事務）（地方公共団体が本来行うべき事務），②委任事務（団体委任事務）（地方公共団体の本来の事務ではないが，法令によって地方公共団体に委任された事務），③行政事務（地方公共の利益に対する侵害を防止または排除するために，住民の権利・自由を制限するような権力行使を伴う事務で，機関委任事務以外のもの）に分けられていた。機関委任事務は国または他の地方公共団体から地方公共団体の機関に委任された事務をいう。それは実質的に地方公共団体を国の下部機関と見なし事務処理を代行させている制度で，地方公共団体の事務ではないにもかかわらず長が処理する事務の多くを占め，その整理・合理化が求められていた。99年の地方自治法改正は地方への権限委譲を基本としてこの機関委任事務制度を廃止し，一部事務は廃止および国の直接執行とし，多くは法定受託事務と自治事務に配分された。自治事務に配分された約400件の事務は，国から地方公共団体へ完全に権限が委譲されたことになる。

(3)　国の関与　（国と地方公共団体の関係）

(a)　関与の基本原則

99年の地方自治法改正によって，地方公共団体に対する国の関与も整理・縮

小された。まず，機関委任事務制度の廃止に伴って，機関委任事務に係る包括的な指揮監督権が廃止された（同旧150条・151条）。そして，国の関与は法律または法律に基づく政令の根拠を必要とする「関与法定主義」が定められ（同245条の2），さらに，関与は目的達成のための必要最小限度であるとともに地方公共団体の自主性・自立性への配慮しなければならないとする「関与の原則」が確認されている（同245条の3）。また，「関与の手続」についても，公正・透明の原則に従いルール化が図られ，書面主義の原則，許可・認可等の審査基準や標準処理期間の設定・公表などが規定されている（同246条〜250条の6）。

このように地方公共団体に対する国の関与が制限される一方で，地方公共団体の事務である自治事務に関し，各省大臣が地方公共団体の事務処理が法令に違反していると認める場合，もしくは，著しく適正を欠き明らかに公益を害していると認める場合には，違反の是正等を求めることができるものとされ，是正要求を受けた地方公共団体は是正の義務を負うことになった（同245条の5）。

(b) 関与の類型

国が地方公共団体の事務に関与しうる行為類型も限定的に法定されている。具体的には，①普通地方公共団体に対する助言または勧告，資料提出要求，是正要求（法令違反もしくは著しく適正を欠きかつ明らかに公益に反しているとき），同意，許可・認可または承認，指示，代執行（法令違反もしくは事務処理を怠っているとき）（同245条1号），②普通地方公共団体との協議（同条2号），③前記以外の行政目的達成のための具体的・個別的行為（裁定や裁決等を除く）（同条3号）が国による関与の類型として示されている。そして，自治事務については，国の関与の基本類型として，助言または勧告，資料提出要求，是正要求および協議の4種が認められ，法定受託事務については助言または勧告，資料提出要求，同意，許可・認可・承認，指示，代執行および協議の7種が認められている。国の関与はできる限りこの基本類型に従ったものでなければならない。

(c) 国の関与に対する紛争処理

地方公共団体は国の関与に不服がある場合でもそれに従わざるをえなかったが，99年の法改正によって国と地方が対等の関係に立つことになったため，地方公共団体の不服申立てを処理する機関として国地方係争処理委員会も創設された（同250条の7）。衆参両院の同意を得て総理大臣が任命する5名の委員からなり（同250条の8・250条の9），総務省に置かれる。

第Ⅱ部　日本の統治機構　第6章　地方自治

　この国地方係争処理委員会は地方公共団体の不服申立てを審理し，①自治事務に関する関与が違法または地方公共団体の自主性および自立性を尊重する観点から不当であると認めるとき，②法定受託事務に関する関与が違法であると認めるときに，担当行政庁に対し理由と期間を示して，必要な措置をとることを勧告する（同250条の14）。勧告を受けた行政庁は，審査を申し立てた地方公共団体に対し勧告に沿った措置を取らなければならない（同250条の18）。なお，委員会の審査の結果は，結論にかかわらず，理由を付して公表される。また，委員会の審査結果または勧告に不服があるとき，勧告に基づいた国の措置に不服があるとき，委員会が90日以内に審査もしくは勧告を行わないとき，および，国が勧告に基づいた措置を行わないときに，地方公共団体は担当行政庁を被告として，その地域の高等裁判所に国の関与の取消または不作為の違法確認を求めることができる（同251条の5）。ただし，出訴期間の制限（30日）がある。

　なお，地方公共団体相互，機関相互および都道府県の関与については，自治紛争処理制度として，自治紛争処理委員会（同251条〜251条の4）が設けられている。

4　住民の権利

(1)　憲法上の権利

　まず，憲法上の権利として地方公共団体の長および議会の議員の選挙権が保障されている（93条2項）。93条2項は「住民」と規定するだけであるが，公職選挙法9条2項は「日本国民たる年齢二十年以上の者で引き続き三箇月以上市町村の区域内に住所を有する者」であることを要件としている。この住民には在留外国人も含まれるとする見解もあるが，最高裁判所は93条2項の住民は「日本国民たる住民」を意味し，それに限定した公職選挙法の規定は違憲ではないとしている（最判平7・2・28民集49巻2号639頁）。なお，この判決は地方公共団体と「特段に密接な関係を持つに至ったと認められる」永住外国人には法律によって選挙権を与えても違憲ではないとしているが，これを実現する法律はいまだに制定されていない。最高裁が示したこの見解（憲法許容説）が学説においても一般的見解ということができよう。他の憲法上の権利として地方特別法に対する住民投票の権利（95条）があるが，これについては後述する（本項(4)参照）。

(2) 直接請求制度

地方自治法は広範な住民の直接請求制度を取り入れており、住民は法律に定められて要件に基づいて、それらの請求権を行使することができる。いずれも憲法上の要請ではないが、間接民主制の欠陥を是正して住民に密着した地方自治を実現するために、これらの直接民主制の制度が採用されたといえる。

(a) 条例の制定改廃請求（自治法12条1項・74条～74条の4）

地方公共団体の有権者は有権者総数の50分の1以上の連署をもって、地方公共団体の長に対して、条例の制定および改廃の請求をすることができる。ただし、地方税の賦課徴収、分担金、使用料および手数料に関するものは除外されている（同74条1項）。長は請求を受理した日から20日以内に議会を招集し、これを議会に付議しなければならない（同条3項）。なお、請求代表者には議会で意見を述べる機会が保障されている（同条4項）。

(b) 事務の監査請求（同12条2項・75条）

条例の制定改廃請求と同様に、有権者総数の50分の1以上の連署をもって監査委員に事務の監査を請求することができる。この請求があった場合は、監査委員は請求対象となっている事務の監査を行い、その結果を請求代表者および関係各機関に報告しなければならない（同75条3項）。

(c) 議会の解散請求（同13条1項・76条～79条）

議会が住民意思から遊離し、住民意思に反すると認められる場合に、議会そのものを解散し全議員を選挙し直すことによって、住民意思に基づいた議会を構築・維持するための制度である。現在の制度では、長の議会解散は議会が長の不信任決議を可決した場合に限定されており（同178条）、国政における7条解散のような方法がないので、この制度は住民意思に基づいた議会を維持する手段として意義がある。

総有権者の3分の1以上（総数が40万人を超える場合には、40万人を超えた部分については6分の1以上）の連署をもって、請求代表者が当該地方公共団体の選挙管理委員会に議会解散の請求を行う（同76条1項）。この請求を受理した同委員会は議会の解散の可否を問う住民投票を実施しなければならず（同条3項）、その投票で過半数の同意があったときに議会は解散される（同78条）。

(d) 議員・長・役員の解職請求（同13条2項・3項・80条～88条）

いわゆるリコール制度で、解職請求の対象となるのは議会の議員、長、副知

事もしくは助役，出納長もしくは収入役，選挙管理委員，監査委員，公安委員会委員（同13条2項），および，教育委員会委員（同条3項）である。

議員および長の解職請求の要件と手続は，議会の解散の場合と同じである（同80条・81条）。いずれも住民投票で過半数の賛成があった場合に失職する（同83条）。長の解職は，議会の解散と同様に，長が住民意思から遊離・離反する事態が生じた場合に，それを是正するために設けられた制度で，首長制に由来する制度といえる。

(3) 住民監査請求と住民訴訟

地方公共団体の違法・不当な財政運営は，最終的にはその住民の税負担に転嫁されるため，住民がその地方公共団の健全な財政運営を監視・維持するための制度として，住民監査請求と住民訴訟の制度が設けられている。これは一種の納税者による監視・訴訟制度で，ここでの住民は一般的意味における住民を意味し，日本国民たる住民には限定されず，かつ，法人も含まれる。住民訴訟は民衆訴訟の一種である。

地方公共団体の長その他の職員が，①違法または不当な公金の支出・債務負担などを行い，もしくは，②違法もしくは不当に公金の賦課徴収・財産管理を怠った場合（「怠る事実」）に，その地方公共団体の住民はそれらの行為について監査委員会に監査を求め，その行為の是正や損害補塡措置などを講じることを求めることができる（同242条1項）。これを住民監査請求という。監査委員会はこの請求に基づいて監査を行い，請求に理由がある場合は対象機関に是正措置を講ずべきことを勧告する（同条4項）。勧告を受けた機関は指定された期間内に必要な措置を講じることを義務付けられている（同条9項）。

監査請求をした住民が，監査委員会の監査結果や勧告などに不服がある場合（監査委員会が定められた期間内に監査を行わない場合および対象機関が勧告にしたがった措置を講じない場合も含む）は，①当該行為の差止め，②当該行為の取消しまたは無効確認，③怠る事実の違法確認，④当該行為もしくは怠る事実にかかわる職員・相手方に対し損害賠償または不当利得返還請求をすべきことを長または職員に求める訴えを裁判所に提起することができる（同242条の2）。これが住民訴訟である。

住民訴訟制度は地方公共団体の違法・不当な公金の支出を監視する手段として極めて有効に機能している。以前は，④の訴訟は住民が地方公共団体に代位

して直接に長や職員に損害賠償・不当利得返還請求をする制度だったが，被告の応訴の経済的負担を軽減する目的で，2002年3月の法改正で住民訴訟の被告は長・職員など「個人」から「地方公共団体」に変更されている。その結果，①住民が地方公共団体を相手に長や職員に対する責任追及を求める裁判を起し，②住民が勝訴した場合に，地方公共団体が判決に従って長や職員に賠償などを求めるという二段階構造が採用されている。この変更に対しては，ともに被害者である住民と地方公共団体が裁判で争うことになる，横領や談合事件でも地方公共団体が税金で応訴することになるなどの批判がある。

(4) 地方特別法の住民投票（95条）

法律は全国一律に適用されるのが原則であるが，特定の地方公共団体のみに適用される地方特別法はその例外をなす。また，法律は国会の両議院が可決したときに成立するが，地方特別法の場合は国会の議決に加え，さらにその地方公共団体の住民投票によって過半数の賛成を得なければならない。住民投票による賛成を成立の要件とした憲法の趣旨は，それによって国の特別法による地方自治・地方の独立性の侵害を防止することにあると考えられる。

この住民投票は国会単独立法の原則に対する憲法上の例外である。しかし，地方特別法も成立後は普通の法律の一種であり，その廃止には住民投票は必要なく，国会の決議のみで足りる。また，地方特別法は特定の地方公共団体の組織や権能，その住民の権利や義務などについて一般法とは異なる特例を定める法律をいうので，北海道開発法のように北海道だけを対象とする法律でも，北海道地域の国の事務としての開発に関する法律は地方特別法には該当しない。首都圏整備法や近畿圏整備法なども同じである。また，都は東京都だけであるが，それは一般的制度としての普通地方公共団体の一種類である都の制度に該当する地方公共団体が東京都だけであるというにすぎないので，それが合理的基準に基づく分類である限り，地方特別法の対象とはならない。したがって，これらの法律には該当する地方公共団体の住民投票は不要である。地方特別法の具体例としては，1950年前後に制定された広島平和記念都市建設法・長崎国際文化都市建設法・旧軍港市転換法などがある。

なお，国会法67条は，国会の可決後に住民投票を実施し，過半数の同意があった場合に国会の議決が確定し法律となるとしている。また，住民投票は選挙ではないので選挙の有権者と異なる範囲を投票権者とすることも可能である

が（狭めることは住民自治の原則に反する），現在は，政令で特別な定めのある場合を除き，公職選挙法の普通地方公共団体の選挙に関する規定が準用さていれる（自治法262条）。

第3節　条　　例

1　条例制定権

（1）　条例制定権の根拠

　地方自治の根拠について伝来説をとる見解は，地方公共団体の条例制定権も国家権力に由来することになるので，条例を法律の授権に基づく委任立法と位置づけ，「普通地方公共団体は，法令に違反しない限りにおいて第二条第二項の事務に関し，条例を制定することができる」と定める地方自治法14条1項に条例制定権の根拠を求める。しかし，この見解は少数説で，条例制定権の根拠は一般的には憲法自身に求められる。

　憲法に根拠を求める見解も，92条の地方自治の保障が当然に条例制定権をも含んでいるとする見解，94条によって条例制定権が創設的に保障されたとする見解，92条と94条の両条項が根拠であるとする見解がある。94条説は，41条が国会を実質的意味の立法を行う唯一の機関としているため，普通地方公共団体が住民の権利義務に関する条例を制定するためには憲法自身がそれを41条の例外として認める規定を置く必要があり，94条はまさにこの例外として普通地方公共団体に条例制定権を付与した規定であると考える。92条説がいうように地方自治の本旨の中に自主立法権も含まれると考えられるが，94条がなければ住民の権利義務に関する条例は制定できないことになるので，41条との関係では条例制定権の根拠としての94条は不可欠といえよう。最高裁は，「地方公共団体の制定する条例は，憲法が特に民主主義政治組織の欠くべからざる構成として保障する地方自治の本旨に基き〔憲法九二条〕，直接憲法九四条により法律の範囲内において制定する権能を認められた自治立法にほかならない。」（最大判昭29・11・24刑集8巻11号1866頁）としている。

　いずれにせよ，憲法に根拠を求める見解によれば，普通地方公共団体の条例制定権は法律によって与えられたものではないことになる。したがって，条例

の制定には法律の授権や委任を必要とせず，普通地方公共団体はその事務の範囲内であれば，法律の委任がなくても独自に条例を制定することができる（条例に規定事項については本項(4)参照）。

(2) 条例の意味

条例とは，一般に，地方議会が制定する法形式としての条例を意味し，地方自治法もこの意味で条例ということばを用いている（狭義の条例，地方自治法上の条例）。94条の「条例」の意味についても，94条は住民自治を実現するために住民の代表機関としての議会により自主法を制定することを求めていると考え，この一般的な意味で理解する見解もある。しかし，さらに広い意味で理解する見解が支配的である。

この見解は，94条は普通地方公共団体に自治権に基づく自主立法権を保障した規定であると考え，94条の条例はその自主法全体を意味し，地方自治法によって認められているすべての形式ないし種類の自主立法が含まれると考える（広義の条例，憲法上の条例）。言い換えるなら，94条は地方公共団体が法律の範囲内で自主法を制定しうることを保障しているが，その自主法の種類や形式およびそれらの関係は法律に委ねられており，地方自治法は議会が制定する条例（自治法96条1項1号），長が制定する規則（同15条），各種委員会など長以外の機関が制定する規則または規程（同138条の4）を自主法として用意しているので，これらのすべてが94条の条例に含まれるとするのである。

また，両者の中間の見解として，94条の条例は住民の選挙という民主的基礎を持つ機関（議会と長）が制定する自主法（条例と規則）のみを意味するという見解もある。

このように94条の「条例」の意味についてはいくつかの見解があるが，長の規則をも含めた広い意味で理解するのが多数説といえる。しかし，自主法の中でも最も重要なのは地方議会の条例であり，憲法学において一般的に条例という場合も狭義の条例を意味している。したがって，以下，特に憲法上の条例と限定しない限り，条例という場合はこの地方議会制定法としての条例をいう。

(3) 条例の規定事項

(a) 普通地方公共団体の事務

地方自治法14条1項は，「普通地方公共団体は，法令に違反しない限りにおいて第二条第二項の事務に関し，条例を制定することができる。」として，2条

2項が定める事務に関して条例を制定しうるとしている。そこでは「地域における事務及びその他の事務で法律又はこれに基づく政令により処理することとされるもの」が普通地方公共団体の事務とされているが、それは普通地方公共団体の自治に関する事務のすべて（自治事務と法定受託事務）に他ならず、それゆえ、普通地方公共団体の事務のすべてが条例の規定対象となる。

99年の改正前は、機関委任事務は国の事務として法律の委任がない限り条例の規定対象とはならなかったが、法定受託事務は2条2項の事務に含まれるので、機関委任事務の廃止および自治事務と法定受託事務への移行によって、条例の制定対象は拡大したということができる。

このように普通地方公共団体の事務のすべてが条例の規定対象となるが、それは国の事務は条例の対象とはならないということでもある。条例の対象は普通地方公共団体の事務に限られるのであり、これが条例の規定事項の限界の一つでもある。

　(b)　法律との関係における条例の規定事項——法律と条例の関係

条例のもう一つの限界は、94条が「法律の範囲内」という条件を付していることである。普通地方公共団体はその事務の範囲内であれば法律の委任なしに条例を制定することができるが、法律が存在する場合にはそれが条例に優先する。したがって、条例の規定対象事項でも、法律の規定と矛盾・抵触する条例の規定は無効となるし、条例で規定できる範囲が法律によって限定されることもありうる。もっとも、地方自治の保障の帰結として、その法律は「地方自治の本旨」を侵すものではないことが前提である。

地方自治法14条1項は、さらに「法令に違反しない限りにおいて」と規定し、条例は命令にも反してはならないとしている。これは、命令が法律の実施のため（執行命令）または法律の委任に基づいて制定される（委任命令）ため、命令は法律と一体をなすと考えられることによる。この結果、条例は命令にも反することができないことになり、国家法の範囲内で条例の制定権行使が認められることになる。これが条例の第2の限界である。

以上が法律と条例の原則的関係であるが、法令の目的や趣旨および内容によっては国の法令と条例とが併存することも可能である。たとえば、法律が全国を通じて統一的・画一的に適用すべきことを予定している、または、条例で定めることを排除していると考えられる場合には、それに反する条例は許され

ないが，法律と条例の規制目的が同じであっても，法律の内容が全国的な規律についての最低基準（ナショナル・ミニマム）を定めていると考えられる場合には，条例で法律以上の厳しい基準を設けることができる。いわゆる上乗せ条例（法令で定める基準よりも厳しい基準を定める条例）・横出し（幅出し）条例（法令の規制対象よりも広い範囲を対象とする条例）がそれで，大気汚染等の公害問題が深刻だった時期に実際にとられた手法である。法令の規定を全国に適用すべき最低基準と位置づけることによって，地域の実情に応じた適切な基準の採用を可能にしたのである（なお，大気汚染防止法や水質汚濁防止法では法律の明文でこのような条例を容認し，立法的に解決している）。

最高裁は徳島市公安条例事件判決（最大判昭50・9・10刑集29巻8号489頁）において，法律と条例の併存の可能性について，「普通地方公共団体の制定する条例が国の法令に違反する場合には効力を有しないことは明らかであるが，条例が国の法令に違反するかどうかは，両者の対象事項と規定文言を対比するのみでなく，それぞれの趣旨，目的，内容及び効果を比較し，両者の間に矛盾牴触があるかどうかよつてこれを決しなければならない」とする一般的基準を示し，次のように述べている。

「例えば，ある事項について国の法令中にこれを規律する明文の規定がない場合でも，当該法令全体からみて，右規定の欠如が特に当該事項についていかなる規制をも施すことなく放置すべきものとする趣旨であると解されるときは，これについて規律を設ける条例の規定は国の法令に違反することとなりうるし，逆に，特定事項についてこれを規律する国の法令と条例とが併存する場合でも，後者が前者とは別の目的に基づく規律を意図するものであり，その適用によつて前者の規定の意図する目的と効果をなんら阻害することがないときや，両者が同一の目的に出たものであつても，国の法令が必ずしもその規定によつて全国的に一律に同一内容の規制を施す趣旨ではなく，それぞれの普通地方公共団体において，その地方の実情に応じて，別段の規制を施すことを容認する趣旨であると解されるときは，国の法令と条例との間にはなんらの矛盾牴触はなく，条例が国の法令に違反する問題は生じえないのである。」

地方自治の保障の観点から，条例による独自の対応は積極的に容認されてよいと考えるが，それは公害規制や社会保障の場合のように住民の健康・福祉の増進に寄与することもあれば，公安条例のように道交法よりも厳しい規制を可能にする場合もあることに注意する必要がある。

(c)　条例と規則の関係

　これまで見てきたように，普通地方公共団体の事務はすべて原則として地方議会の条例の制定対象となるが，長もまた広範な規則制定権を有しており，同じ地方自主法内における両者の関係が問題となる。すなわち，長は「その権限に属する事務に関し」（自治法15条1項）規則を制定することができ，長の権限は普通地方公共団体の事務の管理および執行の全般におよぶために（同148条），条例と規則が同一事項について競合する可能性が生じ，その場合の優劣関係が問題となるのである。地方自治法14条2項は住民の権利を制限し義務を課す場合は条例によるべきことを明示しているが，このように明確にどちらか一方の権限としている規定はむしろ例外的といえる。地方自治法は条例・規則ともに「法令に反しない限りにおいて」と定めるのみである（同14条1項・15条1項）。

　この解決は解釈によることになるが，長も議会も共に民主的基礎を有しているため，その優劣の決定も容易ではない。しかし，地方自治法14条1項が普通地方公共団体の事務全般に対する一般的な条例制定権を確認していること，同条2項がいわゆる法規事項を条例事項をとして議会を住民の代表機関と位置づけていること，および，長が独任機関であるのに対し議会が合議機関であることから，条例と規則が競合する場合には条例が優位すると考えるべきであろう。少なくとも，同条2項の趣旨を拡大して，住民の権利義務に関することはすべて条例事項とされるべきである。

　なお，委員会規則については，地方自治法138条の4は「法律の定めるところにより，法令又は普通地方公共団体の条例若しくは規則に違反しない限りにおいて」という限定を付し，それを条例および規則の下位規範と位置づけている。

(d)　条例の適用範囲

　条例は地域団体である普通地方公共団体が制定するものであるから，その効力が及ぶ範囲もその地域内に限られる。そして，それは属地的効力なので，その地域内のすべての者に適用され，旅行者・滞在者も条例の適用を受ける。

2　憲法上の法律留保事項と条例

　すでに見たように（Ⅱ部2章3節4(1)(a)），憲法が詳細を法律に委任もしくは留保した事項（法律事項）は数多い。しかも，41条の「唯一の立法機関」の意味でも見たように（Ⅱ部2章3節3(1)），国民の権利・自由の制限は国会の制定

する法律によることが原則である。しかし，憲法による普通地方公共団体への条例制定権の付与は憲法が自ら認めた例外であり，憲法がそれを法律事項とした趣旨によっては，法律の範囲内という憲法上の要件を満たすものであれば条例によって国民の基本的人権を規制することも不可能ではない。それゆえ，憲法上の法律留保事項であっても，条例による規制の可否が問題となるいくつかの問題が存在する。

(1) 条例による財産権の制限

29条2項は「財産権の内容は，公共の福祉に適合するやうに，法律でこれを定める。」としている。普通地方公共団体の事務，特に自治事務には住民の安全や福祉を確保するための自由の規制権限も含まれるため，条例によって財産権を制限できないか，すなわち，この29条2項は財産権規制を法律の専属的規定事項とする趣旨かということが問題となる。

94条は憲法自身が認める41条の例外であること，および，条例は地方議会による民主的な立法であることを理由に，普通地方公共団体の事務として処理することが必要でありかつ適切な場合には，財産権の制限を条例で定めることができるとする見解が通説である。法律に反しない限り，災害防止のような警察目的・消極目的の規制だけではなく，文化財保護のための所有者の権利制限のような財産権自体を対象とした物的な制限（公用負担）も可能である。

(2) 条例と罰則

31条が「法律の定める手続によらなければ」「刑罰を科せられない」とし，73条6号が法律の委任がない限り政令で罰則を設けることができないとしているところから，条例で罰則を設けることができるかが問題となる。また，地方自治法14条3項（旧5項）は「普通地方公共団体は，法令に特別の定めがあるものを除くほか，その条例中に，条例に違反した者に対し，二年以下の懲役若しくは禁錮，百万円以下の罰金，拘留，科料若しくは没収の刑又は五万円以下の過料を科する旨の規定を設けることができる。」として，条例による罰則の上限を設定しているが，この規定は法律による条例への罰則の委任の根拠規定としては包括的すぎるのではないかという問題もある。

これらの問題は，結論において合憲と考えられているが，合憲とする理由はそれぞれ異なっている。第1の見解は，条例もその実効性を担保する必要があるので，94条の条例制定権は当然に罰則の制定権も含むとする見解である（憲

231

法直接授権説)。この見解によれば，罰則制定についての法律の委任は不要で，条例による罰則の制定は31条の原則の例外をなすものとして位置づけられる。また，地方自治法14条3項(旧5項)の規定は，憲法によって保障された罰則制定権を確認するとともに，94条にいう「法律の範囲内」の法律として，条例で設定できる罰則の範囲を定めたものとして理解される。

　他の二つの見解は，国だけが刑罰権を持つので，94条の条例制定権には罰則制定権は含まれず，条例に罰則を設けるには法律の委任(授権)が必要であるとする点では共通するが，必要とする委任の程度に違いがある。まず，第2の見解(条例準法律説または一般的包括的委任説)は，条例は地方議会による民主的な立法として実質的に法律に準ずるものなので，政令への委任の場合とは異なり，条例の罰則の委任は一般的包括的委任で足りるとする。そして，地方自治法14条3項(旧5項)をこの一般的包括的委任を定めた規定と位置づける。これに対して第3の見解(委任要件緩和説または限定的法律委任説)は，条例への罰則の委任の内容が相当程度具体的で，限定されていることを要求する。これは最高裁の見解でもある。しかし，最高裁によれば同法2条2項(旧3項)によって条例制定事項の範囲は相当具体的に限定され，同法14条3項(旧5項)によって罰則の範囲が限定されているので，条例による罰則の制定は「憲法三一条の意味において法律の定める手続によつて刑罰を科するものということができ」，合憲であるとされる(最大判昭37・5・30刑集16巻5号577頁)。

　条例制定権を41条の例外として憲法が許容したと考えるならば，その実効性を担保するために罰則の制定権も含まれていると考える第1の見解が妥当といえよう。

　なお，長の規則制定権を定める地方自治法15条は，その2項で「規則に違反した者に対し，五万円以下の過料を科する」ことができるとしているが，過料は法的には秩序罰であるものの，実質的には刑罰である罰金や科料と同じ性質を持つので，長の専断で制定しうる規則に包括的に委任しているこの15条2項の合憲性も問題となりうる。

(3) 条例による地方税の課税

(a) 地方税課税の根拠

　地方自治法223条は普通地方公共団体が地方税を賦課徴収しうるとし，地方税法3条はその賦課徴収等は条例によって定めなければならないとしている。

このように普通地方公共団体は条例によって地方税を課税することが認められているが，その根拠については見解が分かれている。また，この問題は84条の租税法律主義との関連における地方税課税権の位置づけの問題でもある。

　普通地方公共団体の固有の課税権を否定する見解は，普通地方公共団体のそれを国の課税権の一部が与えられたものと考え，地方税にも当然に法律の根拠が必要であるとする。そして，地方自治法223条はこの根拠規定とされる。また，租税法律主義の「法律」についても，条例は含まない形式的な意味の法律に限るとする。

　これに対し，普通地方公共団体固有の課税権を肯定する見解は，憲法の地方自治の保障はその事務を遂行するための必要経費を徴収する権限の保障も含む，または，課税権は立法権としての条例制定権の一部に含まれるなどの理由を根拠とする。この肯定説では，普通地方公共団体の課税権を認める地方自治法や地方税法の規定は，普通地方公共団体が憲法上有する課税権を確認したものと位置づけられる。また，納税者の同意による課税という観点から，住民の意思を反映している条例によることは租税法律主義には反せず，84条にいう「法律」には条例が含まれるとされる。そして，84条の租税法律主義は，地方税に関しては地方税条例主義として妥当することになる。

　実際の課税権の内容は国の税制に大きく左右されざるをえないが，その根拠は憲法にあるとする後者の見解が適切といえよう。

　(b)　国税との関係

　普通地方公共団体が憲法上固有の課税権を有するとしても，実質的には税は国民・住民に対する強制的で一方的な負担の賦課であること，形式的には94条により地方税について定める条例は「法律の範囲内」でなければならないことから，地方税の賦課徴収は国税との調整が必要となる。地方自治法223条は「普通地方公共団体は，法律の定めるところにより，地方税を賦課徴収することができる。」とし，その法律として地方税法が定められている。そして，普通地方公共団体は同法が定める大綱的な基準の範囲内で条例を制定して，課税することになる。実際には，課税可能な地方税の種類は地方税法で定められ，課税要件や徴収については条例で定めることになる。

　なお，一般論として，普通地方公共団体の課税権を不当に制限して自主財源の確保を阻害するなど，地方自治の保障に反するような場合には，その規制は

違憲となる。

> *＊**法定外目的税**（地方税法731条〜733条の27）　地方分権一括法（2000年4月施行）で課税自主権の拡大のために制度化されたもので，これによって普通地方公共団体は法律に定めのない目的税（特定の経費に充てる目的で課される租税）を条例で設けることができるようになった。ただし，この導入には国（総務省）の同意が必要で，その税金の使途も特定目的に限定されることになっている。総務大臣は，①国税や地方税と競合し住民の負担が過重になる場合，②物流に重大な障害になる場合，もしくは，③国の経済施策に照らして不適当な場合を除き，これに同意しなければならない（同733条）。実例として，「遊漁釣り税」（山梨県河口湖町など）および「ホテル税」（東京都）などがある。なお，法定外普通税（同4条3項・5条3項）の制度は以前より認められている。

第7章　平和主義と自衛隊

第1節　憲法9条と自衛隊

1　日本国憲法の平和主義

(1)　主権国家と戦争

　平和は人類の願いである。しかし，人類の歴史は戦争の歴史でもあり，平和の願いは時として戦争そのものの口実にされてきた。

　侵略戦争が繰り返された人類の歴史を反映し，戦争に関する伝統的法理論は極めて現実的で，主権国家は戦争を行う権利，特に自衛権に基づく戦争を行う権利を有するとされている。第一次世界大戦後には国際平和機構としての国際連盟の設立，不戦条約の締結および軍備削減などが試みられたが，そこで放棄が目指された戦争も侵略戦争にとどまった。自衛の戦争は国際法上も合法とされ，自衛権の行使は主権国家に留保された。このことが自衛権の行使を名目とした戦争への道を残していたことは改めて述べるまでもない。

　武器・兵器のめざましい発達に比例して，第二次世界大戦は甚大な被害を各国国民にもたらしたが，それでも国際社会は戦争それ自体を否定するには至っていない。第二次世界大戦後の国際機関である国際連合も，各加盟国が武力攻撃を受けた場合の暫定的な措置として，個別的および集団的自衛権を行使しうることを認めている（国連憲章51条）。この規定は実質的に自衛権に基づく戦争を容認するもので，自衛の戦争は今日でも国際法上合法とされている。

(2)　憲法の基本原則としての平和主義——前文と9条

　このような世界の趨勢に対し，日本国憲法は徹底した平和主義に立脚している。ポツダム宣言の受諾と占領統治という歴史的事実が平和主義の背後に存在したことは否定できないが，このような外圧のみによって平和主義が導入されたわけではない。そこには戦争の最大の被害者であった国民の強い願望も存在

したのであり，強い平和への支持が憲法による平和主義の宣言を後押ししたのである。

憲法の前文第一段は，まず，「政府の行為によつて再び戦争の惨禍が起ることのないやうにすることを決意し，ここに主権が国民に存することを宣言し，この憲法を確定する」とし，平和を切望する国民が主権者であることを明確にするとともに，二度と戦争を繰り返さないという決意の下に憲法を制定したこと，すなわち，平和主義が憲法の基本理念であることを明らかにしている。さらに，「日本国民は，恒久の平和を念願し，人間相互の関係を支配する崇高な理想を深く自覚するのであつて，平和を愛する諸国民の公正と信義に信頼して，われらの安全と生存を保持しようと決意した」とする前文第二段，および，国際協調主義を唱える前文第三段によって，独善を排した国際協調によって日本の平和を実現することを表明している。

9条はこの前文に示された国際協調を基礎とする平和主義の理念を実現するための具体的規定として，1項で戦争を放棄し，2項でいかなる戦力も保持しないことを定めている。すなわち，国家間の紛争は話し合いによって解決すべきであるとする平和主義の思想を実践するために，1項で「国権の発動たる戦争と，武力による威嚇又は武力の行使は，国際紛争を解決する手段としては，永久にこれを放棄する」とし，それを法的および物的に担保するために，2項で「国の交戦権」の否認および「陸海空軍その他の戦力」の不保持を定めているのである。後に見るように9条の解釈については争いがあるが，この9条は戦争を全面的に放棄した非武装平和主義を具体化するもので，それによって前文に示された理念を実現し，「戦争のない世界」の理想を率先して実現しようとしているということができる。

この平和という基本原則は，憲法の他の基本原則とも相互に関連している。まず，何よりも，平和は人権保障の前提である。戦争は国民の生命や財産を危険にさらし，国民の生活を脅かす。戦時下では国の防衛と存立が最優先にされ，国民の自由や財産はさまざまな制限に服する。戦時下の人権保障がいかに脆弱であるかは，人類の過去を振り返れば明らかである。平和は国民の人権保障の基礎であり，両者は不可分である。

また，平和主義と民主主義も不可分である。両者は共にそれぞれの構成員を対等な地位に置くことを前提として，力による政治を否定し，話し合いによる

問題の解決を目指す。平和主義は国際社会における民主主義の実現を目指すものに他ならない。そして，国民を政治の中心とする国民主権の原理は，国内政治おける民主主義の確立を目指す法原理ということができる。さらに，前文に示された「政府の行為によつて再び戦争の惨禍が起ることのないやうにする」決意は，政府が平和を希求する国民の意思に従うこと，すなわち，国民主権が実行されることによって実現されると考えることができるので，国内的な国民主権の確立が国際的な平和主義の基礎にもなるということができる。

(3) 平和のうちに生存する権利（平和的生存権）

憲法前文は，国際社会における平和と国際平和への貢献を誓う第二段で，「全世界の国民」が「平和のうちに生存する権利を有することを確認する」としている。これは平和を国政レベルだけの問題ではなく，国民の権利として捉えようとするものであり，平和が人権の基礎であるという前述の考え方を反映するものでもある。すなわち，「平和のうちに生存する権利」は，人権の基礎としての平和を享受する権利を意味する。前文は「全世界の国民」がその権利を有するとしているが，その中には当然に日本国民も含まれる。

長沼事件第1審判決（札幌地判昭48・9・7判時712号24頁）は，この前文の平和的生存権を「裁判規範としての基本的人権」であるとして，この侵害の可能性を根拠に原告に訴えの利益を認めているし，平和的生存権を具体的権利として承認する学説も少なくない（前文のほか，13条や9条がその根拠とされている）。その内容は，一般に，個人の平和を脅かす国家行為の排除を求める権利とされ，これが具体的権利として承認されると，長沼事件第1審判決がそうであったように，基地周辺住民がこの平和的生存権の侵害を根拠として基地の撤去等を裁判所に求めることが容易になると推測される。

しかし，この権利が裁判規範性を有する具体的権利といえるかについては争いがある。平和自体の定義やその達成方法など，平和をめぐる議論は多様である。かりにそれを限定しえたとしても，どの範囲の国民がどのような場合にそれを主張しうるのかが問題となろう。また，享有主体に関していえば，少なくとも前文はわが国の権利保障の効力が及びえない「全世界の国民」を対象としており，具体的な権利保障規定とは考えにくいといえる。平和を推進するための実践的な意図には理解を示しつつも，法的権利としての内容が不明確であるために，平和の理念を推進する抽象的な権利にとどまるとするのが通説的見解

といえよう。

　判例も長沼事件第1審判決以外はこの具体的権利性を認めていない。その控訴審判決(札幌高判昭51・8・5行集27巻8号1175頁)、百里基地訴訟第1審判決(水戸地判昭52・2・17判時842号22頁)および控訴審判決(東高判昭56・2・17判時1004号3頁)は裁判規範性を否定し、百里基地訴訟最高裁判決(最判平元・6・20民集43巻6号385頁)も、「上告人らが平和主義ないし平和的生存権として主張する平和とは、理念ないし目的としての抽象的概念であつて、それ自体が独立して、具体的訴訟において私法上の行為の効力の判断基準になるものとはいえず、……」と述べ、平和的生存権の承認に消極的態度を示している。

(4)　平和主義の動揺

　1947年5月、平和主義を基本原則とする日本国憲法が施行された。当時はまだ連合国の占領下にありアメリカ軍を中心とした占領軍が日本に駐留していたが、日本独自の軍事力は一切有しておらず、非武装国家としてスタートしたということができる。それは紛れもなく憲法の平和主義を実践するものであった。

　しかし、国際社会は第二次世界大戦の終了とともにアメリカ合衆国とソビエト連邦をそれぞれの中心とした自由主義陣営と共産主義陣営の対立・冷戦構造へと突入していた。連合国による間接統治とはいっても実質的にはアメリカ合衆国の管理下にあった日本は、不可避的に西側自由主義陣営に組み込まれていった。そのような中で1950年に勃発した朝鮮戦争および翌51年9月のサンフランシスコ平和条約と日米安全保障条約の締結は、日本の安全保障に決定的な影響を与えた。すなわち、朝鮮戦争を契機に自衛隊の前身ともいうべき警察予備隊が創設され、それが日米安保条約の締結を経て保安隊(1952年)さらに自衛隊(1954年)へと強化されていったのである。自衛隊は明確に防衛を意識した実質的な軍事力として創設されたため、当然にその合憲性が問題とされた。しかし、自衛隊は今日まですでに半世紀の歴史を維持してきている。それどころか、1991年12月のソビエト連邦の完全解体による東西対立構造の解消後は、国連やアメリカ合衆国への協力が求められ、それまで実力集団として海外に派遣されることがなかった自衛隊が、「国際協力」の名の下に武器を携行して海外へ派遣されるようになった。

　このような状況は憲法制定時にはまったく予想していなかった事態というべきである。「解釈改憲」とよばれる手法によって、憲法の平和主義はその制定直

後から試練にさらされ続けてきたが，最近では，これ以上の自衛隊の国外での活動は政府解釈に従っても解釈の限界を超えるとして，9条の改正が政治課題となりかねない状況に至っている。

2　9条をめぐる解釈上の問題

9条をめぐる問題はわが国の安全保障にかかわる問題であるため，解釈上の争いも少なくない。その最大の問題は自衛隊の存在であるが，それを合憲とする政府の論拠については次項で見ることとして，ここではまず9条をめぐる一般的な解釈上の論点について確認しておくこととする。

(1)　自衛の戦争

9条をめぐるもっとも根本的な問題として，9条は自衛の戦争を含む一切の戦争を放棄する規定（全面放棄説）か，それとも侵略戦争のみを放棄する規定（限定放棄説）かの争いがある。そして，1項の「国際紛争を解決するための手段」の解釈と2項の「前項の目的を達するため」の解釈が，この対立の理論的分岐点となっている。

(a)　全面放棄説（一切の戦争の放棄）

9条は自衛の戦争も含む一切の戦争を放棄しているとする見解である。この全面放棄説には，1項によってすべての戦争が放棄されているとする1項全面放棄説と，1項と2項をあわせて解釈することによってすべての戦争が放棄されているとする1項・2項全面放棄説がある。

1項全面放棄説は，1項の「国際紛争を解決するための手段」には自衛の戦争も含まれるとして，1項だけで一切の戦争が放棄されているとする見解である。この見解の「国際紛争を解決するための手段」の解釈に対しては，被侵略国にとって自衛の戦争は侵略の排除を目的としており国際紛争の解決を目的とするとはいいがたい，および，伝統的に「国際紛争を解決するための手段としての戦争」とは侵略戦争を意味するという批判がなされる。

1項・2項全面放棄説は，「国際紛争を解決するための手段」を伝統的な意味で理解し，1項は侵略戦争のみを放棄していると考える。しかし，2項が戦力の不保持と交戦権の否認を定めることによって戦争を遂行する物的な手段と法的根拠の両方を否定しているために，9条全体として自衛の戦争も含む一切の戦争を行うことができない規定となっており，それゆえ，すべての戦争が事実

上かつ法的に放棄されていると考える。この見解が通説といえる。
　なお、この説では、2項にいう「前項の目的」とは、「正義と秩序を基調とする国際平和を誠実に希求」するという1項の目的をいい、そのために戦力の不保持と交戦権の否認を定めていると考える。
　(b)　限定放棄説（侵略戦争の放棄）
　9条は侵略戦争のみを放棄し、自衛の戦争は放棄してはいないとする見解である。この見解は「国際紛争を解決するための手段」としての戦争とは侵略戦争を意味するとする点では1項・2項全面放棄説と同じであるが、2項の「前項の目的」を侵略戦争の放棄と考え、2項は侵略戦争のための戦力の不保持を定めているとする。すなわち、9条は自衛の戦争は否定しておらず、そのための戦力の保持も禁止していないとする見解である。
　この見解に対しては、2項の「前項の目的を達するため」の解釈に関する批判のほか、憲法が戦争を予定する場合には憲法中に宣戦や講和に関する規定を用意するのが一般的であり、戦争に関する規定を置いていない日本国憲法は一切の戦争を予想していないと考えるべきであるとする批判が妥当する。
　なお、限定放棄説によれば自衛隊は合憲となるが、後に見るように、政府解釈はこの限定放棄説を採用していないことに注意する必要がある。
(2)　交戦権の意味
　2項が否認した交戦権の意味については、国家が戦争を行う権利をいうとする見解と、敵の兵力の殺傷、砲撃、占領地の軍政および中立国の船舶の臨検・拿捕など国際法により交戦国に認められる具体的な権利を意味するとする見解がある。前者のように理解すると交戦権の否認は1項の「国権の発動たる戦争」の否定と重複することになるので、後者の解釈が妥当といえる（長沼事件第1審判決・札幌地判昭48・9・7判時712号24頁）。政府見解も「交戦国が国際法上有する種々の権利の総称」として、後者の見解を採用している（1981年5月15日政府答弁書）。
(3)　「戦争」、「武力の行使」と「武力による威嚇」
　戦争とは、広い意味では、国家間の実際の武力衝突ということができるが（実質上の観念における戦争）、正式な戦争は国際法上の所定の手続を経ることを要する。すなわち、形式上・国際法上の観念における戦争とは、宣戦または最後通牒という手続を経た戦時国際法の適用を受ける国家間の武力衝突のことを

いう。そして、1項の「国権の発動たる戦争」もこの形式上・国際法上の観念における戦争を意味する。したがって、形式的意味の戦争には戦争の形式的要件を欠く武力衝突は含まれないので、戦争を放棄しただけでは一切の武力行使も放棄したことにはならない。そこで9条は形式的意味の戦争のほかに、「武力の行使」と「武力による威嚇」も併せて放棄しているのである。武力の行使とは、形式上の戦争ではないが実質上の戦争に属する軍事行動をいい、これを放棄することによって実質上の戦争も放棄されることになる。たとえば、満州事変がこの意味の武力の行使に当たる。武力による威嚇とは、武力行使を背景に相手国に対し自国の要求を強要することをいい、わが国に対する三国干渉やわが国による対支21カ条の要求などがこれに当たる。戦争および武力の行使の原因となる代表的な方法を放棄したものということができる。

このように9条は形式的意味の戦争だけではなく、実質的意味の戦争およびそれらの誘因となる武力を背景とした威嚇をも放棄しているのである。

(4) 自　衛　権

自衛権とは、一般に、国家が急迫不正の侵害を受けたときに、その生存と安全を保つために実力を行使してその侵略を排除する権利をいう。すべての国がこの自衛権を有し、その行使としての自衛の戦争を行うことができると考えられている。

9条は自衛の戦争も放棄していると考えられるが、そのことは当然に自衛権の放棄を意味するものではない。国は自衛権行使の手段を自ら憲法で制限することもできるのであり、9条は自衛権そのものではなく、戦争や武力の行使による自衛権の行使を放棄したにすぎないということができる。すなわち、9条は戦争によらない自衛・軍備を伴わない自衛をめざすものであり、侵略を受けた場合には、戦力ではなく、警察力やその他の事実上の実力によってそれを排除する（自衛権を行使する）ことを想定していると考えることができる。また、そのような侵略を受けないための普段の平和外交も広い意味での自衛権の一部をなすといえよう。前文に示された基本的態度（「平和を愛する諸国民の公正と信義に信頼して、われらの安全と生存を保持しようと決意した。」）は、このような戦争や武力の行使によらない自衛の理念を示しているといえる。

(5) 戦　　力

2項は「陸海空軍その他の戦力は、これを保持しない。」として、一切の戦力

を持たないことを明示している。陸海空軍は戦力の編成の例示であり，名称や編成方式を変えても本項の禁止に該当する。「その他の戦力」とは，実質的な陸海空軍に相当する戦力，および，戦争遂行に用いる程度の実力を持ち，必要な場合には陸海空軍に転化することを意図して設けられているものをいう。今日，科学技術力は兵器製造等の技術力にも転化しうるので潜在的な戦力ということもできるが，そのような潜在的能力はここにいうその他の戦力には含まれない（潜在的な兵力としての人口も同様である）。また，警察力は国内の治安維持を目的としており，これも「その他の戦力」には該当しない。ただし，治安維持のレベルを越える場合は該当する可能性もある。その創設の歴史から見ると，自衛隊は国内の治安維持を目的とした警察予備隊を発展させたものである。しかし，自衛隊の設置目的は純然たる国内治安維持のみにあるわけではなく，かつ，実力も明らかに警察のレベルを超えているので，自衛隊を警察力として位置づけることはできない。全面放棄説に立脚すれば，自衛隊は憲法が禁止する戦力または「その他の戦力」に該当し違憲となる。

　政府も憲法上は戦力を保持することはできないとするが，憲法で保持が禁止された「戦力」に独特の意味を持たせることによって，保安隊および自衛隊をその「戦力」には該当しないとしてきた。保安隊のころの政府見解は，「戦力」とは「今日の国際情勢において近代戦争を有効適切に遂行しうるだけの装備と編成をもったもの」を意味するとし，この近代戦争遂行能力に至らない戦闘力（実力）は「戦力」ではないので，それを保持しても違憲ではないとしていた。そして，保安隊はこの「戦力」には当てはまらないので合憲であるというのが政府の説明だった。自衛隊の設立当初もこの見解が受け継がれ，自衛隊はこの意味の「戦力」に該当しないと説明された。しかし，その後比較的早い時期に，自衛隊を合憲とする説明は「戦力に至らざる自衛力」へと移行した。それは憲法上戦力は保持できないという前提は維持しつつも，自衛権に基づく自衛のための必要最小限度の実力＝自衛力は保持しうるとするもので，今日でも自衛隊を合憲とする説明として用いられている。ここでは「自衛のための必要最小限度の実力」を超えるものが「戦力」とされるが，政府は今日の自衛隊の実力は「戦力」には当たらないとしているのであるから，特殊な意味で「戦力」ということばが用いられていることは明らかである。

　なお，すでに見たように，限定放棄説では「自衛のための戦力」を持つこと

ができ，自衛隊はこの戦力として位置づけられる。

3 自衛隊をめぐる諸問題

(1) 自衛隊の創設

第二次世界大戦後，世界はアメリカ合衆国とソビエト連邦をそれぞれの中心とした東西対立・冷戦構造へと突入する。1950年6月には朝鮮戦争が勃発し，占領軍である在日アメリカ軍は朝鮮半島へ出動する。そのような状況の中，同年8月，間接侵略（外国が反政府勢力などを煽動・援助し，内乱・騒乱などの大規模な秩序破壊を引き起こすこと）に対する国内の秩序維持のために，「警察力を補う」目的で警察予備隊が創設された。警察予備隊ではその任務も「警察の任務の範囲に限られる」（警察予備隊令3条）とされていた。

翌1951年9月にサンフランシスコ平和条約と日米安全保障条約が締結された（1952年4月28日発効）。そして，日米安保条約では日本が自らの防衛について「漸進的に自ら責任を負う」ことが期待され，これに応えるために，1952年8月に警察予備隊に代わって保安隊（陸上）と警備隊（海上）が設置された。保安庁法4条に示された設置目的は，「わが国の平和と秩序を維持し，……特別の必要がある場合において行動する」ものとされ，警察力の補充という警察予備隊の目的を超えたものとなっている。しかし，防衛の視点からはこれはまだ過渡的な段階にとどまっていた。

保安隊設置の2年後の1954年7月，保安隊と警備隊に代わって自衛隊が創設された。自衛隊法3条1項は，「自衛隊は，わが国の平和と独立を守り，国の安全を保つため，直接侵略及び間接侵略に対しわが国を防衛することを主たる任務とし，必要に応じ，公共の秩序の維持に当るものとする」と定め，明確に防衛を任務とする実力部隊であることを宣言している。そして，これは日米安保条約に示された「期待」に明確に応えるものであった。

(2) 自衛隊に関する政府解釈

9条を文字どおり理解すれば，自衛隊の実態は戦力に該当し9条に違反しているというべきである。まだ日本が連合国軍総司令部の統治下にあり，独自の防衛力が必要とされていなかった時期には，政府も9条は戦争を放棄した規定で，戦力は保持できないとしていた。しかし，前述の経過の中で，それまでの解釈の基本は維持しつつも，その間隙を縫うようにして保安隊および自衛隊を

合憲とする解釈を積み上げてきている。

前述の戦力等の解釈を含め，自衛隊を合憲とする政府解釈の基本部分は概ね次のとおりである。

(a) 自衛権と自衛力

9条は戦争を放棄し，戦力の保持を禁止しているが，憲法はわが国が主権国家として有する固有の自衛権までも否定してはいない。したがって，自衛権の行使としての自衛のための必要最小限度の実力を行使することは認められるので，その行使を裏付ける自衛のための必要最小限の実力（＝自衛力）を保持することができる。そして，自衛隊はこの自衛力に他ならない。

(b) 保持しうる自衛力＝「戦力」に至らざる自衛力

9条は戦力の保持を禁止しているので，自衛力は憲法で禁止された戦力に至らない程度のものでなければならない（「戦力」に至らざる自衛力）。しかし，自衛力の限度はその時々の国際情勢，軍事技術の水準その他の諸条件によって変化する相対的な面を有しており，一概に決することができない。憲法が禁止する「戦力」に当たるか否かは，わが国が保持する全体の実力によって判断されるべきである。

> **＊核兵器に関する政府の解釈**　非核三原則により核兵器の保持および使用を政策的に否定しているが，必要最小限度の範囲内であれば，核兵器を保有し使用することも憲法上可能であるとするのが政府解釈である。その性能から見て相手国の壊滅的破壊のためにのみ用いられる攻撃的兵器は，自衛のための必要最小限度の範囲を超えるので保持することはできないとしている。

(c) 自衛権発動の三要件

①わが国に対する急迫不正の侵害があること，②それを排除するための他の適当な手段がないこと，③必要最小限度の実力行使にとどまるべきこと，という自衛権発動の三要件に該当する場合に限り，自衛権を行使することができる。

(d) 自衛の範囲

もっぱら日本の国土とその周辺において防衛を行う専守防衛が基本原則であるが，自衛権を行使できる地理的範囲は日本の領土，領海，領空には限定されない。具体的範囲は個々の状況に応じて異なるのでその範囲を一概には言うこ

とはできないが、ミサイル攻撃を防ぐための他の手段がない場合には、その基地を攻撃することは自衛の範囲に含まれる。なお、武力行使の目的をもって武装した部隊を他国の領土、領海、領空に派遣する海外派兵は、一般に自衛のための必要最小限度を超えるので憲法上許されない。

(e) 集団的自衛権

わが国も主権国家である以上、国際法上は当然に集団的自衛権を有している。しかし、9条の下において許容されている自衛権の行使は、わが国を防衛するため必要最小限度の範囲にとどまる。集団的自衛権の行使はその範囲を超えるので憲法上許されない。

(f) 交戦権

交戦権は憲法上否認されているが、自衛権の行使は交戦権の行使とは別のものである。

(3) 自衛隊に関する判例

自衛隊の合憲性について司法部の判断を求めるべく、以下の訴訟が提起されている。しかし、最高裁判所は自衛隊の合憲性について判断を示してはいない。下級審判決には違憲とするものと合憲とするものが見られる。

(a) 恵庭事件判決（札幌地判昭42・3・29下刑集9巻3号359頁）(肩すかし判決)

自衛隊演習の騒音に悩まされていた牧場経営者が、演習用通信線を切断したために自衛隊法121条の防衛器物損壊罪で起訴された事件。裁判所は通信線の切断は同条の構成要件に該当しないとして、無罪を言い渡した。自衛隊の合憲性を問題とした初めての事件として注目されたが、裁判所は憲法判断には立ち入らなかった。

(b) 長沼事件

地対空ミサイル基地建設のための保安林指定解除処分をめぐって争われた事件。原告は、自衛隊が違憲であることを前提として、その基地建設のために保安林の指定を解除することは「公益上の理由による必要」にあたらないと主張した。

第1審判決（札幌地判昭48・9・7判時712号24頁）は、①基地建設は地域住民の平和的生存権を侵害するので原告には訴えの利益がある、として原告適格を認め、②1項・2項全面放棄説に基づいて、自衛隊は憲法によって保持が禁止されている「陸海空軍」に該当し違憲であるとした。また、自衛権に関しては、

③それを放棄してはいないが、その行使方法の選択は主権者に委ねられており、国民は軍事力の放棄を選択したとしている。この判決が自衛隊を違憲とした唯一の判決である。

控訴審判決（札幌高判昭51・8・5行集27巻8号1175頁）は、保安林指定解除を補う代替施設が整備された結果、原告が損害を受けることは予想されないので、原告には本件訴訟によって救済を求める利益（訴えの利益）がないとして、訴えを却下した。なお、この判決は、傍論ではあるが、自衛隊の合憲性の問題は統治行為に属するという判断を示した。

上告審判決（最判昭57・9・9民集36巻9号1679頁）は、自衛隊の合憲性には一切触れずに、控訴審と同様に、代替施設の整備によって原告の訴えの利益も失われたとして、原告の訴えを却下している。

(c) 百里基地訴訟

百里基地建設用地の売買契約をめぐる民事事件であるが、自衛隊違憲を理由に公序良俗違反による契約無効などを主張しうるかが争われた。第1審判決（水戸地判昭52・2・17判時842号22頁）は、限定放棄説に立脚し、憲法は自衛のための戦力までも放棄しておらず、自衛のための戦力は保持しうるとした。また、侵略的戦力は違憲とするものの、自衛隊がそれに該当するかの判断は統治行為に属するとした。本件の土地の売買契約については公序良俗に反しないとしている。この判決が自衛隊を合憲とした唯一の判決である。

控訴審判決（東高判昭56・2・17判時1004号3頁）は、本件土地の売買契約は国が私人と対等の立場で行った私法上の行為であり、その民法上の有効性の判断のみで足りるとして、憲法問題（自衛隊の合憲性や統治行為論）には立ち入らなかった。結論は本件土地の売買契約を有効とした。上告審判決（最判平元・6・20民集43巻6号385頁）も、控訴審判決と同様の立場を示し、その判決を支持している。

(4) 自衛隊の任務

自衛隊の合憲性をめぐる憲法的および政治的な対立にもかかわらず、自衛隊はその設立後すでに半世紀の歴史を刻んでいる。すでに見たように（Ⅰ部2章1節2(5)）、政治的には、1994年の自社連立政権の樹立に伴う社会党の自衛隊合憲論への転換によって、自衛隊の合憲性は政治問題としては実質的に消滅している。しかし、かりに独自の自衛力を持つことは合憲であるという前提に立

脚するとしても，法治主義の下，自衛隊の存在はもちろんのこと，その任務や行動についても法律上の根拠が不可欠である。すなわち，自衛隊は法律に列挙された任務のみを実行しうるのであり，憲法解釈上実行が可能と考えられることでも，法律上の根拠がない限り実行することはできないのである。このことはシビリアン・コントロール（文民統制）の要請にも合致する。

自衛隊法3条1項は，「自衛隊は，わが国の平和と独立を守り，国の安全を保つため，直接侵略及び間接侵略に対しわが国を防衛することを主たる任務とし，必要に応じ，公共の秩序の維持に当るものとする」と定めている。これが自衛隊法に示された自衛隊の任務（本来任務）で，前者の防衛出動が主たる任務，後者の治安出動が従たる任務とされている。そして，自衛隊法第6章は自衛隊の具体的な行動として以下の類型を定めている。

(a) 防衛出動（自衛隊法76条）

わが国への侵略に対し防衛行動を行う。外部からの武力攻撃を受けた場合または武力攻撃が発生する明白な危険が切迫していると認められる場合に，内閣総理大臣が出動を命ずる。国会の承認を得て命令するのが原則であるが，緊急の必要がある場合は事後承認でもよい。防衛出動を命じられた自衛隊は，「わが国を防衛するため，必要な武力を行使することができる」（同88条）。この防衛出動をはじめとして日本有事に備える法制が有事法制で，2003年に武力攻撃事態対処法の制定および自衛隊法の改正などの有事法制の整備が行われた（次項参照）。

(b) 治 安 出 動

国内における治安・公共の秩序を維持するための行動にあたることである。間接侵略その他の緊急事態に際して，「一般の警察力をもつては，治安を維持することができないと認められる場合に」，内閣総理大臣が出動を命じる「命令による出動」（同78条）と，知事の要請に基づいて内閣総理大臣が出動を命じる「要請による出動」（同81条）がある。前者の内閣総理大臣の命令による出動の場合は，出動を命じた日から20日以内に国会の承認を得る必要があり，不承認の場合，内閣総理大臣は直ちに自衛隊に撤収を命じなければならない（同78条3項）。要請による出動については国会の承認は必要ない。

なお，治安出動の際には，法に定められた条件の下で武器を使用することができる（同89条）。自衛隊法制定当初は，治安出動としては主に暴動鎮圧が念頭

に置かれていた。そして，この場合には日本国民が武器使用の対象となる可能性が高いこともあって，警察による第一次的対応が優先されてきた（これまで「命令による出動」が命じられたことはない）。しかし，最近ではわが国に潜入した武装工作員などへの対処や大規模テロに対する対処も治安出動の一部として想定されるようになり，比較的早期の段階での治安出動も予定されている（2000年12月，自衛隊と国家公安委員会の間で「治安の維持に関する協定」を全面改訂し，侵害勢力の装備等に応じて初期の段階から役割分担することとしている）。

　また，陸上での治安出動に準じた行動として海上警備行動がある。海上における治安維持等の必要がある場合には，防衛庁長官が内閣総理大臣の承認を得て海上警備行動等を命じるものとされている（同82条）。ただし，「海上の安全及び治安の確保を図ることを任務とする」組織として海上保安庁が存在し（海上保安庁法2条1項），かつ，第一次的には海上保安庁が対応することとされてきたため，自衛隊に海上警備行動が下令されることはまれである（1999年3月の日本海不審船事件の際に自衛隊発足後初めて海上警備行動が下令された）。なお，海上警備行動の場合も，法定された条件の下で武器を使用することができる（同93条）。

(c)　災害派遣（同83条）

「天災地変その他の災害に際して」（同83条1項），知事が防衛庁長官に救援を要請する。この要請に基づいて救援派遣するのが原則であるが，特に緊急を要し知事の要請を待つ時間的余裕がない場合には，防衛庁長官はその要請がなくても部隊を派遣することができる。また，これとは別に地震防災派遣（同83条の2）および原子力災害派遣（同83条の3）が定められている。

(d)　警護出動（同81条の2）

2001年9月のアメリカ同時多発テロを契機に，自衛隊の行動の一つに加えられた。警護対象は自衛隊と在日アメリカ軍施設・区域に限られ，これらの施設等の破壊活動等が行われるおそれがある場合に，内閣総理大臣の命令によってその警護にあたる。警護出動にあたっても，法に定められた条件の下で，武器を使用することができる（同91条の2）。

　以上のほか自衛隊法は第8章雑則で，自衛隊の個別の付随的任務について定めている。海上自衛隊による機雷除去（同99条）のほか，たとえば，土木工事の受託（同100条），南極地域観測に対する協力（同100条の4），航空機による国賓

第 1 節　憲法 9 条と自衛隊

等の輸送（同100条の 5 ），国際緊急援助隊派遣法（1987年）を実行するための国際緊急援助活動（同100条の 6 ），PKO 協力法（1992年）を実行するための国際平和協力業務の実施(同100条の 7)，外国における緊急時の在外邦人の輸送(同100条の 8)，周辺事態法（1998年）を実行するための後方地域支援（同100条の10）などが規定されている。

　これらの個別的な活動の多くは自衛隊の国外での活動である。1954年自衛隊法制定時に参議院が「海外出動はこれを行わない」と決議していたように，武器を携帯した自衛隊の海外での活動は 9 条の武力の不行使および専守防衛の原則との関係が問題となる。この点について政府は，南極観測船の運行のような平和的な海外派遣は憲法上問題ないが，武力行使の目的をもって武装した部隊を他国の領土・領海・領空に派遣する海外派兵は，自衛のための必要最小限度を越えるもので憲法上許されないとしている。したがって，国際平和協力業務をはじめとするすべての海外での活動は，武力行使を目的としない海外派遣として位置づけられ，かつ，その範囲で可能な活動に限定されている。

(5)　有 事 法 制

　自衛隊法には防衛出動の規定はあるものの，自衛隊をめぐる政治的対立や武力行使を容認することへの抵抗感もあって，それを実行するための細部に関する法整備はなされないままであった。しかし，法的根拠のないまま自衛隊が超法規的に活動することは法治国家としては許されないことであり，かつ，シビリアン・コントロールにも反するので，防衛出動を認めるのであれば，それに関連する具体的な活動に必要な法整備も不可欠といわざるをえない。そこで2003年 6 月に，日本有事における自衛隊の防衛活動（軍事作戦活動）の法的根拠を整備するために，武力攻撃事態対処法の制定と自衛隊法および国家安全保障会議法の改正からなる有事法制が整備されされた（ただし，時系列的には，また政治的には，すでに1999年 5 月に周辺有事の際のアメリカ軍への協力を定めた周辺事態法が制定され，日本有事における対処法のみが欠ける状態になっていた）。

(a)　武力攻撃事態対処法

　2003年の有事法制の中心をなすのは武力攻撃事態対処法（「武力攻撃事態等における我が国の平和と独立並びに国及び国民の安全の確保に関する法律」）の制定である。それはわが国への武力攻撃に対処するために必要な法制の整備事項を定めるものであるが，その中には国および地方公共団体の責務だけではなく，国

民の協力も含まれている。

　同法は日本有事の状況を武力攻撃予測事態（武力攻撃事態には至っていないが，事態が緊迫し，わが国に対する武力攻撃が発生する可能性が高いと客観的に判断される事態）と武力攻撃事態（武力攻撃が発生した事態または武力攻撃が発生する明白な危険が切迫していると客観的に認められるに至った事態）の二種に分け，それぞれについての対応を定めている。前者は自衛隊法77条の防衛出動待機命令等を，後者は同法76条の防衛出動を下令しうる事態である。これらの事態に至ったときには，政府は対処基本方針（対処に関する全般的な方針や対処措置に関する重要事項など）を閣議決定し，直ちに国会の承認を得るものとされている。この承認を得られない場合は，対処措置を速やかに終了し，自衛隊に防衛出動を命じている場合は直ちに撤収しなければならない。

　対処措置としては(1)武力攻撃事態等を終結させるための措置（①自衛隊による武力の行使，部隊等の展開その他の行動，②自衛隊とアメリカ軍の行動が円滑かつ効果的に行われるために実施する物品，施設または役務の提供などの措置，③外交上の措置など）と(2)国民の生命，身体および財産の保護，または国民生活および国民経済への影響を最小とするための措置（①警報の発令，避難の指示，被災者の救助，施設および設備の応急の復旧その他の措置，②生活関連物資等の価格安定，配分その他の措置）が定められている。さらに，普通地方公共団体は，国の方針に基づいて，住民の生命や財産などの保護などの役割を担い，国民はそれに対して必要な協力をするよう努めるべきことが求められている。

　自衛隊の防衛行動に伴う国民の財産権の制限は容易に想像しうることであり，有事における国民の協力義務は，人権制限への扉を開くものに他ならない。実際にも，同時に行われた自衛隊法の改正では，防衛出動命令前の陣地構築が可能とされ，防衛出動発令後には，都道府県知事は自衛隊の使用のために民間家屋の形状変更などを許可しうるとされている。有事にこそ人権保障に十分に配慮した法整備が必要となる。

　さらに，自衛権の行使に関して，どの程度の侵害をもってわが国に対する武力攻撃と判断するかが問題となる。武力攻撃事態対処法は武力攻撃を「我が国に対する外部からの武力攻撃をいう」（武力攻撃事態対処法法2条1号）と定義するのみで，その認定基準・要件については定めておらず，かつ，政府による認定の前提となった事実も含めて国会の承認を必要とするので（同9条），わが国

第1節　憲法9条と自衛隊

に対する武力攻撃の有無の判断は，結局は内閣と国会の判断に委ねられることになる。政府は日米安保条約5条の「武力攻撃」に関して，「自衛権は武力攻撃が発生した場合にのみ発動し得るものであり，そのおそれや脅威がある場合には発動することはできず，したがって，いわゆる予防戦争などが排除せられている」（1970年3月18日衆院予算委外務大臣答弁）として予防的自衛権の行使は否定しているが，その際にもどの程度の侵害をもって武力攻撃と認定するかについては明確にしなかった。今回も同じ問題が残されている。

(b)　国民保護法制

2004年6月に国民保護法（「武力攻撃事態等における国民の保護のための措置に関する法律」）などの有事関連7法が制定された。人権が制限されやすい有事であるからこそ，国民の権利保護が配慮されなければならないが，国民保護法や交通・通信利用法（「武力攻撃事態等における特定公共施設等の利用に関する法律」）は国民の避難や損失補償などの他に数多くの制限や罰則を用意しており，有事の人権保障がいかに脆弱であるかを如実に物語っているといえる。たとえば，国民保護法では，物資の保管命令に従わなかった者，土地・家屋の使用や物資の収用に関して立入り検査を拒否・妨害・忌避した者，通行制限に従わなかった車両の運転者，警戒区域や立入り制限区域に立ち入った者などが処罰の対象とされている。

また，同時に制定された捕虜取扱い法（「武力攻撃事態における捕虜等の取扱いに関する法律」）や国際人道法違反処罰法（「国際人道法の重大な違反行為の処罰に関する法律」），外国軍用品等海上輸送規制法（「武力攻撃事態における外国軍用品等の海上輸送の規制に関する法律」）は武力紛争法規に他ならず，非武装平和主義を前提とした憲法による交戦権の否認との整合性が疑われる。たとえば，外国軍用品等海上輸送規制法は，自衛隊による停船検査の対象を軍事物資を輸送する船舶に限定することによって交戦権の一内容としての「臨検」（食糧など経済物資の輸送の停船検査も含む）と区別しているようであるが，停船命令に従わない場合には積み荷が不明確でも危害射撃を行うことが容認されており（外国軍用品等海上輸送規制法37条2項），実際には交戦権としての臨検と異ならない実体になることが予想される。もっとも，政府は自衛権の行使は交戦権の行使とは異なるという前提の下に，自衛権行使として認められる限度内であれば，自衛の実力行使に戦時国際法が適用されるとしており（1978年8月16日衆院内閣委

251

内閣法制局長官答弁)，これらの有事立法もその範囲内での法制化と位置づけられることになる。

なお，外国軍用品等海上輸送規制法は停船検査を行った船舶に関する事件を調査・審判する機関として防衛庁に外国軍用品審判所を設置するとしている（同法第3章）。ただし，その審決に対する行政不服審査法に基づく不服申立ては許されていない（同71条）。

第2節　9条と日米安全保障条約

1　日米安全保障条約

(1)　日米安全保障条約の締結

憲法は，前文第2段で「日本国民は，恒久の平和を念願し，……平和を愛する諸国民の公正と信義に信頼して，われらの安全と生存を保持しようと決意した」と述べ，わが国の安全と生存を諸国民の公正と信義に委ねることを宣言している。それはより高次の国際機関に自らの安全を委ねる思想で，世界連邦ないし世界国家の形成を究極的な理想としていると考えられる。

しかし，現実の国際社会は憲法の理想とは反対の方向に向かって進んでいった。東西両陣営の対立が深刻化する中，実質的にアメリカ合衆国の占領統治下にあった日本は西側陣営とのみ講和条約を締結し，アメリカ合衆国を中心とする西側陣営の一員として国際社会に復帰した。そして，サンフランシスコ平和条約では個別的・集団的自衛権の存在が確認され，日本は外国軍を駐留させうるとして，平和条約と同時に日米安全保障条約（「日本国とアメリカ合衆国との間の相互協力及び安全保障条約」）（旧安保条約）が締結された。この条約前文では，自衛権行使のための有効な手段を持たない日本が日本防衛のための暫定的措置としてアメリカ軍の駐留を希望し，アメリカ合衆国がそれに応えるという形がとられている。これによってわが国はアメリカ合衆国の防衛体制に組み込まれるとともに，在日アメリカ軍は占領終了後も撤収されることなく，そのままわが国にとどまることになった。

(2)　日米安全保障条約の合憲性——砂川事件

在日アメリカ軍の駐留目的は，日本の安全と極東の平和と安全の維持に寄与

すること（極東条項）にあった（旧安保条約1条）。この目的から，日本の防衛のために使用される在日アメリカ軍は9条で禁止された戦力に該当するのではないかという疑問や，在日アメリカ軍が極東に出動することによって，アメリカ軍基地がある日本もアメリカ合衆国の戦争に巻き込まれるのではないかという懸念が示されていた。砂川事件（砂川基地拡張反対運動で基地内に入った者が日米安保条約3条に基づく行政協定に伴う刑事特別法違反で起訴された事件）では，この日米安保条約の合憲性が争われた。

第1審判決（東京地判昭34・3・30下刑集1巻3号776頁）は，①9条から帰結される日本の安全保障は国連による軍事的安全措置が容認されうる限界であるが，日米安保条約に基づく在日アメリカ軍はこの国連の下にはない，②日本は極東条項によって日本と直接に関係のない戦争に巻き込まれる危険がある，③日本の指揮権は在日アメリカ軍に及ばず，かつ在日アメリカ軍は日本防衛の義務を負わないが，それは実質的に日本防衛のために使用される可能性があるので，アメリカ軍の駐留は指揮権の有無にかかわらず9条2項前段の戦力不保持に違反するとして，安保条約に対して実質的な違憲判断を示した。

この判決に対して国は跳躍上告し，最高裁判所の判断を求めた。最高裁は，①9条は自衛権を否定してはいないので，国は自衛のための必要な措置をとることができるし，憲法は他国に安全保障を求めることも禁じてはいない，②9条2項が禁止しているのはわが国自身の戦力であって在日アメリカ軍はこれに該当しないとして，日米安保条約とそれに基づくアメリカ軍の駐留を合憲と判示した（最大判昭34・12・16刑集13巻13号3225頁）。

(3) 日米安保条約の改定（1960年）

旧安保条約は，アメリカ合衆国は条約上日本の防衛義務を負わないにもかかわらず，日本はアメリカ合衆国に対して基地提供義務を負うという片務的な条約であった。安保条約の改定はこの片務性・不平等性を解消しようとするものであったが，それはわが国の防衛力の増強，日米軍事同盟の強化とアメリカ合衆国の防衛政策に対する寄与を伴う改定でもあった。新安保条約の特色としては，①「憲法上の規定に従う」という留保あるものの，自衛力の維持と発展が明確な条約上の義務となったこと（新安保条約3条），②日本の施政下にある領域への攻撃は，日米ともに自国の平和を脅かすものであることを認め，その危険に対処するように行動することとされたこと（同5条）を挙げることができ

る。後者により，在日アメリカ軍は日本の領域に対する攻撃に対して日本防衛の義務を負い，日本も在日アメリカ軍基地が攻撃された場合には，日本に対する攻撃として自衛権の範囲内で防衛義務を負うことになった。これによって旧安保条約の片務性は解消されたが，日本がアメリカ合衆国の戦争に巻き込まれる可能性がさらに大きくなった。

　この新安保条約は9条との矛盾をますます拡大させるものであり，政治的にも強い反対があった。大規模な反対運動が展開される中，1960年5月，衆議院で与党・自民党が単独強行採決（可決）し，6月に61条の規定により自然承認された。新安保条約10条は10年の固定期間終了後は一方の通告によってその1年後に終了することとしているが，70年6月22日に政府は安保条約を堅持する声明を発することによってそれを継続した。それ以降，安保条約は今日まで自動継続されている。

> **＊事前協議制**　在日アメリカ軍の「配置」・「装備」における重要な変更および在日アメリカ軍基地からの「戦闘作戦行動」は，日本政府との事前協議の対象とされている（条約第6条の実施に関する交換公文）。在日アメリカ軍の行動によって日本が戦争に巻き込まれるのを防止する目的で設けた制度であるが，これまでに事前協議が行われたことは一度もない。わが国への核配備はこの事前協議の対象になると考えられるが，政府は，事前協議が申し込まれたことがないことを根拠に，在日アメリカ軍はわが国に核兵器を配備してはいないとする立場をとっている。

2　集団的自衛権と9条および安保条約

　集団的自衛権とは，軍事同盟的（集団防衛）条約の締約国の一つが武力攻撃を受けた場合に，他の締約国がその締約国を援助し，共同で防衛にあたる権利をいう。国連憲章51条は個別的自衛権に加えてこの集団的自衛権も各国の固有の権利として認めている。この概念は国連憲章作成の直前に登場した新しい概念で，ラテン・アメリカ諸国の地域的共同防衛組織するための条約（チャプルペテック規約）が先例である。戦後の東西対立構造の中，それぞれの陣営が北大西洋条約機構（NATO）およびワルシャワ条約機構（WTO，1991年解体）を組織したため，国際政治において完全に定着した。

集団的自衛権の行使とは，条約の締約国（同盟国）が攻撃を受けた場合に，自国が攻撃されていなくとも共同して同盟国の防衛に当たることに他ならない。すでに見たように，政府は個別的自衛権に基づく専守防衛を原則としており，集団的自衛権の行使はこの専守防衛の原則に反することになる。それゆえ，政府見解は，「わが国が，国際法上，集団的自衛権を有していることは，主権国家である以上，当然だが，憲法第九条の下において許容されている自衛権の行使は，わが国を防衛するために必要最小限の範囲にとどまるべきものであると解しており，集団的自衛権を行使することは，その範囲を超えるものであって，憲法上許されない。」(1981年5月29日政府答弁書) としている。この立場は現在でも維持されている。

　集団的自衛権の行使を否定する政府見解の下で日米安保条約が存在する理由は，それが厳密な意味での集団的安全保障条約ではないことによる。日本がアメリカ合衆国と共同で軍事行動を行うべき条約上の義務を負うのは在日アメリカ軍基地が攻撃された場合だけであり，在日アメリカ軍基地以外のアメリカ軍基地やアメリカ合衆国の領土が攻撃されても，日本が軍事行動を行うべき条約上の義務はない。しかも，日本が条約上の義務を負う在日アメリカ軍基地への攻撃は日本の領土への直接の武力攻撃であり，日本にとっては個別的自衛権の行使として位置づけられる。すなわち，在日アメリカ軍基地が攻撃された場合，日本は個別的自衛権の行使としてアメリカ軍基地を防衛するのであり，集団的自衛権の行使として在日アメリカ軍を援護するわけではないのである。このように日米安保条約は，日本側から見れば個別的自衛権の行使にとどまる条約になっているのである。

3　新ガイドラインと周辺事態法

　1996年4月の日米両首脳（橋本首相とクリントン大統領）による「日米安保共同宣言」は，冷戦終了後も日米安保体制を維持し続けることを確認するだけではなく，日本がさらに積極的に極東におけるアメリカ軍の活動をサポートすることを確認した。そして，それを具体化するものとして，「日米防衛協力のための指針」（いわゆるガイドライン）の見直しが合意されるとともに，「日本国の自衛隊とアメリカ合衆国軍隊との間における後方支援，物品又は役務の相互提供に関する日本国政府とアメリカ合衆国政府との間の協定」が締結された。翌

年9月,外務・防衛担当閣僚で構成された日米安保協議委員会で新ガイドラインが合意され,それを実行するために国内法が整備された。これがいわゆるガイドライン関連法で,その中心が周辺事態法(「周辺事態に際して我が国の平和及び安全を確保するための措置に関する法律」)である(1999年5月24日成立)。

周辺事態法は,わが国の周辺地域(具体的な地域的限定はない)における有事に対処するためにアメリカ軍が出動した際に,日米安保条約に基づいてアメリカ軍に対する支援方法などについて定めている。具体的な活動として,周辺後方地域(わが国の領域,および,現に戦闘行為が行われておらず,かつ,活動期間中に戦闘行為が行われることがないと認められるわが国周辺の公海およびその上空)における,①後方地域支援(物品および役務の提供),②後方地域捜索救助活動(捜索と救助),③船舶検査活動(船舶検査法(「周辺事態に際して実施する船舶検査活動に関する法律」2000年制定)で追加)を定め,さらに,④国内の空港・港湾の一時使用,傷病兵の治療などを目的とした地方自治体等への協力要請を規定している。特に,後方地域支援については,補給(燃料・食料等の提供。ただし,「武力行使と一体化のおそれがある」ために,武器・弾薬の補給および戦闘作戦行動のために発信準備中の航空機に対する給油を除外),輸送(人員・物品,武器・弾薬等),修理・整備,医療,通信(通信設備の利用・通信機器の提供),空港・港湾業務(航空機の離発着,船舶の出入港の支援),基地業務などの幅広い協力が定められている。

周辺事態に際しては,内閣は活動に関する基本計画を作成し,後方地域支援,後方地域捜索救助活動および船舶検査活動について事前に国会の承認を得ることを義務付けられている。緊急の必要がある場合には国会の承認を得ないで実施することができるが,その場合は速やかに国会の承認を求めなければならず,かつ,不承認の議決があったときはその対応措置を終了させなければならないものとされている(周辺事態法5条)。

周辺事態における活動は主として自衛隊によって遂行される(後方地域支援については民間業者も含む)。特に,後方地域捜索救助活動の範囲は当該国の同意があればその国の領海にも及ぶため(同7条4項),予定された自衛隊の活動範囲は日本の領海,日本周辺の公海さらには周辺国の領海にまで及ぶものとなっている。また,同時に行われた自衛隊法の改正によって船舶による邦人(外国人も含む)救出活動も加えられた結果,自衛隊の艦船が周辺国の領海に出動す

る事態も想定されることになった。正当防衛および緊急避難の範囲内ではあるが，自己または共に職務に従事する者の生命身体を守るために必要な相当の理由がある場合に自衛官は武器を使用することができ（同11条），かつ，使用できる武器に小型武器のような限定はないので，公海または外国領海で正当防衛を理由とする艦砲による反撃の可能性も想定されうる。このような事態が生じた場合，それは「武力行使」に該当するといわざるをえないのではなかろうか。それでもなお同法が合憲といいうるのか，はなはだ疑問である。

このように周辺事態法をはじめとするガイドライン関連法は，在日アメリカ軍の極東における作戦行動を積極的にバック・アップすることによって，わが国が在日アメリカ軍の戦闘に巻き込まれる可能性をますます高くすると同時に，日米安保条約を実質的に相互依存的な集団安全保障条約へと変質させるものということができる。

第3節　自衛隊と国際連合への協力

1　国連の軍事的措置と協力義務

国連憲章によれば，平和に対する脅威，平和の破壊および侵略行為が生じた場合に，安全保障理事会（安保理）は「空軍，海軍又は陸軍の行動をとることができる」とされており（同憲章42条），国連加盟国が提供する兵力によって構成される「国連軍」がこの軍事的措置を実施するものとされている。これが正規の国連軍で，安保理常任理事国の参謀総長またはその代表者によって構成される軍事参謀委員会の指揮・命令の下で活動するものとされ（同47条ほか），すべての加盟国はこの国連軍に対して，「国際の平和及び安全の維持に必要な兵力，援助及び便益」を提供すべき義務を負っている（同43条）。

わが国も加盟国としてこの義務を負うが，加盟国の具体的な協力内容は安保理と締結する特別協定によって決定されるので，各国が憲法などの制約の下で自主的に決定しうる余地があると考えられている。わが国は国際連合への加盟（1956年12月18日加盟承認）に際して，その加盟申請書では「日本のとりうる一切の手段をもって義務を遵守するとして」，実質的に兵力提供以外の方法によって協力すること，すなわち，武力行使を目的とした国連軍には参加しえないこ

とを明らかにしている。わが国は兵力提供が憲法上不可能であることを前提として国連に加盟したのであり，この立場は今日でも維持されている。

なお，国連軍と称される軍隊の実態は多様であるが，国連憲章が規定する正規の国連軍はこれまで組織されたことはない。それは安保理常任理事国の合意が得られないために，国連軍の前提となる特別協定すらいまだに締結されていないことによる。朝鮮戦争の際には国連軍の名の下に各国軍隊（16ヵ国）が派遣されたが，その決定手続（旧ソ連の安保理欠席中に韓国への軍隊の提供を議決）および指揮権の所在（アメリカ合衆国の下に統一司令部を設置）などから，それはここでいう正規の国連軍には該当しない。また，湾岸戦争の際の多国籍軍は，クウェートからのイラク軍の撤退を求めた安保理の決定を執行するために，アメリカ合衆国が指揮する多国籍軍による軍事力の行使を国連憲章第7章に基づいて安保理が容認したものであり，これも正規の国連軍には当たらない。

2　平和維持活動と自衛隊の参加

正規の国連軍の他に，一般に，国連の平和維持活動（Peace-Keeping Operations, PKO）に従事する軍要員も国連軍とよばれる。平和維持活動とは，紛争当事国の同意を得て，国連が加盟国から提供される要員を派遣し，国連の指揮・統制の下で，国連決議に基づく休戦や停戦の実施の監視，秩序の回復・維持および紛争の沈静化やその再発防止のために行う活動をいう。これらの活動は平和維持的任務のみを目的とするもので，武力行使を目的とはしていない。

平和維持活動には，非武装または軽武装の要員によって行う停戦・休戦協定の監視活動と，軽（小）火器を装備した部隊編成によるその他の平和維持活動（狭義の平和維持活動）がある。一般に前者は軍事監視団（Military Observer Mission），後者は国連平和維持軍（Peace-Keeping Forces, PKF）とよばれる。国連平和維持軍は，紛争地域における休戦・停戦の実施を保障し，秩序回復・維持を図りつつ停戦条件に対する違反行為を防止することなどを主な任務とする。しかし，この活動についての国連憲章上の根拠規定はなく，その任務と活動内容についても明確な限界は存在しない。

現在は安保理の決議に基づいて各国が提供した軍隊によって平和維持軍が設置され，国連司令部の下で活動を行うものとされている。それは原則として「戦わざる軍隊」であり，武器の使用は武力攻撃に対処するための自衛的な目的

に限り認められるが，治安回復のために自衛権の行使を超える武力行使が容認される場合もあれば（1960年コンゴ国連活動軍 ONUC），停戦や武装解除の合意に対する違反を武力によって排除する権限を与えられる場合もあり（1993年第二次国連ソマリア活動 UNOSOM II），活動内容は編成される平和維持軍ごとに異なっている。さらに，最近の平和維持活動には1992年国連カンボジア暫定機構（UNTAC）や1999年国連東ティモール暫定行政機構（UNTAET）のように，軍事部門以外に文民警察，行政および選挙などの文民部門を含むものもある。国連の平和維持活動は極めて多様になっているといえる。

このように多様な実体を持つ国連軍への参加について，政府は目的・任務が武力行使を伴わない国連軍に自衛隊が参加することは憲法上可能であるが，その目的・任務が武力行使を伴うものに参加することは憲法上許されないとの立場をとってきた（1980年10月28日政府答弁書）。それは，武力行使を目的・任務とする正規の国連軍に自衛隊が参加することは許されないが，武力行使を伴わない平和維持活動に自衛隊が参加することは憲法上可能であるということでもある。しかし，憲法解釈上可能ではあっても，それを自衛隊の任務とする法律上の根拠がなければ，自衛隊が国連の平和維持活動に参加することはできない。従来，政府は自衛隊を海外に派遣することには消極的であったが，1990年の湾岸戦争を直接的な契機として，冷戦終了後の国際平和秩序の構築に積極的に参加するために国連平和維持活動協力法（PKO協力法・「国際連合平和維持活動等に対する協力に関する法律」）を制定（1992年6月成立）し，その活動に自衛隊を参加させるために自衛隊法を改正した（国際平和協力業務の追加（自衛隊法100条の7））。

3　国連平和維持活動協力法（PKO協力法）

(1)　平和維持活動の内容

PKO協力法は，国連の平和維持活動（PKO協力法3条1号），人道的な国際救援活動（同3条2号），および，国際的な選挙監視活動（同3条2号の2，1998年追加）に対して適切かつ迅速な協力を行うことを目的としている（同1条）。

国連の国際平和維持活動とは，国連総会もしくは安全保障理事会の決議と国連事務総長の要請に基づき，紛争当事者間の停戦合意の遵守の確保や紛争終了後の民主的統治組織設立の援助等の国際の平和および安全の維持のために国連

第Ⅱ部　日本の統治機構　　第7章　平和主義と自衛隊

の統括の下に行われる活動であって，国連の責任の下に行われるものをいう（同3条1号）。活動が行われる国および紛争当事者の同意があることが条件とされている。人道的な国際救援活動は，紛争被災民の救援・保護，または紛争によって生じた被害の復旧のために人道的精神に基づいて行われる活動をいい（同3条2号），国連（総会，安保理または経済社会理事会）の決議または人道的活動に従事する国際機関（別表で特定）の要請に基づいて実施される。選挙監視活動は，紛争によって混乱を生じた地域における民主的統治組織の設立を目的とする選挙または投票の公正な執行を確保するために行われる活動をいう（同3条2号の2）。文民部門が平和維持活動に加えられようになったことに対応して，1998年の法改正で追加された。国連（総会または安保理）の決議または国際的な選挙監視の実績を有する国際機関（米州機構（OAS）および欧州安全保障・協力機構（OSCE））等の要請に基づいて実施される。

　PKO協力法は，まず，人的協力として国際平和協力業務を限定列挙している（同3条3号）。具体的な協力内容は協力活動の種類によって異なり，活動ごとに指定される。PKOの軍事部門を担当する国連平和維持軍（PKF）の本体業務（停戦監視や武装解除などの監視，緩衝地帯などの駐留・巡回，武器搬入や搬出の有無の検査・確認，放棄された武器の収集・保管・処分など）は法律制定と同時に凍結されていたが，2001年の法改正によって凍結が解除された。なお，具体的な協力業務は平和協力隊および自衛隊の部隊等が実施するが，PKFの本体業務は自衛隊が担当する（本体業務の凍結中は，自衛隊の部隊としての活動は人道的な国際援助活動のほか医療・郵送・通信・建設などPKF後方支援業務に限られていた）。また，物的な協力として物資協力も用意されている（同3条4号）。人道的な国際救援活動のための物資協力は，その地域の停戦合意も不要とされている。

(2)　PKO参加の手続および条件

　PKO参加の手続は簡潔である。内閣総理大臣が国連等からの要請を適当であると判断したときは，業務の実施とその実施計画を閣議決定して国会に報告すれば足りる。実施計画は，実施する平和協力業務の種類と内容，派遣国および派遣期間，自衛隊の部隊を派遣する場合はその規模や装備など，実施する平和協力業務の概要・規模・期間などを定める（同6条）。国会の権能は基本的には報告を受けるだけであるが（同7条），部隊としての自衛隊のPKF派遣に関しては，①本体業務（軍事的業務）への派遣についての事前承認（同6条7号），

②派遣後2年を超えて延長・継続する場合の承認の権限（同条10号）が与えられている。いずれも国会が不承認の場合には平和協力業務を中止しなければならない。

　わが国がPKOに参加・協力するには，①武力紛争当事者の停戦合意の成立後であること，②受入れ国が同意していること，③紛争当事者に対して中立性を保持して活動すること（以上同3条1号），④以上の①〜③が崩れた場合には活動・業務を一時中断し，場合によっては撤退させること（同6条13項），⑤自衛隊員による武器の使用は，自己または他の隊員および自己の管理下に入った者の生命・身体の防衛のためやむをえない必要があると認められる相当の理由がある場合に限られること（同24条1項）という条件（PKO参加協力5原則）が満たされていることが前提とされている。第4原則はわが国の独自の判断でPKO活動を中止し撤退しうることを前提としているが，特に国連平和維持軍は国連の現地司令官の指揮（command）に服するので（同8条2項，「指図」と訳している），そのようなことが実際に可能かは定かではない。

(3) 自衛隊による武器の使用

　PKO協力法のもっとも重大な争点は，武装した自衛隊の部隊を平和協力業務とくに国連平和維持軍に参加させることの可否にあった。すでに見たように，武力行使を目的としない国連の活動であれば参加可能であるとするのが政府見解であり，政府としては憲法で禁止された武力行使に該当しない範囲で自衛隊を参加させるとしていたが，国連平和維持軍のいわゆる本体業務への参加は，活動中の突発的な武力衝突と武器使用ひいては武力行使の可能性が払拭しきれないため，そのような活動に自衛隊を参加させること自体の是非が問題とされたのである。

　そこで，まずPKO協力法は平和協力業務の実施が「武力による威嚇又は武力の行使に当たるものであってはならない」（同2条2項）ことを明記し，武器を使用しうる場合を「自己又は自己と共に現場に所在する他の隊員の生命又は身体を防衛するためやむを得ない必要があると認める相当の理由がある場合」に限定した（同24条1項ほか，のちに対象を拡大）。しかし，それでも武器の使用（特に自衛隊の部隊による場合）は日本国による武力行使に該当するのではないかという疑問が残るが，この点について政府は，個人の自然的権利としての正当防衛に該当する場合に限り武器を使用することができるとし，「自己又は自己

と共に現場に所在する我が国要員の生命又は身体を防衛することは，いわば自己保存のための自然的権利というべきものであるから，そのために必要な最小限の『武器の使用』は，憲法第9条第1項で禁止された『武力の行使』には当たらない」(1991年9月27日衆院PKO特別委で示された政府統一見解)としている。そして，法律上も個人の正当防衛ないし緊急避難に限定して武器の使用が認められ（同24条6項），かつ，その使用も正当行為を実行する個人の判断に委ねられることになった。武器の使用をあくまでも個人の正当行為の問題とすることによって，国による武力行使の問題を回避したといえる。

しかし，自衛隊は自衛のためとはいえ武力行使を目的とした組織であり，かつ，自衛隊が携行する武器は必ずしも小型武器（一般に拳銃・小銃などの小火器と重機関銃・迫撃砲などの小型兵器をいう）に限定されていない（内閣が実施計画で定める）こともあり（同24条3項），自衛隊による武器の使用は個人の正当行為の限界を超えて，日本国による武力行使に該当する可能性が高いのではないかという疑問が残る。しかも，1998年の法改正によって，統制を欠いた武器の使用によって隊員の生命・身体に対する危険または事態の混乱を招くことを未然に防止することを理由に，自衛隊員の武器の使用は上官の命令によることが原則とされることになったため（同24条4項），自衛隊員による正当行為としての武器使用は，外観上，自衛隊の部隊による武力行使に限りなく接近することになった。また，2001年の法改正（テロ対策特別措置法における自衛隊の武器使用要件に合わせた改正）によって，「職務を行うに伴い自己の管理下に入った者」も保護の対象に加えられ，武器使用の契機はさらに拡大している。

これらの法改正を経ても，隊員個人の正当行為としての武器の使用という位置づけは法律上変更されていない（同24条6項。ほかの法律による武装自衛隊部隊の派遣の場合も同じである）。それは個人の正当行為以外に外国領土での自衛隊の武器使用を合憲としうる論拠がないことによると推測されるが，国連平和維持活動とはいえ，やはり現行憲法の下で武装した自衛隊の部隊を無限定に参加させること自体に問題があるというべきである。

なお，すでに述べたように，PKO協力法制定当初は国連平和維持軍の本体業務への自衛隊部隊の参加は凍結されていたが，2001年の法改正によって凍結が解除され，いつでも本体業務に参加できるように改められている。

4 テロ対策特別措置法とイラク復興支援特別措置法

　自衛隊の部隊による国連平和維持活動以外の国際協力活動の根拠法としてテロ対策特別措置法（「平成十三年九月十一日のアメリカ合衆国において発生したテロリストによる攻撃等に対応して行われる国際連合憲章の目的達成のための諸外国の活動に対して我が国が実施する措置及び関連する国際連合決議等に基づく人道的措置に関する特別措置法」）とイラク復興支援特別措置法（「イラクにおける人道復興支援活動及び安全確保支援活動の実施に関する特別措置法」）がある。いずれも国連決議を実現することを目的に掲げているが、実質的にはアメリカ軍を中心とする多国籍軍をバック・アップするためのものである。もっとも、形式的にではあれ国連決議の実行を目的とすることによって、無限定なアメリカ軍への協力は回避しうる形にはなっている。また、「武力の行使」を目的とする自衛隊の派遣は許されないので、いずれも非戦闘地域において活動するものとされている。

(1) テロ対策特別措置法（2001年10月29日成立）

　アメリカ同時多発テロを契機に、国際テロ組織の壊滅を目的とした軍事行動を支援するために制定された。形式的には国連決議（安保理決議1368号ほか）とその要請を実現することを目的としているが（テロ対策特別措置法1条）、実質的にはアメリカ軍を中心とする多国籍軍による軍事行動（国際テロ組織を支援しているとされたアフガニスタンに対する攻撃）をサポートするための法律である。実際に日本が行った活動は、インド洋へのイージス艦の派遣と同海域におけるアメリカ軍を中心とする多国籍軍の派遣戦艦に対する給油であるが（2004年6月末現在継続中、8カ国が対象）、法律の内容は次のようになっている。

　活動内容としては、協力支援活動（同6条）、捜索救助活動（同7条）、被災民救援活動（同8条）が予定されている。協力支援活動とは、諸外国の軍隊等に対する物品・役務の提供および便宜の供与等の支援措置をいう。自衛隊を含む関係行政機関が実施するものとされているが、自衛隊が行う物品・役務の提供は、補給、輸送、修理・整備、医療、通信、空港・港湾業務、基地業務に限定されている（同3条2項、別表1）。周辺事態法と同様に、「武力行使と一体化のおそれがある」ために、武器・弾薬の補給および戦闘作戦行動のために発進準備中の航空機に対する給油は除外されている。また、武器・弾薬の陸上輸送も行わない。捜索救助活動とは、戦闘行為によって遭難した戦闘参加者等の捜

索・救助を行う活動をいい，自衛隊の部隊等が実施する。被災民救援活動は，被災民を救援するための食糧・衣料・医薬品等の生活関連物資の輸送および医療その他の人道的精神に基づく活動であり，テロ攻撃に関連した国連決議または国際連合等の要請に基づいて実施する。

　この法律はアメリカ軍に対する後方支援という点では周辺事態法と実質的に同じ性質を持つといえるが，自衛隊の活動地域という点では大きく異なっている。周辺事態法では日本周辺に限られていたのに対して，非戦闘地域であることと当該国の同意があることという条件はあるものの，この法律では自衛隊の活動地域は全世界に拡大し，外国領土においても自衛隊が後方支援活動を行うことが可能となっている。また，日米安保条約を基礎とする周辺事態法とは異なり，支援対象もアメリカ軍に限定されてはいない。

　自衛隊による武器の使用についてはPKO協力法と同じ問題がある。保護対象としての「職務遂行に伴い自己の管理下に入った者」はこの法律で最初に導入されたが，ここでは活動対象の難民キャンプに名簿登録している被災民，野戦病院で治療を受けている難民および他国の兵士が想定されている。自衛隊の装備は基本計画で定められるが，法律上武器の限定はなく，後方地域とはいえ国際テロ組織の標的になる可能性もあり，武器使用ひいては武力行使に至る可能性が皆無とはいえない。

　政府が基本計画で具体的な活動内容を閣議決定し，実施する。政府は基本計画を決定または変更した場合にはその内容を，また，基本計画に定める活動が終了した時にはその結果を，国会に報告する義務を有する（同11条）。このように基本的には国会への報告で足りるものとされているが，自衛隊の部隊等の派遣に関しては，自衛隊が活動を開始した日（防衛庁長官が自衛隊の部隊に下命した日）から20日以内に国会の承認を求め（国会が閉会中および衆議院が解散中の場合は，その後最初に召集される国会において速やかに承認を求める），不承認の場合は速やかに活動を終了させなければならないものとされている（同5条）。政府は事実上20日間のフリーハンドを有するが，国会による民主的コントロールの観点から国会による事前承認制が望ましいといえる。

　この法律は2年間の時限法として制定され，2003年10月にさらに2年間延長された。

(2) イラク復興支援特別措置法（2003年7月26日成立）

　形式的には，米英連合軍によるイラク攻撃後の国連安保理による対イラク経済制裁解除の決議を受け，イラクの復興を支援するために制定された法律であるが，実質的にはアメリカ合衆国を中心とする多国籍軍によるイラク占領統治を支援するために自衛隊を派遣する法律ということができる。

　この法律では，具体的な活動として，人道復興支援活動（医療その他の人道上の支援）と安全確保支援活動（イラク国内で国連加盟国が行っている治安回復活動を支援するための医療，輸送，補給等）が定められている（イラク復興支援特措法2条）。武器・弾薬の補給および戦闘作戦行動のために発進準備中の航空機に対する給油が除外されているのはテロ対策特措法と同じであり（ただし，法律本文（同8条6項）で除外），実際に行いうる活動の内容もテロ対策特措法と大きな違いはない。自衛隊の活動地域（後方地域），基本計画の決定，国会との関係および自衛隊による武器使用なども同じであり，それゆえこの法律にも同じ問題がある。特にイラク派遣の場合は，イラク各地で占領軍等に対する自爆攻撃が頻発しており，自衛隊が活動する「現に戦闘行為が行われておらず，かつ，活動の期間を通じて戦闘行為が行われることがないと認められる地域」が存在するのかが問題とされたが，比較的安全とされる地域への派遣が強行された。さらに，政府は占領軍からイラクへの主権委譲（2004年6月末）後も自衛隊の活動を継続するとしている。

　なお，この法律は4年の時限法（延長可）である。

第8章　憲法の保障と改正

第1節　憲 法 保 障

　憲法保障とは，最高法規である憲法を法律や国家行為などによる侵害から守り，憲法秩序の安定と維持を図ることをいう。そのための制度や仕組みを憲法保障制度といい，一般に，憲法自身の中に備えられているもの（憲法内保障）と超憲法的な根拠から存在すると考えられるもの（超憲法的保障）に分けられる。

　日本国憲法の中に組み込まれた憲法保障の制度としては，憲法の最高法規性の宣言，硬性憲法の導入による改正の抑制，違憲審査制による事後的保障，公務員の憲法尊重擁護義務，さらには，各権力の暴走を予防するという意味での間接的保障として権力分立制をあげることができる。これらのうち公務員の憲法尊重擁護義務以外はすでに述べたので，ここではこの尊重擁護義務についてのみ取り上げる。また，超憲法的保障としては国家緊急権と抵抗権が取り上げられるのが通例である。超憲法的保障は憲法の領域を超えた事実ないし政治の問題というべきであるが，通例に従い瞥見することにする。

1　公務員の憲法尊重擁護義務（99条）

　99条は「天皇又は摂政」のほか「国務大臣，国会議員，裁判官その他の公務員」が「この憲法を尊重し擁護する義務を負ふ」と定めている。この規定は憲法制定権者たる国民が国家権力の行使にかかわる公務員に対して憲法を尊重擁護すべきことを求めた規定であり，憲法の最高法規性および法の支配もしくは法治主義の当然の帰結を確認した規定といえる。しかし，この規定が存在するにもかかわらず，国務大臣や国会議員が積極的に憲法全面改正を主張することは特に制限されていない。また，「国務大臣，国会議員，裁判官その他の公務員」による「解釈改憲」（解釈の正当性については争いがあろうが）についても同様である。それは価値相対主義を基礎とする日本国憲法は憲法自身についても

自由な議論を許容しているという理解の下に，本条の尊重擁護義務は法的義務ではなく倫理的道徳的要請にとどまると考えられていることによる（国会議員の場合も，国会に憲法改正発議権があるために本条違反を問われないわけではない）。したがって，本条の尊重擁護義務自体には法的拘束力はなく，「国務大臣，国会議員，裁判官その他の公務員」が反憲法的な発言や行動を行っても政治的責任を追及されるにとどまる。なお，「天皇又は摂政」は本条の規定の性質にかかわらず，天皇の政治的無能力から反憲法的な言動や行為は許されない。

　しかし，法律によって本条の要請に法的拘束力を与えることは可能である。たとえば，さまざまな公務員（国家公務員法97条，地方公務員法31条，自衛隊法53条など）に憲法尊重擁護の宣誓義務が法的義務として課されており，その宣誓を拒否した場合はもちろんのこと，積極的に憲法を侵犯し破壊する行為を行った場合にも懲戒事由としての「職務上の義務違反」（国家公務員法82条1項2号，地方公務員法29条1項2号，自衛隊法46条1項1号など）に該当すると考えられている。法治主義の下で法律を執行すべき立場にある公務員は，憲法尊重擁護の宣誓を通して，積極的に憲法の破壊を行わないという不作為義務を負っているということができる。なお，国務大臣は憲法尊重擁護の法的義務を負っているわけではないが，各行政庁の長として法治行政に対する国民の信頼を維持する責任があり，それゆえ，国会議員よりも重い憲法尊重擁護の政治的義務を負っていると考えることができる。

2　国家緊急権

　国家緊急権とは，戦争その他の原因により通常の統治作用では対処しえない緊急事態に際して，憲法その他の国法秩序を停止して，国家の維持・存立を図るための必要な措置を実施する国（政府）の非常時の権限をいう。憲法秩序の維持よりも国家の存続を優先させる理論であるが，国が維持される結果として憲法体制も維持されるという意味で憲法保障の一つに含めることができる。

　しかし，憲法上の明文の根拠なしに憲法の下位規範である法律や命令によって憲法を停止しうるとすることは，憲法の最高法規性を否定し，法の基本原則を逆転させるものである。したがって，憲法解釈としては，憲法自身が容認していない限り憲法の効力を停止することは不可能というべきである。そして，日本国憲法がこのような規定を置いていないことは明らかなので，憲法の停止

を内容とする国家緊急権は日本国憲法の下では認められてないと考えられる。それゆえ,かりに超憲法的保障としての国家緊急権の実行がなされるとすれば,それは違憲と評価されることになろう。

なお,緊急事態対処法をはじめとする有事法制は,人権制限を伴うという問題はあるものの,憲法秩序の存続を前提として現行法体制の一部に組み込まれているものであり,超憲法的保障としての国家緊急権(ないしはその行使)には当たらない。

3 抵 抗 権

抵抗権は,政府が権力を濫用して憲法秩序を侵害または破壊し,かつ,憲法内保障の諸制度によってはそれを阻止できない場合に,国民が実力で憲法秩序の回復をはかる権利をいう。歴史的には暴君放伐論に起源を持つ考え方で,アメリカ合衆国の独立宣言やフランス人権宣言(2条)にその現れを見ることができる。圧政に対する抵抗の権利は,自然権を実定化したと考えられる近代憲法の人権保障の根底にあって,人権保障の発展を支えてきた理念といえる。そして,圧政の排除が旧来の体制を変更し新たな政治憲法体制を構築するに至る場合には革命権の行使となる。社会契約論的な考え方に基づいて国民が自らの権利・利益のために政府を組織したと考えるなら,国民が抵抗権を有することは憲法以前の当然の条理ということができる。また,国民主権を前提に考えると,憲法秩序を回復する権利は憲法制定権者としての国民が当然に有する潜在的権利ということもできる。いずれにせよ,超実定法のレベルで抵抗権を想定することは可能である。

一般に,抵抗権が立憲主義を支える基本理念であることに争いはないといえる。しかし,それを実定法上の権利として位置づけることができるかについては見解が分かれ,抵抗権は実定法上の救済手段が尽きたときに発動されうるという意味で自然法上の権利であるとする説と,それが立憲主義を支える基本理念であるがゆえに,自然権を基礎とする立憲主義憲法に内在する実定法上の権利であるとする説がある。そして,後者の見解は,12条が「国民の不断の努力によって」権利・自由を保持すべきことを定めていること,および,97条が基本的人権の保全に努めるべき国民の責務を定めていることに,その趣旨が現れているとする。

第2節　憲法改正

1　憲法改正手続

　96条は憲法改正に関する手続として，国会による発議，国民投票による国民の承認および天皇に公布の三つを定めている。

(1)　国会による発議

　一般に発議とは議案を提出して審議を求めることをいうが，ここでは国民投票に付される憲法改正案を決定することをいう。この発議には，各議院における「総議員の三分の二以上の賛成」という厳しい要件が課されている。総議員の意味については，各議院の法定議員数とする説と在職議員数とする説があるが，国会運営の実務が56条の定足数の基準としての総議員を法定議員数としていることに従えば，ここでも前者の説が採用されることになろう。しかも，その方が憲法改正の発議に特に厳格な要件を求めることになるというメリットはある。しかし，すでに述べたように（Ⅱ部2章6節2(1)参照）53条および56条1項の「総議員」は在職議員数を意味すると考えられること，および，3分の2という特別多数自体が十分に厳格な要件であることから，ここでも総議員の意味は在職議員数で足りると考える。なお，憲法改正の審議も国会の憲法上の権限に属する事項の審議の一つなので，56条1項に定める定足数が適用されると考えるべきであろう。

　国会が改正案を発議するとして，誰がその改正案の原案を作成するかということが問題となる。これまでこの問題は内閣の原案提出権の有無を中心に論じられ，原案の作成段階における国民参加はあまり考慮されてこなかった。しかし，国民主権を基礎とした民主主義国家である以上，憲法改正原案作成段階からの国民参加の道も模索されるべきであり，憲法制定会議方式による原案作成も容認されるべきである。憲法は国会による発議は定めるものの，国会が審議すべき原案の作成権者については沈黙しているので，法律によって国民参加の原案作成方法も導入しうると考える。ただし，改正案の発議権は国会にあるので，国会の最終決定権が排除されるものではない。

> **＊国民参加による原案の作成**　憲法制定会議方式を採用した最近の例として，1999年に実施されたオーストラリアの憲法改正国民投票を挙げることができる。この憲法改正は君主制を廃止して共和制へ移行することを目指すものであったが，この原案作成のために憲法会議が設置され，そこで共和制提案の可否を含めた改正案のアウトラインが審議・決定された。この憲法会議は152名のメンバーで構成され，76名は国民の選挙で選出され，残りの76名は政府および議会によって任命された。政府任命のメンバーも，男女同数を前提とし，アボリジニの代表，市町村の代表および若者の代表などの要素を考慮して，立候補した国民の中から政府が選出している。そして，この憲法会議の原案に沿って連邦議会が改正案を審議・決定し，国民投票に付された。もっとも，改正案は国民の承認を得られず，このような合議体による原案作成の困難さも垣間見せた。

(2) 国民投票

　96条1項は，憲法改正案の承認には，「特別の国民投票又は国会の定める選挙の際行はれる投票において，その過半数の賛成を必要とする」と定めるのみで，その詳細については特に何も触れていない。しかし，国民投票を実施するために決定すべき事柄は非常に多く，いずれも重要な問題であるために法律で定められるべき事項といえよう。たとえば，投票権者の範囲をどうするか（たとえば未成年者や公民権停止者の扱い），投票の方式はどうするのか（記号式か記入式か），複数の条文が改正の対象となる場合に，条文ごとに賛否を投票するのか一括して賛否を投票するのか，また条文ごとに投票する場合には投票用紙はどうするのか，投票までどの程度の周知期間を置くか，改正案に対する賛否の意見情報をどのように国民に提供するか，さらに，投票結果の確定までの手続など，技術的な問題から本質的な問題まで，決定しなければならないことは非常に多い。

　また，「その過半数」の意味についても，登録有権者の総数，無効票も含む投票総数または有効投票数の三つの過半数が考えられる。有効投票数の過半数と考えるのが妥当と思われるが，解釈上争いの余地のあるものも国民投票法で明確にすべき事項といえる。しかし，この国民投票に関する法律はいまだに制定されていない。

(3) 天皇による公布

国民投票で憲法改正案が承認されると、天皇が「国民の名で」直ちにこれを公布する（96条2項）。7条1号で憲法改正の公布も天皇の国事行為とされているが、この公布が「国民の名で」行われるのは、憲法改正権者である国民の意思によって改正がなされたことを示すためといえる。また、「この憲法と一体を成すものとして」という文言は、アメリカの修正条項のような増補方式による憲法改正をも予想して、その増補または改正された条文がもとの憲法と一体をなし、憲法の一部として同じ効力を持つことを確認したものと考えられる。

2 憲法改正の限界

憲法改正については、改正の内容に制限はないとする改正無限界説と、改正にも法的限界があるとする改正限界説がある。明治憲法の「改正」としての日本国憲法の制定に見られるように、現実政治においては法律学的議論を超えた「改正」が行われることもあるが、憲法理論としては改正にも限界があるというべきである。

まず、改正ということばの法律学的意味から、改正によって変更できる内容にも限界があると考えられる。すなわち、改正とは既存の法を前提にその基本原理や基本的性格の同一性を維持しながらその法に必要な変更を加えることをいうので、既存の法の核心部分である基本原理や基本的性格に変更を加えることはその法としての同一性を損なうことになり、改正の限界を超えることになる。このことは憲法にも妥当し、憲法の改正としては、その憲法の核心部分に変更を加えることはできない。明治憲法の場合のように、このような変更が「改正」という名でよばれることもあるが、それは法的には旧憲法の廃棄に該当する（Ⅰ部2章1節2(4)参照）。

次に、何が変更不能な基本原理であるかが問題となる。第1に挙げられるのは、主権原理である。憲法改正規定は憲法制定権者が憲法制定後の変更方法（憲法制定権力の行使方法）を定めたものであり、改正権は憲法制定後の限定された憲法制定権の発動形態である（「制度化された憲法制定権力」）。すなわち、改正権は憲法制定権に由来するのであるから、自らの起源ともいうべき憲法制定権の所在を変更することはできない。日本国憲法は国民主権を主権原理としているので、これを変更することは改正の限界を超えることになる。第2に、自

由権と平等の保障を中心とした基本的人権の原理も，日本国憲法の基本原理として改正の限界をなすと考えられる。基本的人権の保障は近代憲法の基本原理の一つで，国家権力をも拘束するものとして憲法に導入された。また，近代憲法以降採用されている権力分立制も，権力集中による権力の腐敗・暴走を阻止することによって人権保障をはかるための政治制度といえる。このように，基本的人権の原理は日本国憲法の基礎にあって憲法全体を規律する基本原理ということができる。11条および96条が基本的人権を「永久の権利」として「現在及び将来の国民」に付与・信託されるとしていることは，このことを表しているといえる。

　また，平和主義自体も憲法の基本原理の一つとして改正の限界をなすとされることが多い。ただし，それは平和主義の理念にとどまり，平和実現のための特定の手段・方法ひいては9条2項の特定の解釈がその内容をなすと断定することは困難である。平和の実現方法にはなお選択の余地があるといわざるをえない。さらに，憲法改正規定の変更とくに国民投票制度の廃止はできないとするのが通説といえる。国民の意思によって憲法改正を決定するこの制度は国民の憲法制定権を具体化したものといえるので，これを廃止することは国民主権の原理に反すると考えられることによる。一般論としては，国民主権の原理を侵害しない範囲であれば憲法改正によって改正手続を変更することも可能と考えられる。すなわち，何らかの形で国民が関与することによってその改正が国民意思と見なしうるのであれば，国民投票以外の改正決定方法を採用しても国民主権に反するとはいえないであろう（国民投票制度を採用していない民主主義国もある）。しかし，国民投票制度は国民主権の理念を具体化し国民に憲法改正権を留保する制度といえるので，これを廃止することは国民主権の理念を後退させることにほかならない。したがって，国民投票制度の廃止は許されないというべきである。

　なお，無限界説には，憲法改正権と憲法制定権とを同一視し，憲法制定権と同様に憲法改正権も全能であるとする見解，改正可能な規定と不可能な規定のような憲法規範の価値序列または憲法構造の段階性を認めない見解がある。

3　憲法の変遷

　憲法の変遷にはいくつかの考え方と定義があるが，広い意味では，憲法の条

文に変更が加えられることなく、政府の解釈・判例・実際の運用ないし慣行などによってその条文の客観的意味内容が変化し、かつ、それが時間の経過とともに一般に承認されるようになることということができる。実際に適用される憲法規範の内容が変更されるという点では改正と同じと考えることができるが、憲法の文言に変更が加えられていないという点で改正と異なる。

憲法の解釈自体は多様であり、一つの条文についてもさまざまな解釈が存在しうる。しかし、それらの解釈のうちで実際に実効性を持つものとして適用されている解釈は国会・内閣・裁判所などの国家機関による有権解釈であり、その是非ないし当否はともかく、憲法はこの有権解釈に基づいて運用されている。したがって、これが憲法の事実上の内容であり、この有権解釈が変更された場合にはわが国で通用する憲法の実際上の意味内容も変化することになる。このような実効性を有する憲法解釈の変更を変遷とよぶとすれば、それは普通に生じる現象ということができる。

この憲法変遷の概念は、長期にわたる憲法運用の実態に慣習法と同様に「事実の規範力」を認め、その運用実態＝事実に憲法規範性を認めることに特徴がある。一般に法の解釈にも限界があり、たとえば明確な禁止を許可に読み替えるような条文の文言に明らかに反する解釈は許されないといえるが、この「事実の規範力」の考え方を徹底すると、その「事実」が「違憲な事実」であってもそれに憲法規範性を認めるという帰結に至ることになる。したがって、この解釈の限界を超えた解釈変更（「違憲な変遷」）にも憲法規範性を認めるところに変遷概念の本質があるということができ、憲法解釈の限界内での変遷は「解釈の変更」にすぎないので、この限界を超えた憲法の実効的意味内容の変更こそが「変遷」であるとする定義も見られる。

憲法の変遷の場合は、一般の慣習法とは異なり、専ら有権解釈権を有する国家機関の解釈・運用が問題となると考えることができる。そして、一般論として、立憲主義は国家の基本法としての憲法に基づいて国家を運営することであるから、従来の憲法規定の内容に反する運用を行うにはその憲法自体を改正する必要があり、憲法によって創設された国家機関による憲法という枠組み自体の破壊は容認されるべきではないといえる。「違憲な変遷」を承認することは、憲法改正手続を経ずに憲法が本来予定していた内容に反する運用に対して憲法規範性を容認することであるから、立憲主義の精神に反することは明らかであ

る。憲法解釈の許容範囲・限界を確定すること自体が困難な作業ではあるが，特に憲法の安定性を意図した硬性憲法の下では，憲法条項の文言の枠を超えた意味内容の変更は所定の改正手続よるべきで，解釈の限界を超えた「違憲な変遷」は認められないと考えるべきである。

事項索引

あ行

安全確保支援活動 …………… *265*
委員会制度………………………… *84*
違憲審査制 ……………………… *170*
違憲審査の対象 ………………… *176*
違憲判決の効力 ………………… *176*
板まんだら事件 ………………… *148*
一般行政事務 …………………… *124*
委任命令 ………………………… *129*
イラク復興支援特別措置法 …… *265*
浦和事件 ………………………… *186*
上乗せ条例 ……………………… *229*
運営自律権 ……………………… *96*
栄 典 ………………………… *64, 78*
恵庭事件 …………………… *181, 245*
王 会 ………………………… *69*
大津事件 ………………………… *185*
押しつけ憲法論 ………………… *23*
恩 赦 ………………………… *130*

か行

会 期 …………………………… *106*
会計検査院 ……………………… *201*
外見的立憲君主制 ……………… *18*
解職請求 ………………………… *223*
下級裁判所 ……………………… *159*
下級裁判所裁判官の指名権 …… *164*
閣 議 ………………………… *132*
課税要件法定主義 ……………… *197*
課税要件明確主義 ……………… *197*
家庭裁判所 ……………………… *160*
簡易裁判所 ……………………… *160*
関与の基本原則 ………………… *220*

関与の類型 ……………………… *221*
管理法令………………………… *33*
議 案 …………………………… *134*
議院規則………………………… *29*
議員辞職 ………………………… *110*
議院自律権 ……………………… *95*
議員懲罰権 ……………………… *97*
議員提出法案 …………………… *81*
議員定数不均衡違憲訴訟 ……… *91*
議院内閣制 ……………………… *122*
議員の地位・身分 ……………… *109*
議会主権 ………………………… *70*
議会の解散請求 ………………… *223*
機関委任事務 …………………… *220*
期日前投票制度 ………………… *90*
規則制定権 ……………………… *161*
　──と法律との関係 ………… *162*
議長の決裁権 …………………… *108*
基本的人権の尊重 ……………… *38*
共産党袴田事件 …………… *118, 154*
行政監視委員会制度 …………… *100*
行政区 ………………………… *215*
行政裁判所 ……………………… *145*
行政事件 ………………………… *146*
行政の意味 ……………………… *123*
供託金制度 ……………………… *88*
協力支援活動 …………………… *263*
許可抗告制度 …………………… *160*
近代憲法 ………………………… *9*
近代的意味の憲法 ……………… *4*
欽定憲法 ………………………… *8*
国地方係争処理委員会 ………… *221*
国の私法上の行為 ……………… *179*
国の専属事務 …………………… *219*

事項索引

君　主 …………………………………… 59
君主主権 ………………………………… 49
警護出動 ……………………………… 248
経済的公課 …………………………… 198
警察予備隊違憲訴訟 …………… 146, 174
形式的意味の憲法 ……………………… 5
形式的意味の法律 …………………… 76
減額修正 ……………………………… 206
元号法 ………………………………… 61
検察審査会 …………………………… 194
元　首 …………………………………… 59
現代議会制 …………………………… 71
現代憲法 ………………………………… 9
現代立憲主義 ………………………… 40
限定放棄説 …………………………… 240
憲法改正 ……………………………… 269
　──の限界 ………………………… 271
　──の国民投票 …………………… 56
　──の発議 ………………………… 269
憲法改正草案要綱 …………………… 21
憲法裁判所 …………………………… 173
憲法上の条約 ………………………… 125
憲法制定権力 ………………………… 51
憲法訴訟 ……………………………… 179
憲法尊重擁護義務 …………………… 266
憲法の自律性の欠如 ………………… 23
憲法の変遷 …………………………… 272
憲法判断回避の原則 ………………… 181
憲法保障 ……………………………… 266
憲法保障型 …………………………… 173
憲法問題調査委員会 ………………… 20
権力的契機 ……………………… 51, 53
権力統合 ……………………………… 75
権力分立 ……………………………… 40
行為規範 ……………………………… 13
皇位継承資格 ………………………… 60
合憲限定解釈 ………………………… 182
皇室経済 ……………………………… 66

皇室財産の国庫帰属 ………………… 67
皇室典範 ……………………………… 60
皇室の財産授受 ……………………… 67
控除説 ………………………………… 123
硬性憲法 ………………………………… 7
交戦権 ………………………………… 240
皇　族 ………………………………… 61
拘束名簿式 …………………………… 88
高等裁判所 …………………………… 159
公　布 ………………………………… 63
後方地域支援 ………………………… 256
後方地域捜索救助活動 ……………… 256
コーク ………………………………… 42
国際的な選挙監視活動 ……………… 259
国事行為 ……………………………… 62
　──の委任 ………………………… 65
国政調査権 …………………………… 98
　──の限界 ………………………… 99
国　体 ………………………………… 16
国法の種類 …………………………… 28
国民主権 ……………………………… 37
国民（ナシオン）主権論 …………… 51
国民審査 ……………………………… 193
国民代表 ……………………………… 70
国民投票 ……………………………… 270
国民保護法 …………………………… 251
国務大臣 ……………………………… 133
　──の訴追 ………………………… 133
　──の任免権 ……………………… 133
　──の要件 ………………………… 136
国務大臣・行政長官同一人制 ……… 131
国連軍 ………………………………… 257
国連平和維持活動 ……………… 258, 259
国連平和維持活動協力法（PKO協力法）
　………………………………………… 259
国連平和維持軍 ……………………… 258
　──の本体業務 …………………… 260
国　家 ………………………………… 4

国会単独立法の原則	79
国会中心立法の原則	79
国会の承認を得られない条約	127
国会の承認を必要とする条約	126
国会の条約修正権	127
国会の予算議決権	204
国家緊急権	267
国権の最高機関	74
個別的自衛権	255
コモン・ロー	42

さ行

在外投票	89
災害派遣	248
最高裁判所規則	30
最高法規	44
最高法規性	11
財政民主主義	196
裁判	148
裁判員制度	193
裁判官の職権の独立	186
裁判官の懲戒	191
裁判官の身分保障	187
裁判規範	13, 35
裁判の公開	164
債務負担行為	200
参議院の緊急集会	104
自衛権	241
自衛権発動の三要件	244
自衛隊による武器の使用	261
自衛の戦争	239
事件性（争訟性）の要件	175
私権保障型	173
事実の規範力	273
事情判決	91, 184
事前協議制	254
自治権の根拠	210
自治事務	219

質疑	111
執行命令	128
実質的意味の憲法	5
実質的意味の法律	77
実質的証拠法則	150
失職	110
質問	111
司法	144, 148
司法行政権	164
司法権	145
——の限界	151
——の独立	185
司法裁判所	144
司法消極主義	180
司法積極主義	180
市民社会	13
事務の監査請求	223
諮問（助言）型国民投票	80
社会学的代表	53
衆議院の解散	101
衆議院の同意権	105
衆議院の優越	93
終審	150
自由選挙	86
集団的自衛権	254
周辺事態法	255
住民監査請求	224
住民自治	208
住民訴訟	224
住民投票	225
授権規範	10
主権の概念	49
主権の帰属	54
首相臨時代理	139
首長制	218
準司法的権限	142
純粋代表概念	71
準立法的権限	142

277

事項索引

常　会 …………………… 106	惜敗率 …………………… 88
少数代表制 ……………… 86	世襲制 …………………… 60
小選挙区制 ……………… 87	接　受 …………………… 63
小選挙区比例代表並立制 … 87	摂　政 …………………… 64
象　徴 …………………… 57	絶対多数当選制 ………… 87
象徴天皇制 ……………… 57	絶対的公開事由 ………… 169
小評議会 ………………… 69	選挙制度 ………………… 86
条　約 …………………… 30	選挙訴訟 ………………… 90
──の締結 …………… 125	前　審 …………………… 150
上　諭 …………………… 34	戦　争 …………………… 240
条　例 ………………… 30, 231	全体としての国民 ……… 52
──と規則の関係 …… 230	船舶検査活動 …………… 256
──による財産権の制限 … 231	前　文 …………………… 34
──の意味 …………… 227	全面放棄説 ……………… 239
──の制定改廃請求 … 223	戦　力 …………………… 241
条例制定権 ……………… 226	──に至らざる自衛力 … 242
職務執行内閣 …………… 140	増額修正 ………………… 206
職務執行不能の裁判 …… 188	捜索救援活動 …………… 263
助言と承認 ……………… 64	相対多数当選制 ………… 87
除名処分 ………………… 97	組　閣 …………………… 138
審級制度 ………………… 160	組織自律権 ……………… 95
人身保護令状 …………… 43	訴訟事件 ………………… 166
人道的な国際救援活動 … 259	訴訟の非訟化 …………… 167
人道復興支援活動 ……… 265	租税法律主義 …………… 196
人民（プープル）主権論 … 51	**た行**
吹田黙とう事件 ………… 186	大政翼賛会 ……………… 18
砂川事件 …………… 157, 252	大選挙区制 ……………… 87
制限規範 ………………… 10	大統領制 ………………… 120
政策選択の国民投票 …… 80	大評議会 ………………… 69
政治資金規正法 ………… 116	代表機関 ………………… 73
政治的美称説 …………… 75	逮捕許諾手続 …………… 113
政治的無責任 …………… 58	代理郵便投票 …………… 90
政治的無能力 …………… 58	多数代表制 ……………… 86
政治問題 ………………… 155	弾劾裁判 ………………… 188
政党国家 ………………… 115	団体自治 ………………… 208
政党助成法 ……………… 117	治安出動 ………………… 247
正当性の契機 ………… 50, 53	地方議会 ………………… 217
政　令 ……………… 29, 128	

地方公共団体 ……………………… 213
　——の組合 ………………………… 216
　——の長 …………………………… 217
地方裁判所 ……………………… 159
地方自治の本旨 ………………… 211
地方税条例主義 ………………… 233
地方特別法 ……………………… 225
地方分権 ………………………… 212
地方分権一括法 ………………… 212
抽象的規範統制 ………………… 173
中選挙区制 ……………………… 87
重複立候補 ……………………… 88
直接選挙 ………………………… 86
通達課税 ………………………… 198
抵抗権 …………………………… 268
帝国議会 ………………………… 72
帝国憲法改正案 ………………… 21
定足数 …………………………… 107
適用違憲 ………………………… 182
寺西判事補事件 ………………… 191
テロ対策特別措置法 …………… 263
天皇大権 ………………………… 16
天皇の公的な行為 ……………… 65
天皇の法律上の責任 …………… 61
統括機関説 ……………………… 75
同時活動の原則 ………………… 93
統帥権の独立 …………………… 18
統治権の総攬者 ………………… 16
統治行為 ………………………… 154
投票価値の平等 ………………… 91
投票制度 ………………………… 89
投票の秘密 ……………………… 85
徳島市公安条例事件 …………… 229
特別会 …………………………… 106
特別区 …………………………… 215
特別裁判所 ……………………… 149
独立行政委員会 ………………… 141
独立審査制 ……………………… 173

都道府県と市町村の二段階構造 ……… 214
苫米地事件 ……………………… 157
富山大学単位不認定事件 ……… 154

な行

内閣官制 ………………………… 120
内閣官房 ………………………… 133
内閣制度 ………………………… 119
内閣総理大臣の権限 …………… 133
内閣提出法案 …………………… 81
内閣の総辞職 …………………… 138
内閣の代表 ……………………… 134
内閣府 …………………………… 141
内閣不信任案 …………………… 101
内廷費 …………………………… 68
長沼事件 ……………… 186, 237, 245
7条解散 ………………………… 102
軟性憲法 ………………………… 7
二院制 ………………………… 69, 83
二院的議院内閣制 ……………… 119
日米安全保障条約 ……………… 252
　——の改定 ……………………… 253
日本新党繰上当選事件 ………… 118
任意的両院協議会 ……………… 93
認証 ……………………………… 63

は行

バーク …………………………… 70
8月革命説 ……………………… 24
罰則 ……………………………… 231
ハンセン病国家賠償請求訴訟 … 178
半代表 ………………………… 53, 71
PKO参加協力5原則 …………… 261
非公開審理 ……………………… 170
非拘束名簿 ……………………… 89
被災民救援活動 ………………… 263
批准 ……………………………… 126
非訟事件 ………………………… 166

必要的両院協議会 …………… 93
非武装平和主義 ……………… 236
百日裁判 ……………………… 110
百里基地訴訟 ………………… 246
平等選挙 ………………………… 84
平賀書簡事件 ………………… 186
比例代表制 ……………………… 87
不在者投票 ……………………… 90
付随審査制 …………………… 172
付随的違憲審査制 …………… 175
不逮捕特権 …………………… 112
負担金 ………………………… 198
普通選挙 ………………………… 84
普通地方公共団体 …………… 214
部分社会論 …………………… 153
ブラクトン ……………………… 42
武力攻撃事態 ………………… 250
武力攻撃事態対処法 ………… 249
武力による威嚇 ……………… 241
武力の行使 …………………… 241
分限裁判 ……………………… 191
文　民 ………………………… 137
並行調査 ………………………… 99
平和主義 …………………… 36,235
平和的生存権 ………………… 237
防衛出動 ……………………… 247
法規説 …………………………… 77
法治主義 ………………………… 44
法定受託事務 ………………… 219
法による裁判 ………………… 143
法の支配 …………………… 12,42
法律決定の国民投票 …………… 80
法律事項 ………………………… 81
法律上の争訟 ………………… 146
法律の留保 ……………………… 17
法　令 ………………………… 29
法令違憲 ……………………… 182
ポツダム緊急勅令 ………… 25,33
ポツダム宣言 …………………… 19
ポツダム命令 …………………… 26

ま行

マッカーサー草案 ……………… 21
マッカーサー・ノート ………… 21
松本委員会 ……………………… 20
マーベリー対マジソン事件 …… 12
民主的権力集中制 ……………… 41
明治憲法 ………………………… 15
明治14年の政変 ………………… 15
命　令 ………………………… 29
免責行為と名誉・プライバシーの保護 … 114
免責特権 ……………………… 114
モンテスキュー ………………… 40

や行

唯一の立法機関 ………………… 76
有事法制 ……………………… 249
優先順位付投票制 ……………… 87
横出し条例 …………………… 229
予　算 ………………………… 203
　──と法律の不一致 ……… 206
　──の法的性質 …………… 203
予算行政説 …………………… 203
予算国法形式説 ……………… 203
予算修正 ……………………… 205
予算法律説 …………………… 204
予備費 ………………………… 200
予防的自衛権 ………………… 251

ら行

立憲主義 …………………… 5,39
立憲的意味の憲法 ………………… 4
立法の不行為 ………………… 178
両院協議会 ……………………… 94
領　土 ………………………… 31
臨時会 ………………………… 106

連合国軍総司令部…………………………20
連座制 ……………………………………110
連　署 ……………………………………136
連邦憲法 ……………………………………9
69条解散 …………………………………102
ロック………………………………………40

判 例 索 引

大判昭 4 ・ 5 ・31刑集 8 巻317頁 ………… *16*
最大判昭23・ 4 ・ 6 刑集 3 巻 4 号459頁 … *85*
最判23・ 6 ・ 1 民集 2 巻 7 号125頁 …… *85*
最大判昭27・10・ 8 民集 6 巻 9 号783頁
　　……………………………………*146, 174*
最大判昭28・ 7 ・22刑集 7 巻 7 号1562頁… *26*
東京地判昭28・10・19行集 4 巻10号2540
　頁 ………………………………………*64, 132*
東京高判昭29・ 9 ・22行集 5 巻 9 号2181
　頁 ……………………………………………*64*
最大判昭29・11・24刑集 8 巻11号1866頁
　　………………………………………………*226*
最判昭30・ 4 ・19民集 9 巻 5 号534頁……*115*
東京地判昭31・ 7 ・23判時86号 3 頁………*99*
最大決昭31・10・31民集10巻10号1355頁
　　………………………………………………*167*
東京地判昭32・ 4 ・25行集 8 巻 4 号754
　頁 ………………………………………………*35*
最決昭33・ 2 ・17刑集12巻 2 号253頁……*165*
最判昭33・ 3 ・28民集12巻 4 号624頁……*198*
最判昭33・ 7 ・ 9 刑集12巻11号2407頁
　　………………………………………………*129*
東京地判昭34・ 3 ・30下刑集 1 巻 3 号776
　頁 ……………………………………………*253*
最大判昭34・12・16刑集13巻13号3225頁
　　…………………………………*35, 157, 177, 253*
最大判昭35・ 6 ・ 8 民集14巻 7 号1206頁
　　………………………………………*104, 157*
最大決昭35・ 7 ・ 6 民集14巻 9 号1657頁
　　………………………………………………*167*
最大判昭35・10・19民集14巻12号2633頁… *97*
東京地判昭37・ 1 ・22判時297号 7 頁……*114*
最大判昭37・ 3 ・ 7 民集16巻 3 号445頁
　　……………………………………… *96, 153*

最大判昭37・ 5 ・30刑集16巻 5 号577頁…*232*
最大判昭37・11・28刑集16巻11号1593頁
　　………………………………………………*183*
最大判昭38・ 3 ・27刑集17巻 2 号121頁
　　……………………………………*209, 214*
最大決昭40・ 6 ・30民集19巻 4 号1098頁
　　………………………………………………*168*
最判昭41・ 2 ・ 8 民集20巻 2 号196頁……*147*
最大決昭41・ 3 ・ 2 民集20巻 3 号360頁…*168*
札幌地判昭42・ 3 ・29下刑集 9 巻 3 号359
　頁 ……………………………………*182, 245*
東京地判昭42・ 5 ・10下刑集 9 巻 5 号638
　頁 ……………………………………………*184*
最大判昭42・ 5 ・24刑集21巻 4 号505頁
　　……………………………………*97, 154, 217*
旭川地判昭43・ 3 ・25下刑集10巻 3 号293
　頁 ……………………………………………*183*
最大判昭44・ 4 ・ 2 刑集23巻 5 号305頁…*182*
最大判昭45・ 6 ・24民集24巻 6 号625頁…*116*
東京地判昭45・ 7 ・17行集21巻 7 号別冊
　 1 頁 …………………………………………*183*
東京地判昭46・11・ 1 行集22巻11＝12号
　1755頁 ………………………………………*184*
東京高判昭48・ 1 ・16判時706号103頁 …*184*
最大判昭48・ 4 ・ 4 刑集27巻 3 号265頁…*183*
札幌地判昭48・ 9 ・ 7 判時712号24頁
　　………………………………*35, 158, 237, 240, 245*
最大判昭50・ 4 ・30民集29巻 4 号572頁…*183*
最大判昭50・ 9 ・10刑集29巻 8 号489頁…*229*
最大判昭51・ 4 ・14民集30巻 3 号223頁
　　……………………………………*91, 183, 184*
札幌高判昭51・ 8 ・ 5 行集27巻 8 号1175
　頁 ……………………………………*158, 238, 246*
水戸地判昭52・ 2 ・17判時842号22頁

判例索引

………………………158, 238, 246
最判昭52・3・15民集31巻2号234頁……154
最判昭55・1・11民集34巻1号1頁……148
最判昭55・4・10裁判集民事129号439頁
　………………………………………148
東高判昭56・2・17判時1004号3頁
　………………………………238, 246
最判昭56・4・7民集35巻3号443頁……148
最判昭57・9・9民集36巻9号1679頁…246
最大判昭58・4・27民集37巻3号345頁…92
東京地八王子支判昭58・5・30判時1085
　号77頁……………………………………118
最大判昭58・11・7民集37巻9号1243頁
　………………………………………184
最判昭59・5・17民集38巻7号721頁……217
東京高判昭59・9・25判時1134号87頁…118
最大判昭59・12・12民集38巻12号1308頁
　…………………………………………182
最大判昭60・7・17民集39巻5号1100頁
　…………………………………91, 183
最大判昭60・10・23刑集39巻6号413頁…182
最判昭60・11・21民集39巻7号1512頁
　…………………………………90, 178
東京高判昭61・4・9判タ617号44頁……158
最判昭62・2・17判時1243号10頁………217
最大判昭62・4・22民集41巻3号408頁…183
最判昭63・12・20判時1307号113頁, 裁判集民
　事155号405頁………………………118, 154
最大判平元・3・8民集43巻2号89頁…165
最判平元・6・20民集43巻6号385頁
　………………………………179, 238, 246
最判平元・9・8民集43巻8号889頁……148
最判平元・11・20民集43巻10号1160頁……62
最判平元・12・21判時1337号38頁………217
東京高判平2・1・29高民集43巻1号1
　頁……………………………………203
最判平5・9・7民集47巻7号4667頁…148
最大判平7・2・22刑集49巻2号1頁…135
最判平7・2・28民集49巻2号639頁…222
最判平7・5・25民集49巻5号1279頁…118
最大判平8・9・11民集50巻8号2283頁…92
最判平9・3・28判時1602号71頁…………85
最判平9・9・9民集51巻8号3850頁…115
山口地下関支判平10・4・27判時1642号
　24頁……………………………………179
最決平10・7・13判時1651号54頁………160
最大判平10・9・2民集52巻6号1373頁…92
最大決平10・12・1民集52巻9号1761頁
　…………………………………………191
最大判平11・11・10民集53巻8号1441頁…92
熊本地判平13・5・11判時1748号30頁…178
最判平13・12・18民集55巻7号1647頁……92
最大判平14・9・11民集56巻7号1439頁
　…………………………………………183
東京地判平14・11・28判タ1114号93頁……90
最大判平16・1・14民集58巻1号1頁…93
最大判平16・1・14民集58巻1号56頁…93

〔著者略歴〕
吉川　和宏（よしかわ　かずひろ）
1953年　北海道に生まれる
1982年　上智大学大学院法学研究科（博士課程）法律学
　　　　専攻単位取得満期退学（法学修士）
1984年　東海大学専任講師，その後同大学法学部講師，
　　　　助教授を経て1996年より東海大学法学部教授。
著　書　『アジアの憲法制度』（共訳，学陽書房，1981年）
　　　　『現代憲法の理論と現実』（共著，青林書院，
　　　　　1993年）
　　　　『事例で学ぶ憲法』（共著，青林書院，1997年）
　　　　『青林法学双書・憲法（第二版）』（共著，青林書
　　　　　院，2003年）

憲　法　I　統治機構

2004年9月15日　第1版第1刷発行

　　　　　Ⓒ著　者　吉　川　和　宏
　　　　　　　　　　よし　かわ　かず　ひろ
　　　　　発行者　袖山貴・稲葉文子
　　　　　発　行　不　磨　書　房
　　　　〒113-0033　東京都文京区本郷6-2-9-302
　　　　TEL 03-3813-7199／FAX 03-3813-7104
　　　　　発　売　㈱信　山　社
　　　　〒113-0033　東京都文京区本郷6-2-9-102
　　　　TEL 03-3818-1019／FAX 03-3818-0344

2004, Printed in Japan　　　印刷・製本／松澤印刷
ISBN 4-7972-9076-5 C3332

不磨書房

憲法 ポイントを押さえた分りやすい基本書 9090-0 ■ 2,900 円 (税別)
工藤達朗（中央大学法科大学院）／畑尻剛（中央大学）／橋本基弘（中央大学）

近代憲法における団体と個人 橋本基弘著（中央大学）
◇結社の自由概念の再定義をめぐって◇　9100-1　上製408頁■ 6,000 円 (税別)

横田洋三著（中央大学法科大学院教授／国連大学学長特別顧問）
日本の人権／世界の人権 9299-7 四六変 ■ 1,600 円 (税別)

キャサリン・マッキノン／ポルノ・買春問題研究会編
マッキノンと語る ◆ポルノグラフィと売買春
性差別と人権侵害、その闘いと実践の中から 9064-1　四六変 ■ 1,500 円 (税別)

導入対話による ジェンダー法学
浅倉むつ子 監修（早稲田大学法科大学院教授）
戒能民江・阿部浩己・武田万里子ほか　9268-7　■ 2,400 円 (税別)

戒能民江 著（お茶の水女子大学教授）　山川菊栄賞受賞
ドメスティック・バイオレンス 本体 3,200 円 (税別)

ADRの基本的視座 ◇裁判外紛争処理の本質と根源的課題◇
早川吉尚（立教大学）／山田文（京都大学）／濱野亮（立教大学）編著
垣内秀介（東京大学）／高橋裕（神戸大学）／長谷部由起子（学習院大学）
和田仁孝（早稲田大学）／谷口安平（東京経済大学）／小島武司（中央大学）
中村芳彦（弁護士）　　　　　　　　9298-9　■本体 3,600 円 (税別)

刑事訴訟法講義
渡辺咲子 著（明治学院大学）
法科大学院未修者の実力養成／基礎と実務　9078-7　■本体 3,400 円 (税別)